탈정치 시대의 정치

현대 중국의 사상과 이론 03

탈정치 시대의 정치

왕후이 지음 | 성근제 · 김진공 · 이현정 옮김

2014년 8월 11일 초판 1쇄 발행

펴낸이 한철희 | 펴낸곳 돌베개 | 등록 1979년 8월 25일 제406-2003-000018호
주소 (413-756) 경기도 파주시 회동길 77-20 (문발동)
전화 (031) 955-5020 | 팩스 (031) 955-5050
홈페이지 www.dolbegae.com | 전자우편 book@dolbegae.co.kr
블로그 imdol79.blog.me | 트위터 @Dolbegae79

편집 김진구
표지디자인 민진기 | 본문디자인 이연경 · 이은정
마케팅 심찬식 · 고운성 · 조원형 | 제작 · 관리 윤국중 · 이수민
인쇄 · 제본 상지사 P&B

ISBN 978-89-7199-612-6 (04910)
      978-89-7199-571-6 (세트)
이 도서의 국립중앙도서관 출판시도서목록(CIP)은 e-CIP 홈페이지
(http://www.nl.go.kr/ecip)에서 이용하실 수 있습니다.(CIP제어번호: CIP2014020590)

책값은 뒤표지에 있습니다.

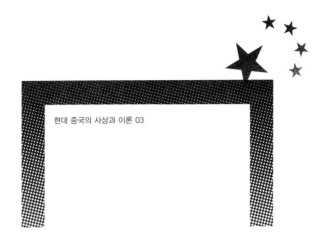

현대 중국의 사상과 이론 03

탈정치 시대의 정치

왕후이 지음 성근제 · 김진공 · 이현정 옮김

돌베
개

일러두기

1. 이 책은 한국에 미발표되었거나 단행본으로 출간되지 않은 왕후이의 글을 옮긴이가 선별·편집하여 번역한 것이다. 출처는 해당 글 초두에 명기했다.

2. 한국 독자들의 이해를 돕기 위하여 원문의 장·절·소제목 가운데 일부를 수정·변경하였음을 밝혀둔다.

3. 인명, 지명 등의 외국 고유명사 표기는 국립국어원 외래어표기법을 기준으로 삼았다.

4. 저자의 주는 페이지 하단에 ●로, 옮긴이의 주는 숫자로 표시하여 실었다.

5. 「중국 굴기의 경험과 그것이 직면한 도전」은 김진공이 옮기고, 「탈정치화된 정치, 패권(헤게모니)의 다층적 구성, 그리고 1960년대의 소멸」은 김진공·이현정이 함께 옮겼으며, 나머지 두 개의 글은 성근제가 옮겼다.

중국 그리고 세계 정치의 길을 묻는다

이 책은 중국과 국내에서 이미 널리 알려진 중국의 신좌파 이론 가 왕후이의 근작 가운데서 중국의 정치개혁과 관련된 사고의 흐름 을 보여주는 글을 가려 뽑아 번역한 것이다.

중국의 정치개혁이라는 이슈는 (거슬러 올라가자면 1989년, 혹은 그 이전 으로도 올라갈 수 있겠지만) 대체로 2003년 후진타오胡錦濤의 국가주석 취 임을 전후로 하여 국제적인 이슈로 부상하였으며, 2012년 시진핑習 近平으로 권력을 이양할 즈음 다시 한번 세계적인 관심과 논쟁의 초 점이 되었다. 그런데 후진타오로부터 시진핑의 집권에 이르는 대략 10여 년 동안 중국의 정치개혁을 둘러싼 국내외적 논의의 양상과 정 치·사회적 조건에는 적잖은 변화가 있었던 것으로 보인다. 무엇보다 도 중국의 국제적 위상에 큰 변화가 일어났고, 그로 인해 미국을 필 두로 하는 서구의 주도성에 대한 전 세계인의 시각에도 의미 있는 변 화가 발생하였다. 이러한 변화는 냉전 체제의 몰락 이후 전 세계 정 치와 경제의 가장 큰 화두로 자리 잡았던 이른바 '개혁'의 방향 설정 과 관련된 논의 구도의 변화에 상당한 영향을 미쳤다. 한때 '역사의 종언'이 운위되었을 정도로 서구의 패러다임은 전 세계 모든 지역과 국가에서 개혁의 방향타이자 목표로 받아들여졌다. 물론 오늘날까지도 미국과 서구의 주도성이 심각하게 훼손되었다고 말할 수 없는 상황이지만, 적어도 냉전 체제의 붕괴 이후 상당 기간 전 세계 개혁 담론을 지배해온 '단 하나의 길'이라는 신화에 제동이 걸렸다는 점만은 분명해 보인다.

2000년대 중반 이후 중국 지식계에서 좌파 담론이 다양한 형태로 복원되는 조짐이 곳곳에서 감지되기 시작하고, 또 다른 한 편에서는 이른바 '중국 모델론'이 부상하게 된 것 역시 이러한 큰 흐름과 떼어놓고 볼 수 없다. 왕후이의 논지가 변화, 발전해온 궤적 역시 이 흐름으로부터 크게 벗어나 있지 않다. 1990년대 초반 루쉰 연구서『절망에 반항하라』反抗絶望로 필명을 얻은 문학연구자가 오늘날 중국을 대표하는 좌파 이론가로 성장하게 되는 과정에서 왕후이가 보여준 고민과 실천의 궤적은 중국 정치개혁 담론의 변화 궤적과 상당 부분 중첩된다.

이 책에 그의 고민의 궤적을 모두 담아낼 수는 없었지만, 왕후이가 그린 궤적은 '계몽적 지식인으로부터 좌파 이론가로'라는 말로 간단히 요약할 수 있을 듯하다.『절망에 반항하라』이후로 잡지『독서』讀書를 진지로 삼아 다양한 이론적 모색을 해오던 그가 조심스럽게나마 이론가의 영역을 벗어나 활동가로서의 행보를 보여주기 시작한 것은 후진타오 정부 출범 이후 정치 구도에 일정한 변화가 일어나고 그 결과로 당과 지식계 사이에 일종의 거버넌스의 공간이 새롭게 열린 것과 무관치 않다. 2009년 칭화 대학 '인문·사회과학고등연구소'의 설립 및 소장으로의 취임, 그리고 이듬해 발표된 「중국 굴기의 경험과 그것이 직면한 도전」을 둘러싸고 중국 내외에서 왕후이의 변절과 관련된 논의들이 (이에 관해서는 필자가 「왕후이는 타락하였는가?」, 『동아시아브리프』 22호, 2011년 11월에서 견해를 밝힌 바 있으므로 자세한 언급은 생략하기로 한다) 오고가기도 한 배경에는 이러한 변화의 맥락이 자리 잡고 있었다.

이론적인 측면에서 보자면, 왕후이는 중국 정치개혁의 필요성을 명확히 천명하면서도 중국 정치개혁의 사상적·제도적 자원을 서구로부터 끌어들이고자 하는 이른바 '08헌장' 그룹(노벨평화상을 수상한 류샤오보가 대표적 인물이다)과 명확하게 선을 긋고 중국 정치개혁을 위한 주요한 사상적 자원을 중국의 사회주의 경험 속에서 재발굴하고자 하는 입장을 취하고 있다. 그러면서도 한편으로 2008년을 전후로 불이 붙고 있었던 이른바 '중국 모델론' 논자들과는 분명한 거리를 유지하면서, 중국 정치개혁과 관련된 자신의 이론적 논의를 진전시켜왔다.

왕후이는 우선 현실 중국 정치의 문제에 대한 진단으로부터 출발하는데, 그 진단 결과는 '탈정치화'와 '대표성의 단절', 그리고 '밀실정치'라는 개념 속에 축약되어 나타난다. 여기서 흥미로운 것은 그가 제시하는 '탈정치화'와 '대표성의 단절'이라는 개념이 중국 정치의 위기를 기술하기 위해서 사용되고 있을 뿐 아니라, 서구 대의제 민주주의의 정치적 위기를 기술하는 데도 그대로 적용되고 있다는 점이다. 만약 민(인민이든 국민이든)의 의지를 대의·대표하는 것으로 그 존재 근거를 삼는 근대적 정당의 대표성 정치가 (중국과 서구를 막론하고) 심각한 위기에 봉착해 있다는 것이 사실이라면, 적어도 논리적으로는 중국의 후진적 일당 독재정치를 서구의 선진적인 대의제 선거 민주주의로 대체해야만 중국의 정치가 개혁될 수 있다는 주장은 설득력을 잃게 될 수밖에 없다. 우리의 현실과 입장에서도 이러한 비판은 상당 부분 설득력 있게 받아들여질 수 있다. '탈정치화'로 요약되는 중국 정치의 위기에 대한 왕후이의 서술은 오늘날 대한민국의 정치 상황에 대한 비판으로 읽더라도 크게 무리가 없어 보인다. 이런 의미에서 한국의 독자들이 정치개혁에 관한 왕후이의 이론적 작업에 주의를 기울여볼 만한 이유가 충분하다.

'탈정치화'가 문제라면, 그 해법은 역시 '재정치화'다. 하지만 왕후이의 글 속에서 '재정치화'란 무엇이고, 어떻게 가능한가에 관한 논의가 충분히 이루어지고 있다고 보기는 아직 어렵다. 하지만 분명한 것은 왕후이가 재정치화와 대표성의 복원을 위한 사상적 자원을 과거 중국의 사회주의 경험 속에서 재발굴하려 하고 있다는 점이다. 그런 점에서 왕후이가 「세계 정치의 대표성 위기와 포스트 정당정치」에서 '군중노선'과 '인민민주'의 개념을 다시금 거론하고 있다는 점은 특별히 주목할 만하다. 이러한 시도는 필연적으로 중국 사회주의 역사에 대한 재평가라는 또 다른 어젠다와 연결되는바, 과거의 역사 문제에 대한 평가적 관점의 갱신을 위한 왕후이의 시도는 사회주의 역사에 대한 우파들의 관점과는 물론이거니와 현대사에 대한 명확한 평가 기준을 제시하고 있는 당의 역사 서술과도 충돌할 가능성이 매우 크다. 주지하다시피 중국의 사회주의 역사 재평가라는 어젠다 속에는 백화제방百花齊放운동, 반우파투쟁, 대약진운동, 그리고 결정적으로 문화대혁명이라는 강력한 폭발력을 지닌 정치적 지뢰들이 곳곳에 매설되어 있기 때문이다. 그러나 어떤 경우이든 장기적으로는 중국의 정치개혁 논의가 이 지뢰밭을 피해갈 길이 마땅치 않아 보인다. 왕후이가 '군중노선'과 '인민민주'의 복원 문제를 본격적으로 거론하기 시작한 이상, 이 논의는 앞으로도 확산될 가능성이 크다. 이 점 역시 향후 한국의 독자들이 주목해야 할 대목이 아닐 수 없다.

마지막으로 독자 여러분들께 한 가지 밝혀둘 점이 있다. 책을 보면 확인할 수 있듯이, 이 책 출간을 위해 선별한 글은 「중국 굴기의 경험과 그것이 직면한 도전」부터 「세계 정치의 대표성 위기와 포스트 정당정치」까지 총 네 편이었다. 번역 작업을 마치고 저자에게 한국어판 서문을 요청했는데, 뜻밖에도 장문의 글을 보내왔다. 본래 계획은 간략한 한국어판 서문에 네 편의 글을 본문에 싣고, 책 말미에 옮긴이 해제를 덧붙이자는 것이었는데, 네 편의 글에 대한 해제와 결론을 겸한 장문의 한국어판 서문을 받아들고 나니 편집진과 옮긴이 모두 해제를 따로 쓰는 일이 적절치 않겠다는 판단을 하게 되었다. 그래서 원래 서문으로 청탁한 글을 해제와 결론을 대신하는 후기로 책 말미에 배치하고, 초두에는 서문을 대신하여 옮긴이의 말을 두었다. 독자 여러분들의 이해를 구한다.

2014년 7월 20일
옮긴이를 대표하여
성근제

차 례

중국 굴기崛起의 경험과
그것이 **직면한 도전**

* 『문화종횡』文化縱橫 2010년 제2기 수록.(이 글은 국내에서 『황해문화』71호(2011년 여름)에 「중국 굴기의 경험과 도전」(최정섭 옮김)이라는 제목으로 소개된 바 있음을 덧붙여 둔다.─옮긴이)

중국, 60년 동안의 경험

중국의 경제 발전은 여러 예언들을 깨뜨렸다. 1989년 이후로 중국붕괴론이 잇달아 등장했지만, 중국은 붕괴되지 않았고 오히려 이런 붕괴론들이 붕괴되었다. 그래서 사람들은 중국이 왜 붕괴되지 않고 도리어 발전하는지를 정리하기 시작했다. 개혁의 과정에서 개혁을 긍정하는 입장과 부정하는 입장 사이의 토론이 연거푸 벌어졌는데, 줄곧 논의되는 주제는 사회주의 시기와 개혁 시기를 어떻게 평가할 것인가라는 문제였다. 중국의 사회주의 시기와 개혁개방의 성과와 곤경을 어떻게 평가하든, 중국의 경험은 모두 이 양대 전통의 기반 위에 세워진 것이라는 사실에 갈수록 더 많은 사람들이 동의하게 되었다. 이와 동시에 작금의 금융 위기와 장기적으로 누적된 모순은, 중국이 단순히 과거의 발전 모델―전통적인 계획 모델이든, GDP 성장을 유일한 목표로 삼는 개발주의 모델이든―로 회귀할 수 없고 회귀해서도 안 된다는 점을 보여준다. 따라서 우리는 방식을 바꾸어서 중국의 60년 동안의 경험을 정리하고 결산할 필요가 있다.

중국은 왜 무너지지 않았는가
: 독립적 주권과 이론 논쟁

　　중국 모델에 관한 토론 과정에서 많은 학자들은 중국의 발전이 안정적임을 강조했고, 중대한 위기는 나타나지 않았다고 여겼다. 그러나 이런 관점은 올바르지 않다. 개혁개방 30년 동안 중국이 겪은 최대의 위기는 1989년에 찾아왔다. 중국은 이 커다란 위기를 극복했지만, 그 후유증은 지금까지도 여러 영역에서 발견된다. 이 위기는 세계적 위기의 일부였다. 당시의 위기는 주로 경제적 위기가 아니라, 정치적 위기였다. 중국의 위기는 소련과 동유럽 위기의 전주곡이었다고 할 수 있다. 중국과 마찬가지로 이 국가들은 공산당이 이끄는 사회주의 국가였다. 그런데 왜 중국은 그들처럼 무너지지 않았는가? 도대체 어떤 요인들이 중국으로 하여금 안정을 유지하게 했고, 고속 성장의 조건을 제공했는가? 30년 동안의 개혁을 거치면서 이런 조건에는 어떤 변화가 일어났는가? 중국의 길 또는 중국의 특수성 등을 언급하기 위해서 이는 우선적으로 대답해야 할 문제다.

　　소련과 동유럽 체제의 와해에는 복잡하고 깊은 역사적 원인이 있다. 예를 들면 관료체제와 민중의 대립, 냉전 중의 독단적 정치, 그리고 결핍경제shortage economy가 가져온 민중의 어려운 생활 등이 그것이다. 이와 비교할 때 중국의 체제는 자기갱신을 하려는 의식이 무척 강하다. 문화대혁명文化大革命 시기의 충격을 겪으면서 당과 국가의 고위급 및 중간급 관료들은 마오쩌둥毛澤東 때문에 기층사회로 내려가 일하고 생활할 수밖에 없었는데, 1970년대 말에 그들이 권력의 자리로 복귀하자 국가는 기층사회의 요구에 대해 비교적 민감한 반응 능력을 가질 수 있게 되었다. 이것이 소련이나 동유럽 국가들과 크게 다른 부분이다. 그런데 여기서 이런 문제들과 그 경위를 상세하게 논의하려는 것은 아니다. 여기서는 다만 소련 및 동유럽 체제와 구별되는 중국 체제의 첫 번째 특징, 즉 사회 발전의 길에 대한 독립적이고 자주적인 모색과 여기에서 비롯된 독특한 주권의 성격에 대해 집중적으로 살펴보고자 한다.

동독공산당의 마지막 서기장인 에곤 크렌츠Egon Krenz는 자신의 회고록에서 1989년 이후 국가 붕괴의 원인을 분석했다. 그는 많은 측면을 거론했는데, 가장 중요한 원인 가운데 하나는 소련의 변화와 이로 말미암은 소련과 동유럽 진영 전체의 내부적 변화였다. 냉전 시기에 서구의 정치가들은 종종 '브레즈네프 독트린'Brezhnev Doctrine[1]

---

1 1968년에 소련 공산당 서기장 브레즈네프가 체코슬로바키아에 대한 군사 개입을 정당화하기 위해 천명한 주장. '전 세계 사회주의 체제에서 어느 한 부분의 약화는 모든 사회주의 국가에 직접적으로 영향을 준다'라는 내용으로, 소련을 포함한 사회주의권 국가 전체의 이익을 위해 특정한 국가의 주권을 제한할 수 있다는 의미로 해석된다.

이라는 개념을 가지고 동유럽 국가의 '불완전한 주권' 상황을 비웃었는데, 실제로 '바르샤바 조약'Warsaw Pact 체제 내에서 동유럽 국가들은 완전한 주권을 갖지 못한 채 소련의 지배를 받았기 때문에, 소련에 문제가 발생하자 소련과 동유럽 체제 전체가 잇달아 붕괴하고 말았다. 제2차 세계대전 이후 민족국가의 주권 체계가 확립되었으나, 세계적 범위 내에서 진정으로 독립적인 주권을 확보하고 있는 국가는 사실상 매우 적었다. 동유럽 국가뿐 아니라 서유럽연합Western European Union의 국가들도 크게 다를 것이 없었다. 아시아에서도 일본이나 한국 등은 마찬가지로 냉전 구조 속에서 미국의 세계 전략에 자신들의 주권을 제한당할 수밖에 없는 불완전한 주권국가였다. 냉전 구조 속에서 양대 진영은 모두 동맹 형태의 국가 체제를 유지했기 때문에, 어느 진영의 패권국가에 변화가 발생하거나 정책이 바뀌면 그 진영의 다른 국가들은 심각한 영향을 받을 수밖에 없었다.

중국에는 내전이 종결되면서 중화인민공화국이 세워졌다. 건국 초기에 중국은 냉전의 양극 체제 가운데 사회주의 진영에 속했는데, 1950년대 초기에 항미원조전쟁抗美援朝戰爭(한국전쟁)을 겪으면서 미국 및 그 동맹국들과 더욱 적대적으로 맞서게 되었다. 이 시기, 특히 '제1차 5개년계획'—五 시기에 중국의 공업 발전과 전후 회복 및 국제적 위상은 소련의 도움에 크게 의존할 수밖에 없었다. 어떤 점에서 소련과는 일정 정도 종속관계에 놓여 있었던 셈이다. 그러나 중국 혁명의 과정 그 자체가 독특한 길이었던 것처럼, 중국은 건설의 시기에도 독립적이고 자주적인 발전의 길을 모색했다. 1950년대 중반부터 중국은 비동맹운동을 적극 지지했고, 이후 소련공산당과 공개적으로 논쟁을 벌이면서 정치적·경제적·군사적인 면 모두에서 일부 학자들이 말하는 소련과의 '주종관계'를 점차 벗어나, 사회주의 진영과 나아가 전체 세계에서 독립적인 위상을 확립해갔다. 비록 타이완해협臺灣海峽은 여전히 갈라져 있었지만, 중국은 주권을 확립하고 고도로 자주적이며 독립적인 정치적 위상을 찾아갔던 것이다. 또한 이런 정치적 위상을 바탕으로, 국민경제와 공업에서도 고도로 자주적이고 독립적인 체제를 형성했다. 이런 자주성이 전제되지 않았다면 중국의 개혁개방의 길은 상상하기 어려웠을 것이고, 1989년 이후 중국의 운명도 가늠하기 어려웠을 것이다. 개혁개방이 시작되었을 때 중국에는 이미 자주적이고 독립적인 국민경제 체제가 존재했다. 이것이 개혁의 전제였다. 중국의 개혁은 내재적인 논리를 갖춘 자주적 개혁이고, 능동적 개혁이다. 이는 동유럽과 중앙아시아에서 일어난, 복잡한 배경을 가진 각양각색의 '색깔혁명'[2]과는 확연하게 다르다. 중국의 발전은 라틴아메리카의 종속적 경제하의 발전과 다르고, 일본이나 한국, 타이완과 비교해도 (비록 국가의 역할이나 정부의 산업정책과 발전전략 측면에서 비슷한 점과 상호작용이 존재하지만) 단순히 '동아시아 모델'이라고 뭉뚱그릴 수

---

2 동유럽과 중앙아시아에서 사회주의 체제가 붕괴되는 과정에 일어난 비폭력 반독재 저항운동을 아울러 가리키는 말이다. 이후 중동이나 북아프리카 등지에서 일어난 반독재 민주화운동까지 포괄하는 말로 사용되었다. 각국의 운동이 고유의 꽃이나 색깔로 상징되었기 때문에 이렇게 불리게 되었다. 예를 들면 2003년 그루지아 장미혁명, 2004년 우크라이나 오렌지혁명, 2005년 키르기스스탄 튤립혁명 등이 대표적이다.

없다. 정치적인 각도에서 볼 때 중국의 개혁에는 자주성이 전제되어 있지만, 상술한 각국의 경우는 전반적으로 종속적인 발전이라고 요약할 수 있다. (물론 이들 국가는 냉전 시기의 종속관계가 발전의 정치적 전제가 되었다는 점에서, 라틴아메리카의 경우와는 다르다.)

중국의 상대적으로 독립적이며 온전한 이런 주권의 위상은 정당의 실천을 통해 완성되었는데, 이는 20세기 정치의 두드러진 특징이다. 중국공산당이 이론적·실천적으로 적지 않은 과오를 범한 것은 사실이다. 하지만 다른 한편으로 중국의 독립적 주권의 위상을 완성하는 가장 기본적인 요소는 바로 중국공산당이 과거에 전개한 반제운동 및 소련과의 논쟁이다. 따라서 이런 문제를 단순히 개별적인 세부만을 놓고 판단해서는 안 된다. 소련공산당과의 공개적인 논쟁을 통해 중국은 우선 양당 사이의 주종관계에서 벗어났고, 이어서 국가 사이의 주종관계에서도 벗어나 새로운 독립적 모델을 만들었다. 즉 이 주권은 그 원천이 정치적인 것으로, 정당의 관계와 정치적 과정에서 발전해 나온 일종의 특수한 정치적 독립성이 국가와 경제 등의 영역으로 구현된 것이다. 따라서 원론적인 주권 개념에서 출발하여 그 자주독립의 함의를 이해하기는 매우 어렵다. 원론적인 주권 개념은 식민주의 역사에서의 자주독립과는 별 관계가 없다. 예컨대 불평등조약에 서명한 국가는 국제법적 의미에서 분명 주권적인 국가지만, 이 주권은 자주독립과 아무런 관계가 없다. 사실 냉전 시기 양극체제의 와해는 이 양극 체제에 대한 중국의 지속적인 비판 및 투쟁과 관련이 깊다. 중국의 개입이 없었다면 미국과 소련은 직접적으로 부딪쳤을 가능성이 매우 크다.

　경제와 정치 및 문화 영역에서 사회주의의 길을 모색하고 개혁을 실험하면서, 중국은 여러 오류와 문제점, 그리고 심지어 비극적인 결과도 경험했다. 그러나 1950년대와 1960년대, 그리고 1970년대를 거치면서 중국 정부와 정당은 끊임없이 정책을 조정했다. 이런 조정은 외부로부터의 가르침에 따른 것이 아니라, 주로 실천 과정에서 나타난 문제에 근거하여 수행한 자기조정이었다. 정당의 노선 오류 수정 메커니즘으로서의 이론 논쟁, 특히 공개적인 이론 논쟁은 정당과 국가의 자기조정 및 자기개혁에서 중요한 역할을 해왔다. 공산당 내에 민주적 메커니즘이 부족해서 노선투쟁이 종종 잔혹한 공격을 동반한 권력투쟁으로 변했지만, 그렇다고 해서 노선 논쟁과 이론 논쟁이 그 역사에서 담당해온 중요한 역할을 부정해서는 안 된다. 이런 관점에서, 개혁 이래로 관습화된 일련의 언설을 다시 사고할 필요가 있다. 예컨대 개혁에 기존의 모델이나 정책이 없다고 할 때 언급되는, '돌을 더듬어가며 다리를 건넌다'摸着石頭過河는 말은 물론 틀리지 않다. 그러나 기존의 모델이 없는 것은 사실상 중국 혁명 자체의 특징으로, 마오쩌둥은 「모순론」矛盾論에서 이와 유사한 말을 한 적이 있다. 모델이 없다면 무엇에 의지해야 하는가? 이론 논쟁과 정치투쟁 그리고 사회적 실천이다. 이른바 실천에서 출발해서 실천으로 되돌아가야 하는 것이다. 그러나 실천에 대한 이런 정리도 그 자체가 이론이다. 즉 실천에도 전제와 방향이 있어야만 한다. 만약 기본적인 가치 지향이 없다면, '돌을 더듬어가며 다리를 건넌다'고 해도 어디로 건너가야 하는지 알 수가 없다. 마오쩌둥은 「실천론」實踐論에서 과거 레닌이 한 다음과 같은 말을 인용한다. "혁명적 이론 없이 혁명적 운동은 있을 수 없다." 혁명적 이론을 만들어서 널리 퍼뜨리는 일은 관건이 되는 어떤 시점에서 결정적인 작용을 한다. 어떤 일을 해야 하는데(어떤 일이든 모두 마찬가지다) 아직 방침이나 방법, 계획 또는 정책이 세워지지 않았다면, 그 방침·방법·계획·정책을 어떻게 확정하는지가 이 일에서 사실상 결정적인 작용을 할 수밖에 없다. 또한 정치와 문화와 상부구조 등이 경제적 토대의 발전을 가로막는 상황이라면, 정치와 문화는 핵심적인 부분으로서 결정적인 작용을 하는 주요한 요소가 된다.

이론 논쟁은 중국의 혁명과 개혁 과정에서 중대한 역할을 했다. 개혁의 이론적 원천인 사회주의적 상품경제라는 개념은 상품과 상품경제와 가치법칙[3]과 자산계급의 법적 권리(부르주아적 권리―옮긴이) 등에 관한 이론적 토론에서 생겨났고, 또 사회주의적 실천 과정에서 모색되어 나왔다. 가치법칙 문제에 관한 토론은 1950년대에 전개되었다. 쑨예팡孫冶方과 구준顧准이 가치와 가치법칙 문제에 관한 논문을 발표했는데, 그 배경은 중국과 소련의 분열, 중국 사회의 모순에 대한 마오쩌둥의 분석이었다. 그러다가 이 문제는 1970년대 중반에 다시금 당내 논쟁의 중심 과제가 되었다. 이전에 이런 이론 논쟁이 없

---

3 law of value. 상품경제의 기본이 되는 법칙. 상품은 그것을 생산하는 데 드는 사회의 필요노동시간에 의해 가치가 결정되며, 원칙적으로 이 가치에 따라 등가 교환된다는 내용이다.

었다면 이후 중국의 개혁이 가치법칙, 노동에 따른 분배, 사회주의적 상품경제를 거쳐서 사회주의적 시장경제에 이르는 논리적 발전을 이루었으리라고 장담하기 어렵다. 오늘날 발전의 길에 관한 논쟁은 과거처럼 완전히 정당 내부에 국한되어 전개되지는 않지만, 이론 논쟁이 정책 노선의 조정에 미치는 영향은 여전히 막대하다고 할 수 있다. 단순히 GDP의 증대만을 중시하는 개발주의에 대한 체제 안팎의 비판과 저항이 없었다면, 새로운 과학적 발전 모델에 대한 모색이 의제로 올라올 수는 없었을 것이다. 1990년대에 중국 정치구조의 변화에 따라, 중국 지식계의 논쟁은 부분적으로 기존의 당내 노선 논쟁의 기능을 대체하게 되었다. 1990년대 말 이후의 삼농 문제三農問題에 대한 논의[4], 2003년 이후의 의료 개혁에 대한 성찰, 2005년의 국유기업 개혁과 노동권에 대한 논의, 그리고 생태환경 보호에 대한 이론적 선전과 사회운동 등은 모두 국가정책 조정에 영향을 미쳤다. 이론 논쟁이 정책의 방향을 인도하는 데 매우 큰 역할을 한 것이다.

민주民主가 오류를 수정하는 메커니즘이라고 흔히들 말하지만, 사실 이론 논쟁과 노선 논쟁이야말로 오류 수정 메커니즘, 즉 정당의 오류 수정 메커니즘이다. 물론 기존에는 당내에 민주적 메커니즘

---

4 삼농 문제란 중국의 농업, 농촌, 농민 문제를 가리킨다. 1996년에 경제학자 원톄쥔溫鐵軍이 '삼농'三農이라는 개념을 처음 제기하여 여러 매체와 학계에서 거론하기 시작했다. 2000년 초에 후베이성湖北省 젠리현監利縣 치판향棋盤鄕 당위원회 서기 리창핑李昌平이 당시 총리 주룽지朱鎔基에게 '농민은 괴롭고, 농촌은 곤궁하고, 농업은 위험하다'農民眞苦, 農村眞窮, 農業眞危險는 내용의 서신을 보내면서 당과 정부에서도 주요 사안으로 다루었다. 이후 후진타오 집권 시기 들어서 중국공산당 중앙의 공작보고에 정식으로 포함되는 등, 당과 정부의 핵심 정책과제가 되었다.

이 부족했기 때문에 20세기의 역사에서 당내 노선 논쟁은 종종 폭력적이고 독단적인 양상을 드러냈고, 따라서 이에 대해 깊이 있게 성찰하는 것은 필요한 일이다. 그러나 당내 투쟁의 폭력화에 대한 비판이 이론 논쟁과 노선 논쟁에 대한 부정으로 이어져서는 안 된다. 사실 이론 논쟁과 노선 논쟁이야말로 독단에서 벗어나고 스스로 오류를 수정하는 경로이자 메커니즘이기 때문이다. '실천이 진리를 검증하는 유일한 기준'이라는 구호는 실천의 절대적 중요성을 강조하는 것이지만, 이 명제도 그 자체로는 이론이다. 즉 우리는 이론 논쟁의 의의를 이해해야 비로소 이 구호의 의미도 이해할 수 있다.

농민의 능동성

일찍이 혁명과 전쟁의 과정이나 사회 건설과 개혁의 시대에 농민계급은 모두 크나큰 희생을 치렀고 막대한 공헌을 했다. 그들이 보여준 능동적 정신과 창조력은 세상에 가장 깊은 인상을 남겼다. 수많은 제3세계 국가들과 비교할 때, 20세기 내내 중국에서 벌어진 향촌사회의 동원과 향촌 사회조직의 변화는 유례가 없는 천지개벽의 모습이었다. 토지혁명과 토지개혁에 따라 전체적인 향촌의 질서는 근본적으로 재구성되었다. 이렇게 장기간 격렬하게 지속된 향촌의 변혁은 세 가지 중요한 결과를 빚어냈다.

첫째, 농민계급이 강한 정치의식을 갖게 되었다. 동유럽 국가나 심지어 소련에서도 무장투쟁과 토지혁명이 이처럼 오랫동안 지속된 경우를 찾아보기 어렵다. 이런 배경이 없었다면, 토지관계의 변화를 중심으로 하는 장기적인 농민 동원은 불가능했을 것이다. 따라서 수많은 사회주의 국가 또는 포스트 사회주의 국가와 비교할 때, 중국인민의 마음속에는 평등의 가치가 매우 크고 뿌리 깊게 자리를 잡았다고 할 수 있다.

둘째, 중국의 사회주의 운동과 농민운동의 관계를 제대로 이해하려면 중국 혁명정당의 역할을 이해하는 것이 필요하게 되었다. 애초 중국공산당의 창당은 국제 공산주의 운동의 산물이었다. 그러나 여타 공산당들과 달리 이 사회주의 정당의 중심 임무는 농민을 동원하고 농민운동을 통해 새로운 정치와 새로운 사회를 창조하는 것이었다. 30년 동안 무장혁명과 사회투쟁을 수행하면서, 이 정당은 마침내 가장 기층의 사회운동에 뿌리를 내리게 되었고, 동유럽 사회주의 국가의 정당과는 현저하게 다른 풀뿌리적 성격과 조직 동원 능력을 갖게 되었다. 그런데 지금의 매스컴과 관찰자들은 중국 혁명의 성패를 지나치게 개별 지도자들의 역량으로 환원하면서, 그 과정 자체에 대한 논의는 충분히 하지 않고 있다. 또한 중국 혁명 중의 폭력에 대한 성찰에 치중하면서, 혁명 과정에서 생겨난 새로운 사회적 주체성을 홀시하거나 심지어 부정한다. 물론 농민을 주체로 하는 사회에서 수행된 사회주의 혁명에서 의식의 능동성과 지도자의 주관적 의지를 중요한 위치에 놓지 않을 수는 없지만, 단지 이것만을 가지고 역사를 해석할 수는 없다.

셋째, 중국의 혁명과 건설 과정에서 형성된 새로운 토지관계가 개혁의 전제가 되었다. 이처럼 중대한 사회적 변화를 겪지 않았다면, 전통적 농민과 그 촌락 공동체 조직이 이렇게 강한 능동적 정신을 발휘하리라고 기대하기는 어렵다. 이 점은 아시아(특히 남아시아) 또는 라틴아메리카의 여타 농업사회와 시장이라는 조건 속에 있는 농민들의 상황을 살펴보면 분명해진다. 이런 사회는 지금까지 중국처럼 격렬한 토지개혁을 경험하지 않았고, 농민들은 여전히 지주나 장원경제에 상당 부분 종속되어 있어서, 강한 자주적 의식을 갖지도 못하고 가질 수도 없는 상황이다. 토지개혁의 진행은 향촌 교육 보급, 문맹률 감소, 자기조직 능력 및 기술적 능력의 제고와 밀접한 연관이 있다. 중국에서 시장을 통한 개혁이 전개되는 가운데, 이런 초기의 유산들은 비교적 성숙한 노동력 시장 형성의 전제조건으로 전환되었다.

신자유주의의 물결에 휩쓸리는 와중이었지만, 중국 사회는 다른 사회에 비해 더욱 강하게 평등을 바라고 부패를 용납하지 않으려는 경향을 지니고 있었다. 따라서 기층으로부터 강력한 견제의 움직임이 생겨났다. 이는 1990년대 초반에 일부 국가에서 나타난 급속한 독과점화 경향과는 상반되는 것으로, 그 원인은 국가와 정당의 측면에서뿐 아니라 사회적 역량의 측면에서도 설명할 필요가 있다. 20세기 말에는 삼농 문제 및 농민공農民工 문제와 관련하여, 시장이라는 조건하에서 도농都農 관계를 어떻게 해결할 것인가와 토지 문제를 어떻게 해결할 것인가가 다시금 당대 중국의 핵심적인 의제로 떠올랐다. 향촌 경제가 도시 경제와 도시화 과정에 크게 의존하고, 농민이 대규모로 유동하다가 도시의 새로운 노동자계급으로 대거 유입되며, 향촌의 토지관계에 속해 있던 농민이 연해 지역과 도시 상공업의 저가 노동력으로 전환되는 이 과정은 당대 향촌의 위기와 밀접하게 연계되어 있다.

중국의 개혁에서 국가의 역할

개혁 시기의 중국을 이해하는 데 관건이 되는 또 하나의 문제는 중국의 국가 성격과 그 변화를 어떻게 이해할 것인가다. 여러 역사학자들이 밝혔듯이, 동아시아 지역에는 풍부하고 유구한 국가의 전통과 국가 간 관계가 존재한다. 조반니 아리기Giovanni Arrighi는 자신의 저서 『베이징의 애덤 스미스』*Adam Smith in Beijing: Lineages of the Twenty-First Century*에서 이렇게 단언한다. "국가시장national market은 민족국가나 국가 간 체계와 마찬가지로 서구의 발명품이 아니다. (……) 18세기 내내 최대의 국가시장은 유럽이 아니라 중국에 있었다." 그는 당대 중국의 경제 발전의 동인, 특히 외부투자에 대한 흡인력을 이렇게 분석한다. "외부자본에 대한 중화인민공화국의 주요한 흡인력은 결코 그 풍부한 저가 노동력 자원에 있지 않다. (……) 주요한 흡인력은 이런 노동력이 건강과 교육과 자기관리 측면에서 보여준 높은 자질에 있으며, 또한 그들을 중국 내에서 생산적으로 유동하게 하는 수요 공급 조건의 급속한 확대에 있다."(중국어판 pp.323~324, p.354) 그의 설명에 따르면 애덤 스미스는 자생적 시장질서의 창도자가 아니라, 국가가 관할하는 시장에 대해 분명하게 통찰한 사상가였다. 베이징 대학의 경제학자 야오양姚洋은 이런 사고의 연장선상에서 중국 경제 발전의 조건을 정리하면서, 중성정부中性政府 또는 중성국가中性國家[5]를 중국의 개혁이 성공할 수 있었던 전제라고 주장한다.

개혁에서 국가라는 자원은 중요하다. 아리기와 야오양의 논의에 나는 두 가지 설명을 보충하고자 한다. 아리기의 관점을 보면 그는 중국과 아시아의 국가시장을 장구한 전통 위에서 서술하고자 하지만, 중국 혁명과 그로 인한 사회적 관계의 재구성이 없었다면 전통적인 국가시장이 자동적으로 새로운 국가시장으로 바뀌었으리라고 보기는 어렵다. 국가의 역량으로 군사적·상업적 체계를 세우려고 한 만청晩淸 시기의 노력과 신해혁명 이후의 끊임없는 토지혁명이 있었기 때문에, 전통적인 국가시장과는 다른 새로운 내외적 관계가 만들어졌다. 레닌은 일찍이 쑨원孫文의 「건국대강」建國大綱을 평론하면서 이 점을 지적했다. 즉 토지혁명과 새로운 사회주의적 또는 민생주의적民生主義的 방향의 국가 계획이 농업자본주의 발전의 전제가 되었다는 것이다. 현대 중국의 국가 성격을 논의할 때, 중국 혁명이 이끌어낸 토지관계와 농민의 신분 변화라는 전제를 벗어나서 이야기할 수는 없다. 예컨대 사람들은 인민공사人民公社의 실험[6]을 비판한다. 그

---

5 야오양이 제기한 개념. 어느 특정 이익집단을 대변하지 않고, 사회 전체의 장기적 이익을 위해 모든 계급·계층에게 평등하게 압박을 가할 수 있는 정부 또는 국가를 가리킨다.
6 인민공사는 중국이 사회주의화를 앞당기기 위한 목적으로 1958년부터 농촌의 생산협동조합인

러나 이 실험도 역시 현대 중국의 지속적인 토지관계 변혁의 결과라
는 점, 즉 한편으로는 가족-가정을 단위로 하는 소농경제의 종결이
고 다른 한편으로는 가정과 가족과 지연地緣 관계가 또 다른 방식을
통해 새로운 사회적 관계로 조직된 결과라는 점에 대해서는 논의하
는 사람이 거의 없다. 농촌 개혁은 인민공사 제도에 대한 개혁이지
만, 동시에 이 인민공사 제도의 실험으로 인해 변화된 사회적 관계의
토대 위에서 진행되는 개혁이다. 초기의 농촌 개혁은 국가의 주도하
에 여러 가지 경영과 농산물 가격 조정을 중심으로 발전한 개혁운동
이었다. 이 개혁운동은 사실 수많은 요소들을 계승한 것으로, 향진공
업鄕鎭工業[7]에서 향진기업鄕鎭企業[8]으로의 발전은 모두 신자유주의와는
다른 논리에 따라 전개된 것이었다.

　야오양의 관점을 보면, 이른바 중성화된 정부는 현대의 혁명과
사회주의 역사에서 파생된 것으로, 그 정치적인 전제는 절대 중성적

합작사合作社를 합병해서 만든 조직이다. 생산조직이면서 정치·사회·행정조직의 성격을 동시에 지
니고 있다. 중국공산당은 인민공사를 통해 생산에서 소비까지 농민의 삶 전반을 급진적으로 집단화
하려고 시도했으나, 1959년부터 심각한 경제 위기를 겪으면서 사실상 이런 시도를 포기한다.
7　중국 농촌에서 농민들이 자체적으로 경영하는 각종 집체集體·합작合作·개별個體 공업기업 및
기타 형태의 공업기업을 총칭한다. 한국 농촌의 읍이나 면에 해당하는 향鄕과 진鎭 차원에서 운영된
다고 하여 '향진'이라는 이름이 붙었고, 개혁개방 이후 1980년대 전반에 중국의 경제 성장을 이끄는
주도적인 역할을 했다. 이 시기 향진기업 가운데 55퍼센트를 향진공업이 차지했고, 향진기업 생산총
액의 76퍼센트를 향진공업이 담당했다.
8　중국의 향과 진에서 여러 형태, 여러 차원, 여러 분야로 경영되는 합작기업과 개별기업을 총칭한
다. 향진이 경영하는 기업, 촌村이 경영하는 기업, 농민이 협력하여 경영하는 합작기업, 기타 형태의
합작기업, 개별기업 등 다섯 가지 형태를 포괄한다. 공업, 상업, 건축업, 운수업, 농업 등 여러 분야
에 걸쳐 있다.

또는 중립적인 것이 아니다. 즉 중국의 사회주의적 실천은 대다수 또는 절대다수 인민의 보편적 이익을 대변하는 국가를 만드는 데 치중해왔는데, 국가 또는 정부가 특수이익과의 연계를 단절하는 것은 그러기 위한 전제가 되는 일이었다. 한편 이론적으로 보면, 이런 사회주의적 국가의 실천은 초기 마르크스주의의 계급이론에 대한 수정에서 비롯된 것으로, 마오쩌둥의 「10대 관계를 논함」論十大關係이나 「인민 내부의 모순을 정확히 처리하는 문제에 관하여」關于正確處理人民內部矛盾的問題는 이런 새로운 국가이론의 바탕이 되는 글이다. 사회주의 국가는 대다수 인민의 이익을 대표하는 것을 목표로 내세우기 때문에, 시장이라는 조건 속에서 다른 국가형태에 비해 더욱 철저하게 이익집단과의 관계를 멀리하고자 한다. 우리가 그것을 '중성화국가'라고 부르는 것은 바로 이런 맥락에서다. 이는 초기 개혁이 성공하기 위한 관건이고, 개혁의 정당성도 바로 여기에 달려 있다. 만약 이런 전제가 없다면, 여러 사회계층은 국가가 추동하는 개혁이 자기 계층의 이익을 대변한다고 믿지 않을 것이다. 그러나 다른 한편으로 '중성화'라는 개념은 그 이면에 있는 의미를 가려버리기도 한다. 즉 국가가 대변하는 이익의 보편성이 사실 중국의 혁명과 사회주의적 실천의 기반 위에 세워진 것이며, 최소한 초기에는 개혁의 정당성도 사회주의 국가가 대변하는 이익의 보편성으로부터 얻어졌다는 점을 가려버린다.

중국이라는 국가의 성격을 어떤 단일한 규정성에서 출발하여 정의하기는 매우 어렵다. 그 내부에 상이한 여러 전통이 존재하기 때문이다. 개혁 과정에서 사람들은 이런 전통 사이에 존재하는 모순과 투쟁을 항상 개혁과 반개혁, 진보와 보수 같은 대립으로 묘사하려 하지만, 동태적인 역사의 시각으로 볼 때 그것들 사이에는 조화와 견제와 모순 역시 중요한 역할을 해왔다. 사회주의 시기에 우리는 두 가지 또는 여러 가지 역량이 성쇠盛衰를 반복하면서 '극좌'와 '극우'를 극복하는 것을 목도했다. 시장화 개혁이 주된 흐름을 이룬 시기에는, 국가의 내부나 정당의 내부 그리고 사회 전반에 존재하는 사회주의적 역량의 견제가 없었더라면 국가가 급속하게 이익집단과 밀착했을 것이다. 1980년대 중반에는 사유화를 시행해야 한다는 주장이 대두되었지만 체제 안팎으로부터 강한 저항에 직면하여, 결국 시장 메커니즘을 먼저 형성하자는 관점이 우위를 점하게 되었다. 이는 중국이 러시아와 같은 쇼크 요법을 선택하지 않게 되는 결정적인 관건이었다. 다시 말해 사회주의 시기에 축적된 사회적 자원이 이 시기에 이런 관계를 통해, 사회정책을 적절하게 제어하는 역량으로 전환된 것이다. 그런 점에서도 우리는 이런 비판적인 역량을 단순히 개혁에 대한 반대라고 규정할 수 없다. 사실 1990년대에 폭발한 사상 논쟁에서도 이와 유사한 현상, 즉 개발주의에 대한 비판이 결과적으로 과학적 발전이나 또 다른 발전의 관념을 촉진한 것을 찾아볼 수 있다. 중국의 제도 개혁을 추동한 주요 동력 가운데 하나는, 부패에 대한 중국 사회의 보편적인 거부감과 저항이었다. 그리고 국가의 중립성은 앞에서도 언급했듯이 결코 중립적이지 않은 역량과 그 상호관계가 만들어 낸 것이었다.

중국의 개혁에는 인재 전략이나 교육 개혁 및 기타 경제정책의 실시 등 높은 가치를 매길 만한 경험이 매우 많다. 그중에도 앞에서 서술한 몇 가지 측면이 가장 근본적인 부분이지만, 대부분 매우 소홀하게 여긴다. 사실 이것들은 20세기 중국의 가장 독특한 경험의 일부이기도 하다.

주권 구조와 국가 역할의 변화

앞에서 서술한 여러 내용은 글로벌화와 블록화 및 시장화라는 새로운 조건하에서 중대한 도전에 직면하게 되었다. 사회적 관계, 경제활동 및 정치적 주체의 토대에 변화가 발생하고 있는 것이다. 따라서 새로운 역사적 조건과 그 변화의 방향을 제대로 파악하지 못한다면, 새롭고 효과적인 메커니즘과 정책을 만들어내기 어려워졌다. 이런 변화를 이해하기 위해서는, 오늘날 세계의 새로운 추세를 점검해야 한다.

우선, 글로벌화 추세 속에서 전통적인 주권에 변화가 발생하고 있다. 당면한 글로벌화 과정은 주로 두 가지 방향으로 구현된다. 첫째는 국경을 뛰어넘는 자본의 운동과 이로 인한 국경 없는 생산·소비·유동流動으로, 대규모 이민 및 무역과 투자를 통해 형성된 시장의 존성, 그리고 각종 위험의 글로벌다. 둘째는 국경을 뛰어넘는 자본의 운동을 관리하고 위험을 통제하기 위해 만들어진 새로운 국제적 조정 메커니즘이다. 세계무역기구WTO나 유럽연합EU 및 기타 국제적 또는 지역적 조직이 그 예다. 전자가 무정부적 역량에 가깝다면, 후자는 이런 무정부적 역량에 질서를 부여하고 통제하는 메커니즘인데, 이 두 역량은 동시에 작용한다.

이런 중요한 변화와 더불어 국가 주권의 형태에도 불가피하게 변화가 생겨났다. 전자의 방향과 관련해서 보면, 주로 1980년대 말부터 중국에는 수출지향형 경제가 점차 형성되었으며, 생산의 다국적화를 통해 중국의 '세계의 공장'으로서의 위상이 확립되어 과거와는 완전히 다른 노동력과 자원의 배분 형태가 만들어지고, 연해와 내륙 및 도시와 농촌 사이에 새로운 관계가 형성되었다. 그리고 금융 시스템이 점차 개방됨으로써 외환보유고 세계 1위 국가로 도약했다. 그러나 경제 발전은 국제시장, 특히 미국시장에 고도로 의존하게 되었다. 이른바 '차이메리카'Chimerica라는 개념은 지나친 과장일 수 있지만, 상대적으로 독립적이던 국민경제가 어느 정도 의존적인 경제로 전환되었다는 사실을 놓고 보면, 이 개념이 함축하고 있는 풍자적 의미는 예사롭지 않다.

후자의 방향과 관련해서 보면, 중국은 세계무역기구와 기타 국제조약 및 협정에 가입했고, 여러 지역 블록에도 적극 참여하고 있다. 전통적인 의미의 주권 개념으로는 중국의 주권 구조를 설명하기 어려워졌다. 눈앞의 금융 위기는, 위기의 근원이 사회의 자주성이 흔들린 데 있으며 그 어떤 지역의 위기도 우리 자신의 위기로 전화될 수 있다는 점, 그리고 단순히 기존의 주권을 통해 위기를 해결하려 하는 것은 위기를 극복하는 방식이 될 수 없다는 점을 잘 보여준다. (예를 들면 중국은 국제무역에서 반덤핑이나 금지보조금prohibited subsidies 또는 긴급 수입제한조치safeguard 등의 문제에 직면했을 때, 이를 국가의 주권에 근거하여 일방적으로 해결할 수 없고 반드시 국제적 중재를 거쳐서 해결해야 한다. 고액의 외환 보유에 따른 위험risk도 전통적인 주권을 통해 방어할 수 없고, 마찬가지로 특정한 국제 규약에 따라 방어해야 한다. 전염병이 유행할 때 그것을 방제하는 것조차 지금은 국제적인 사무에 속한다.) 국제적인 협력은 불가피한 선택이다. 따라서 글로벌화라는 조건하에서, 그리고 개방적인 국제 네트워크 속에서 어떻게 자주성의 새로운 형태를 만들어낼 것인가는, 과거 역사를 참조해야 하지만 또한 반드시 새롭게 탐구해야 하는 새 과제가 되었다.

다음으로, 국제 관계뿐 아니라 국내 관계에서도 국가의 역할에 변화가 발생하고 있다. 따라서 단순히 '전체주의 국가'라는 개념으로 중국이라는 국가를 묘사한다면, 국가의 역할 가운데 적극적인 면과 소극적인 면을 혼동할 수밖에 없다. 중국의 개혁은 러시아처럼 쇼크 요법을 통한 것이 아니었고, 국가가 경제 조정 측면에서 비교적 강력한 역량을 발휘했기에 가능한 것이었다. 중국의 금융 시스템이 상대적으로 안정성을 보인 것은 중국이 완전히 신자유주의의 길로 나아가지 않았기 때문이다. 또한 사유화를 허용하지 않은 중국의 토지는 (그러나 시장의 수요에 부응하기 위해 상대적으로 자유롭게 유통될 수 있게 했다) 중국 농촌에서 저비용의 사회보장체제를 유지하는 토대가 되었고, 국가가 토지자원을 이용하여 조직적으로 개발을 시행하고 그에 따른 이익을 배분할 수 있는 가능성을 열어주었다. 중국의 국유기업이 납부하는 대규모의 세금은 위기 상황에서 정부가 조정 능력을 발휘하도록 하는 토대가 되었다. 이런 것들은 모두 국가의 역량 및 의지와 관련이 있다. 중국이라는 국가는 자신에게 주어진 책임을 져야 한다. 예컨대 향촌의 위기를 적극적으로 해결하고, 사회보장제도를 재건하고, 생태환경을 보호하고, 교육투자를 확대하고, 교육체제의 개혁을 추진하는 것 등은 모두 국가가 져야 할 책임이다. 이런 측면에서, 중국 정부는 개발형 정부에서 사회 서비스형 정부로 전환되어야 한다. 이런 전환은 수출에 과도하게 의존하던 중국 경제가 내수를 지향하는 쪽으로 변화하는 것을 촉진할 것이다.

이런 적극적인 사회정책 실시는 단순히 국가의 의지에 달린 문제가 아니다. 30년 동안 개혁 과정을 거치면서 국가기구는 시장화 개혁의 추진자로서 시장의 활동에 깊이 개입해 들어갔다. 구체적으로 각 부분을 놓고 보면, '중성화국가'라는 개념으로 오늘날의 국가를 묘사하는 것은 결코 적절하지 않다. 국가는 별개로 떨어져 존재하지 않고, 사회구조와 사회의 이익관계 속에 파고들어서 존재한다. 오늘날 부정부패 문제는 관료 개인의 부패뿐 아니라 사회정책, 경제정책, 특수이익 사이의 관계 등과 관련된 문제다. 예를 들면 탄소과다배출산업과 에너지 사업의 개발은 줄곧 각 이익집단이 관여하고, 심지어 주도하기까지 한다. 따라서 이런 이익집단이 공공정책에 영향을 발휘하지 못하도록 억제하기 위해서는 주로 공적 토론, 사회보호운동, 그리고 국가와 정당 내부의 여러 전통이 제 역할을 해야 한다. 예컨대 1990년대 말에 벌어진 삼농 문제에 관한 대토론은 국가가 농촌정책을 조정하도록 촉진했다. 2003년의 '사스' 위기가 촉발한 의료보장제도에 관한 대논쟁은 의료개혁 방향의 변화를 앞당겼다. 2005년에 전개된 국유기업제도 개혁에 관한 논쟁과 대규모의 노동운동은 일련의 관련 정책이 나오게 만들었다. 부패를 다스리고 당의 기율을 엄격하게 유지하라는 국가 내부의 요구는 중국의 반부패운동에 내발적인 동력을 제공했다. 그러나 국제관계 및 국내의 이익관계 또한 전에 없는 힘으로 국가의 여러 기제 내부에, 심지어 법률 제정 과정에까지 침투하고 있다. 이런 상황에서 어떻게 국가와 국가가 시행하는 공공정책이 소수의 이익집단에 휘둘리지 않고 광범위한 다수의 이익을 대변하게 할 것인지는 이미 매우 심각한 문제가 되었다.

'정당의 국가화'의 패러독스

국가에 관한 논의는 민주의 기제를 형성하는 문제와 직접적으로 연관되어 있다. 중국의 국가 문제를 논의하다 보면 필연적으로 다음과 같은 한 가지 기본적인 패러독스에 직면하게 된다. 한편으로, 수많은 다른 국가의 정부와 비교할 때 중국 정부의 역량은 광범위하게 인정을 받고 있다. 원촨汶川 5·12대지진 이후 구호활동을 위한 대중 동원에서부터 금융 위기 이후 신속하게 추진한 시장 구제 계획에 이르기까지, 그리고 올림픽의 성공적인 개최로부터 각 지방정부가 조직적 발전과 위기 극복 측면에서 발휘한 효율에 이르기까지 모두가 중국의 우월한 국가 역량을 보여준다. 그러나 다른 한편으로, 비록 여러 여론조사를 통해 정부에 대한 대중의 만족도가 비교적 높은 수준임이 확인되었지만, 일부 지역과 일부 시점에 관官과 민民의 모순이 매우 첨예하게 드러나고, 정부의 여러 층위의 국정 능력과 청렴도 또한 의구심을 자아내고 있다. 더욱 중요한 문제는, 이런 모순이 항상 정당성의 위기라는 차원으로까지 고조되어 논의된다는 것이다.

다른 국가의 경우를 보면 국가의 역량이 쇠퇴하여 정부가 하는 일이 없고 경제는 침체되어 사회정책이 제대로 시행되는 것이 없어도, 그것이 결코 체제 차원의 정치적 위기로 이어지지는 않는다. 결국 이 문제는 정치적 정당성의 원천이 되는 민주의 기제와 밀접한 관계가 있다고 할 수 있다.

1980년대에는 민주의 문제가 매우 단순했다. 그런데 20년 동안 민주화의 물결이 휩쓸고 지나가자, 한편으로 민주는 여전히 정치적 정당성의 가장 중요한 원천이기는 하지만, 다른 한편으로 단순히 서구식 민주를 흉내 내는 것은 아시아 지역에서 더 이상 1980~1990년 대와 같은 흡인력을 갖지 못하게 되었다. 신흥 민주에 위기가 찾아오고 색깔혁명도 퇴색하면서, 1989년 이후 동유럽과 중앙아시아 및 기타 일부 지역에서 일어난 민주화의 물결은 쇠퇴하고 있고, 이와 동시에 서구 사회와 제3세계의 민주국가(인도와 같은)에서는 민주의 공동화空洞化가 보편적인 민주의 위기를 초래하고 있다. 이런 민주의 위기는 시장화와 글로벌화라는 배경과 밀접하게 연관되어 있다.

첫째, 세계대전 이후 정치적 민주의 주요한 형태는 다당제 또는 양당제의 의회제인데, 시장이라는 배경 속에서 정당은 갈수록 초기 민주제에서와 같은 대표성을 상실하고 표를 얻기 위해 정당의 정치적 가치를 애매하게 만들어서, 대의제 민주는 허울뿐인 것이 되어 버렸다. 둘째, 글로벌화라는 배경 속에서 민주와 국가 사이의 관계가 도전에 직면했다. 경제적 관계가 갈수록 전통적인 국민경제의 범주를 넘어서고, 이와 관련된 활동 역시 일국 내에서는 타협을 이룰

수 없어, 모든 국가의 정치적인 행위가 반드시 세계체제와 상응해야
만 하게 되었다. 셋째, 정당이 이익집단화되고 심지어 과두화寡頭化되
는 추세에 따라, 형식적 민주가 갈수록 기층사회와 유리됨으로써 정
치영역에서 기층사회의 이익을 대변할 길이 없어졌다. 그리하여 기
층사회는 (인도에서 '마오주의 반군'이 득세하는 경우처럼) 무정부적인 자위적
自衛的 행동을 취하도록 내몰리고 있다. 여러 지역에서의 형식적 민주
는 말할 것도 없고, 심지어 국가 자체가 공동화되고 있는 것이다. 넷
째, 선거 과정이 대량의 금전과 재력에 휘둘리게 됨에 따라, 여러 민
주 국가에서 선거 부패가 합법적인 방식과 불법적인 방식을 가리지
않고 자행되어 선거의 공신력이 깨지고 있다.

　물론 그렇다고 민주의 가치가 이미 쇠퇴했다고 말하려는 것은 아
니다. 중요한 것은 대체 어떤 민주가 필요하고, 민주의 형태는 어떤
것이어야 하는가다. 어떻게 해야 민주가 공동화된 형태에 머물지 않
고 실질적인 내용을 가질 수 있을 것인가?

　중국의 정치체제에는 중요한 변화가 발생하고 있다. 그 가운데
하나가 정당의 역할 변화다. 1980년대 정치개혁의 목표 중 하나는 당
과 정부의 분리였다. 그런데 1990년대 이후 당정의 분리는 더 이상
유행하는 구호가 아니다. 구체적인 실천과 제도적 안배 차원에서, 당
정의 합일合一이 오히려 더 자주 보이는 현상이 되었다. 나는 이런 현
상을 '정당의 국가화' 추세라고 요약한다. 왜 이런 추세가 나타나게
되었는지에 대해 깊이 있게 분석해볼 필요가 있다. 전통적인 정치이
론에 따르면 정당은 의회에서의 투쟁과 논변을 통해 전체의지衆意를

대변한다. 즉 절차적 민주를 통해 국가의 일반의지公意를 형성하고, 이른바 주권, 즉 일반의지를 표출한다. 중국에서 공산당이 영도하는 여러 정당의 협력체제 또한 각 정당의 대표성이 그 토대가 된다. 그런데 시장사회라는 상황에서 국가기구가 경제활동에 직접 참여하고 국가의 여러 조직과 특정 이익 사이의 관계가 서로 뒤얽히면서, 개혁 초기의 중성화국가에 변화가 생겨나고 있다. 그리고 정당이 경제활동과 상대적으로 거리를 둠으로써, 오히려 비교적 자주적이고 '중성적으로' 사회의 의지를 표현할 수 있게 되었다. 예를 들면 반부패 조치는 주로 정당의 기제를 통해 효과적으로 시행되었다. 또한 1990년대 이후 국가의 의지는 주로 정당의 목표를 통해 구현되었다. '3개 대표'三個代表에서 '조화사회'和諧社會 및 '과학적 발전관'科學發展觀에 이르기까지 모두 그렇다. 이런 구호는 더 이상 정당의 특수한 대표성을 직접 표출하는 것이 아니고, 전체 인민의 이익을 지향하는 것이다. 그런 점에서 정당은 주권의 핵심이 되었다.

그러나 정당의 국가화는 이중적 도전을 의미하기도 한다. 우선, 정당과 국가 사이의 경계가 완전히 사라진다면, 정당이 국가와 마찬가지로 시장사회의 이익관계에 빠져드는 것을 도대체 어떤 역량이나 기제가 제어할 수 있겠는가? 다음으로, 전통적인 정당의 보편적 대표성(및 초기 사회주의 국가의 중립성)은 그것의 선명한 정치적 가치를 통해 완성되었는데, 정당의 국가화는 정당의 이런 정치적 가치가 약화되거나 변화되는 것을 의미한다. 중성국가가 만들어지기 위해서도 정당의 정치적 가치는 필요한 것이었는데, 중국의 이렇게 변화된 새로운 상황에서 그것이 계속 보편적인 대표성을 유지할 수 있게 해주는 기제는 대체 무엇인가? 정당은 대체 어떤 역량을 통해 자기갱신을 할 수 있는가? 어떻게 해야 보통 인민의 목소리가 공공영역에서 표출될 수 있는가? 진정한 언론의 자유와 협상의 메커니즘과 관민의 상호작용을 통해 국가와 정당의 기본 노선과 정책을 끊임없이 조정하려면 어떻게 해야 하는가? 어떻게 해야 국내와 국외의 역량을 흡수하여 가장 광범위한 민주를 형성할 수 있는가? 이는 정당의 자기혁신에 관한 토론에서 회피할 수 없는 문제다.

중국의 정치변혁 문제를 생각할 때, 우리는 다음과 같은 문제를 감안하여 민주의 경로를 구상해야 한다. 구체적으로 보면, 적어도 다음의 세 가지 측면을 고려할 필요가 있다. 첫째, 20세기에 장구하고도 파란만장한 혁명을 겪으면서 중국 사회는 공정公正과 사회적 평등을 매우 강렬하게 요구하게 되었다. 이런 역사적·정치적인 전통이 당대의 상황에서 어떻게 민주에 대한 열망으로 전환될 수 있는가? 즉 새로운 시대의 대중노선 또는 대중민주는 무엇인가? 둘째, 중국 공산당은 거대한 변화를 겪은 방대한 정당인데, 갈수록 더 국가기구와 뒤섞이고 있다. 이 정당체제를 어떻게 하면 더 민주적이게 할 수 있는가? 정당의 역할에 변화가 생겨나는 상황에서, 어떻게 국가로 하여금 보편적 이익을 대변하게 할 것인가? 셋째, 어떻게 하면 사회적 기반 위에 새로운 정치형태를 형성하여 대중사회로 하여금 정치적 에너지를 얻게 하고, 신자유주의의 시장화로 인해 초래된 '탈정치화'의 상태를 극복하게 할 수 있는가? 중국은 개방된 사회다. 그러나 노동자와 농민과 일반 시민이 공공생활에 참여할 수 있는 충분한 공간이 없고, 또 그에 대한 보장도 되어 있지 않다. 중국은 어떤 방법으로 사회의 목소리와 열망을 국가정책 차원에서 표출시켜, 자본의 독점하려는 에너지와 욕망을 제어할 것인가? 문제의 핵심은 바로 여기에 있다. 자본의 자유인가, 아니면 사회의 자유인가? 양자는 근본적으로 다른 것이다. 이상의 것들은 모두 구체적인 문제지만, 그 내부에 중요한 이론적 명제를 담고 있다. 즉 글로벌화와 시장화라는 상황에서, 인민의 나라 중국의 정치변혁은 어떤 방향으로 나아가야 하는가라는 명제다. 개방이라는 조건하에서 중국 사회의 자주성을 어떻게 형성할 수 있는가? 민주가 보편적으로 위기에 처한 상황에서, 이런 탐구가 글로벌한 의의를 갖는다는 사실은 두말할 필요가 없다.

금융 위기와 1990년대의 종결, 그리고 새로운 정치

나는 이번 금융 위기 과정에서 중국이 보여준 모습을 예로 들어, 중국이 직면한 도전을 살펴보고자 한다. 중국의 전문가와 일반 사회는 이번 금융 위기를 각기 다른 관점으로 보았다. 그런 가운데 논쟁이 된 한 가지 문제는, 이것이 금융 위기인가 아니면 경제 위기인가라는 것이었다. 양자는 물론 서로 분리되기 어려운 것이지만, 이론적으로 양자를 구분하는 것은 중요한 의미가 있기 때문이다. 금융 위기가 폭발하자 대부분의 매스컴은 분석의 초점을 미국의 '서브프라임 모기지'Subprime Mortgage 위기와 금융 위기에 두었다. 그러나 로버트 브레너Robert Brenner 같은 일부 경제학자는 이번 위기가 단지 일반적인 금융 위기가 아니고, 단순히 금융파생상품의 문제만도 아니며, 생산과잉이라는 근원에서 초래된 경제 위기라고 지적했다. 금융 위기와 경제 위기 사이의 관계는 연구해볼 가치가 있다. 단순히 금융파생상품의 문제라면, 이는 곧 과도한 투기와 이를 효과적으로 감독하지 못한 데서 기인한 문제가 된다. 그러나 경제 위기라면 이는 자본주의에 따르는 구조적 위기라는 의미다. 단지 소수의 투기 때문이 아니라, 생산방식의 문제가 초래하는 위기라는 것이다. 사실 양자는 서로 연관되어 있다. 금융 위기는 전반적인 생산방식과 관련될 수밖에 없다. 중국은 미국의 상황과 달리 위기가 주로 실물경제 방면에 집중되어 있다. 경제구조가 국제시장에 지나치게 의존적이고 국내 소비가 대단히 부족하기 때문에, 국가가 부양 계획과 세금 감면으로 경제성장을 유지한다고 해도 경제구조를 바꾸지 못하고 사회보장과 사회평등을 촉진하여 내수를 진작하지 못한다면 십중팔구 새로운 생산과잉이 초래된다. 그러나 금융 영역으로도 이 두 가지 방면의 문제는 뒤얽혀 있다. 중국의 높은 외환보유고와 구매한 미국 국채의 안전성 문제가 초미의 관심사가 되는 것에서 알 수 있듯이, 이 위기는 수출에 과도하게 의존하는 중국의 경제구조 및 미국의 달러 패권과 관련이 있을 뿐 아니라, 위안화의 평가절상을 예측한 국제 투기꾼들이 벌인 금융투기에 기인한 측면이 크다. 즉 실물경제의 위기는 금융 위기와 분명하게 구분할 수 없을 만큼 연결되어 있는 것이다.

논쟁이 된 또 다른 문제는, 이번 위기가 주기적인 것인가 아니면 구조적인 것인가라는 점이다. 지금 시점에서 보면, 양자의 측면이 서로 얽혀 있는 것으로 생각된다. 이른바 주기적인 위기는, 경제가 스스로 위기 이전의 상태로 회복될 수 있음을 의미한다. 반면 구조적인 위기는, 과거의 구조로 회복되기 어려운 구조적 변화가 발생했음을 의미한다. 현재 시점에서 볼 때, 경제 상황은 회복되어 호전될 가능성이 있으니 위기를 주기적인 것이라고 할 수도 있지만, 그러나 본래의 구조로 회복될 수 있다고 장담하기는 어렵다. 예컨대 금융 시스템이 신자유주의가 고조되던 시기의 모델로 되돌아갈 수 있을까? 위기에 대응하는 과정에서 구미의 금융기관들이 대거 국유화되고 각국 정부가 경제와 금융에 적극 개입하게 되었으니, 설령 정부가 부양 계획을 조정해서 은행들로부터 손을 뗀다고 하더라도, 금융 시스템이 본래의 모델로 되돌아갈 가능성은 거의 없다고 할 수 있다.

그 밖에도 중국은 많은 문제에 직면해 있다. 환경 위기와 에너지 문제 및 이전의 발전 과정에서 파괴된 사회적 관계에 대한 복구의 필요 때문에, 약탈적인 개발 방식으로 유지해온 경제의 고속성장은 더 이상 지속하기 어려워졌다. 일반 노동자들에 대한 사회적 처우를 훨씬 나아지게 하고 생태환경을 점진적으로 개선하는 방향으로의 변화는 이제 되돌릴 수 없게 되었다. 최근 미국이 대기온난화와 탄소배출 절감 문제를 제기함에 따라, 환경 문제는 어느덧 국제정치의 중요한 의제로 떠올랐다. 중국에는 그 이면에 존재하는 신제국주의의 문제를 지적하는 사람도 물론 있다. 환경 문제를 이용해서 제3세계에 압력을 행사하고, 선진국의 책임을 회피하려는 현상은 분명 존재한다. 그러나 기후변화가 초래할 보편적인 영향을 부정할 수는 없는 일이다. 대기온난화는 매우 심각한 문제이고, 파급 속도도 무척 빠르다. 빙산이 녹고, 습지가 사라지고, 일부 지역은 사막화가 진행되며, 강과 호수가 심각하게 오염되고, 수자원이 부족해지고 있다. 이런 문제들은 우리가 기존 생활방식을 더 이상 유지할 수 없음을 말해준다. 이 분야에서 오랫동안 조사 연구를 해온 원자쥔文佳筠[9]은 태양열 온수기와 농촌의 바이오가스 처리기 사용을 예로 들어, 중국이 에너지 절약과 환경보호 방면으로 사실상 많은 일을 해왔다고 설명한다. 과거 한동안은 클린에너지 기술 분야에서 선두를 달리기도 했고, 풍력발전 등의 분야에서 빠른 발전을 해왔다는 것이다. (풍력발전 분야에서의 발전에 대해서 어떤 이들은 맹목적이었다고 비판하기도 한다.) 그러나 문제는 개발주의와 소비주의가 여전히 중국의 발전 모델에 크게 영향을 미치고, 갈수록 빠르게 환경에 대한 압력으로 작용하고 있다는 점이다.

앞에서 언급한 측면으로 보면, 수출지향형 경제에는 불가피하게 변화가 발생할 수밖에 없다. 첫째, 경제의 장기적인 위험을 피하기 위해 내수를 진작하여 과도하게 수출에 의존하던 상태를 바꾼다면, 경제구조에 변화가 생겨날 수밖에 없다. 둘째, 글로벌 시장이라는 조건하에서 수출상품의 수준을 높이는 것은 새로운 글로벌 시장 구조에 적응하고 국내의 노동력 자원과 천연자원에 대한 과도한 착취를 바꾸기 위해 반드시 필요한 선택이다. 셋째, 미국경제의 위상이 점차 쇠퇴함에 따라, 글로벌 경제적 관계는 비록 비교적 긴 시간이 소요되기는 하겠지만 반드시 중대한 변화를 겪을 것이고, 이런 변화는 국내의 경제적 관계에도 직접적으로 영향을 미칠 것이다. 예를 들면 달러의 위상 변화에 따라 위안화가 국제 결제에서 차지하는 지위가 강화될 것이고, 기타 지역성 무역의 중요성 역시 강화되는 등의 변화가 생겨날 것이다. 이는 모두 경제구조에 변화가 생겨나는 것을 의미한

9 중국의 NGO 활동가. 지속 가능한 발전, 기후변화 분야의 조사 연구에 종사하고 있다.

다. 이런 변화는 일반적인 주기적 변화가 아니라, 글로벌적이고 구조적인 변화일 가능성이 크다. 현재 중국경제는 이미 바닥을 치고 올라오는 모습을 보이고 있다. 그러나 만약 구조적 조정을 시행하지 않는다면 이내 새로운 구조적 위기와, 특히 새로운 생산과잉에 따른 금융시스템의 불안정 및 기타 사회적 문제에 직면할지도 모른다. 경제 위기에 대응하기 위해서라고 하지만, 사회보장체제를 전면적으로 재구축하고, 환경보호의 수준을 높이고, 경제구조의 향상을 촉진하고, 도농 간의 유기적 상호작용과 평등 관계를 새로이 확립하고, 교육투자를 확대하고, 맹목적 개발주의로 인해 파괴된 사회적 관계를 재건하고 발전시키는 일 등은 피할 수 없는 과제다. 이런 것들은 모두 단기적이 아니라, 장기적이고 구조적인 문제다.

역사적으로 보면, 대규모 경제 위기가 발생한 이후에는 그에 상응하는 변화가 사회체제와 사회사조에도 생겨났다. 경제 위기는 새로운 사회정책의 출현을 유발할 뿐 아니라, 종종 그 부산물로 전쟁이나 혁명, 사회운동 등을 초래했다. 그러나 구식의 대규모 사회운동 모델―농민운동이나 노동운동 혹은 계급투쟁 같은―은 이제 형태가 바뀌었고, 국지적인 전쟁은 있을지언정 두 차례의 세계대전 같은 큰 전쟁은 벌어지지 않을 것이다. 국지적인 전쟁은 20세기와 같은 혁명의 폭풍을 일으키는 대신, 새로운 형태의 저항 유형을 파생시키고 있다. 중국에서는 국유기업 개혁을 둘러싸고 벌어진 충돌이 이미 여러 해 동안 이어지고 있지만, 오랫동안 효과적인 해결 방안을 찾아내지 못했다. 그런 와중에 일부 이익집단과 기층의 지방정부들이 사유화 계획을 강행하여, 근래에는 사회적 투쟁 과정에서 폭력적인 현상이 빈발하고 있다. 또 지역 격차와 도농 간 격차 및 빈부 격차로 인해 파생된 민족모순이 더욱 첨예해지는 추세이고, 이전 시기의 사회운동 모델을 대신하여 목표를 상실한 사회적 보복이 늘어나고 있다. 정치적 각도에서 보면, 경제 위기와 정치적 변화의 관계도 점점 예측이 어려워지고 있다. 미국의 경우 오바마Barack Obama가 대통령에 당선되자 의료보험 개혁을 추진함으로써, 그 성공 여부에 관계없이 조금이나마 왼쪽으로 방향 전환을 하는 것으로 보였지만, 최종적인 결과는 결코 낙관할 수 없는 상황이다. 유럽은 사르코지Nicolas Sarkozy나 메르켈Angela Dorothea Merkel, 베를루스코니Silvio Berlusconi의 당선이라는 사례에서 확인되듯이 정치적으로 명확히 우경화되는 모습을 보이고 있고, 영국은 노동당이 혼란에 빠지면서 '좌'라고 할 수도 없고 '좌'가 아니라고 할 수도 없는 형편이 되었다. 근래 북한과 이란에서 발생한 사태는 지정학적 정치의 연장이라고 할 수 있다. 이런 배경하에서 벌어지는 중대한 변화를 어떻게 분석할 것인가? 가장 중요한 것은 지도자를 누구로 바꾸는가가 아니다. 설령 진보적인 것처럼 보이는 지도자로 바꾼다고 하더라도, 국제적인 관계에서 그들이 어떤 역할을 하게 될지는 단언하기 매우 어렵다.

경제 위기가 유발한 가장 긍정적인 변화는 신자유주의의 절대적인 지배적 지위가 약화되었다는 점이다. 신자유주의의 패권적 지위는 1980년대에 갈수록 강화되어 1990년대에 최고점에 이르렀다. 그러나 코소보Kosovo 전쟁과 9·11사건 이후 신자유주의와 신자유주의적 제국주의는 세계 곳곳에서 큰 도전에 직면했고, 이번 위기에 이르러 신자유주의의 패권적 지위에 대한 회의가 널리 확산되었다. 경제 위기가 도래함에 따라, 신고전주의 경제학을 중심으로 하는 일련의 주장이 대부분 사회에서 더 이상 절대적인 신임을 얻지 못하게 되었다. 물론 그렇다고 해서 신자유주의의 영향력이 급속히 쇠퇴한다거나 그것의 여파가 빠르게 사라진다고 할 수는 없다. 사실 신자유주의의 여파는 앞으로도 오랫동안 우리 주위에 남아 있을 것이다. 그러나 그것의 패권적 지위는 철저하게 흔들리기 시작했고, 새로운 발전 모델에 대한 모색이 이미 명확한 사회적 의식이나 정치적 가치의 수준으로까지 상승했다. 신자유주의의 기본적인 가치를 둘러싼 논쟁은 여전히 이어지고 있지만, 그것은 이미 쇠락해가는 과정에서의 논쟁일 뿐이다.

또 다른 중요한 변화는 지정학적 관계의 측면에서 나타나고 있다. 지정학적 관계와 글로벌 권력관계의 변화는 장기적으로 진행되는 과정이고, 경제 위기는 그것의 표지가 되는 사건이다. 자본주의의 역사를 놓고 보면, 매번 중대한 위기에는 모두 권력관계의 변화가 수반되었다. 예를 들면 미국의 패권적 지위는 제1차 세계대전 이후 점차 확립되었고, 소련의 패권적 지위는 제2차 세계대전 이후 확고해졌다. 냉전은 곧 양대 패권이 지배한 구조이다. 이처럼 새로운 패권의 확립에 따라, 과거의 패권 체제는 돌이킬 수 없게 쇠퇴해버렸다. 오늘날은 더 이상 단순한 제국주의와 식민주의의 시대가 아니다. 따라서 새로운 지정학적 정치관계와 권력관계의 변화에 대한 분석이 필요하다. 예컨대 금융 위기의 와중에 달러화의 패권적 지위가 철저히 흔들리지는 않았지만, 약화된 것은 사실이다. 그 지위의 하락은 장기적으로 진행되는 과정이다. 미국의 힐러리 클린턴Hillary Clinton 국무장관이 중국을 방문했을 때, 원자바오溫家寶는 미국 내에 있는 중국 자산의 안전에 대해 '우려'하고 있음을 솔직하게 표현했다. 중국 지도자의 이런 우려는 진심이었고, 그 배경은 중미 간에 형성된 의존적인 경제관계다. 그러나 외부의 시각으로 보면, 일개 개발도상국의 지도자가 미국의 지도자에게 달러화라는 패권적 화폐에 대한 우려를 이처럼 솔직하게 표현하는 것은, 10년 전만 해도 절대 있을 수 없는 일이다. 만약 달러화에 대한 중국의 신뢰가 흔들리고 의존적인 경제 모델을 바꾸려는 노력이 성공을 거둔다면, 미국의 패권적 지위에도 근본적인 영향을 미치게 될 것이 분명하다. 위기 이전에 중국의 금융 시스템 개혁은 신자유주의적 방향으로 변화하고 있었다. 그러나 금융 위기 와중에 중국의 은행은 세계에서 상장주식 가치가 가장 높은 은행으로 변했고, 중국의 은행 시스템도 상대적으로 안정적인 것이 되었다. 다시 말해서 미국과 유럽을 절대적인 중심으로 하는 경제 및 금융 시스템이 도전에 직면하게 된 것이다. 중국의 경제에 과연 모델이라는 것이 있는가에 관해서는 현재 많은 논란이 벌어지고 있다. 그런데 이런 모델에 대한 토론이 결국 의미하는 것은, 과거의 모델과 과거의 패권에 대한 회의다. 이는 또한 다른 지역의 사람들이 중국 모델에 대해 항상 중국인 자신보다 훨씬 더 큰 관심을 기울이는 이유이기도 하다.

지난 수백 년 동안 세계의 권력 중심은 몇 차례 바뀌었다. 그러나 모두가 서구 내부에서의 변화였다. 그런데 이번은 다르다. 미국과 유럽은 강력한 도전에 직면했고, 아시아의 지위, 특히 중국의 지위에는 변화가 생겼다. 미국은 오래전부터 지금까지 중요한 패권을 쥐고 있었지만, 그것은 더 이상 절대적인 패권이 아니라 점차 쇠퇴할 수밖에 없는 패권이다. 장기적인 관점으로 보면, 이 변화가 세계적으로 미치는 영향은 대단히 큰 것이다. 주목할 점은, 변화가 단지 중국에서만 일어나는 것이 아니라는 사실이다. 연달아 개최된 브릭스BRICs[10] 4개국 회의나 상하이협력기구sco[11] 6개국 회의는 글로벌 문제를 바라보는 그 고유한 시각을 확인시켜주었다. 브릭스에 관해서는 많은 논쟁이 있고 이견도 적지 않지만, 이 개념 자체가 낡은 세계질서에 대한 도전이라는 점은 분명하다. 중국은 대외무역에서 자국의 위안화로 결제하는 비중을 갈수록 늘리고 있다. 이런 양자 간 결제 모델은 그 여파가 거래 당사자를 넘어서 전 세계에 미치는 것으로, 기존의 패권에 대한 도전을 의미한다.

경제 성장의 핵심 부분이 태평양 지역 또는 동아시아의 주요 경제체로 이동함에 따라, 세계의 권력관계에도 구조적인 변화가 발생하고 있다. 경제 위기 와중에 중국도 경제 발전의 속도가 상대적으로 느려지기는 했지만, 그러나 세계적인 범위에서 보면 중국의 경제 발

---

10 브라질, 러시아, 인도, 중국을 가리킴.
11 The Shanghai Cooperation Organization. 1996년에 설립. 중국, 러시아, 카자흐스탄, 키르기스스탄, 타지키스탄, 우즈베키스탄 6개국으로 구성됨.

전 속도는 여전히 가장 빠르다. 비록 단순한 경제 성장이 중국의 구조조정에 수많은 문제를 가져오기는 했으나, 이런 성장 속도는 세계 경제에 분명 긍정적인 요소다. 중국경제의 쾌속 성장은 고립적인 현상이 아니다. 다른 지역과 비교해보면 동아시아는 전체가 빠르게 성장하는 지역이고, 또 이 지역에서 경제 융합도 매우 신속하게 진행되고 있다. 중국이 부상한다고 해서 곧 중국이 미국의 위치를 대신하게 된다는 것은 아니다. 그러나 중국과 이 지역이 세계경제 전체에서 차지하는 위상이 올라감에 따라 제1세계, 제2세계, 제3세계로 이루어지는 전통적인 세계질서에 변화가 생기고, 세계의 다극화가 이루어지는 데도 도움이 되고 있다. 그런 점에서 이번의 금융 위기는 일종의 표지가 되는 사건이다. 즉 일반적인 조정이 아니라, 거대한 구조적 전환의 중요한 분기점인 것이다.

특히 주목할 점은, 기존의 세계적 패권의 구조가 단순히 순수한 경제적 패권과 경제적 구조에 그치는 것이 아니라, 정치사회적 관계와 문화적 가치가 밀접하게 결합된 구조였다는 것이다. 현재 경제적 구조조정은 이미 시작되었으나, 문화와 정치의 변화에는 더 많은 창조적 작업이 필요하다. 새로운 모형과 사회적 관계는 자연적으로 생겨나는 것이 아니고, 인위적인 노력으로 구성되는 것이다. 만약 이번 위기로 인해 유발된 구조적 변화가 단순히 지정학적 관계의 변화에 그친다면, 그것은 그저 패권 관계의 이동에 불과하다. 오늘날 토론해야 할 가장 중요한 문제는 이런 것이다. 중국은 어떤 국제적 지위를 원하는가? 중국은 어떤 사회적 관계를 원하는가? 어떤 정치문화가 필요한가? 다시 말해서, 우리는 경제 위기와 새로운 정치, 새로운 문화의 관계를 사고해야 한다. 제1차 세계대전 와중에 중국에서 신문화운동新文化運動이 일어나고, 그것이 새로운 정치의 발생을 촉진했듯이, 오늘날 우리는 금융 위기와 정치의 관계를 질문해야 한다.

경제가 성장함에 따라 중국은 더욱 광범위한 국제적 협력과 시장을 모색하고 있다. 그런데 아프리카와 기타 지역 속의 중국이라는 존재에 대해 서구는 불안해하면서 많은 논란을 벌인다. 경제가 글로벌화하는 과정에서 중국은 과연 서구가 다른 지역에서 했던 방식을 되풀이하지 않고, 그와는 다른 발전의 길을 찾을 수 있을까? 이것은 중요한 도전이다. 중국은 일찍부터 국제주의의 전통을 가지고 있고, 제3세계의 운명에 큰 관심을 기울여왔다. 중국이 제3세계, 특히 아프리카와 라틴아메리카에서 지금까지 누린 명성은 분명 그런 전통 덕분이다. 그런데 이런 전통이 시장화와 글로벌화라는 조건에서도 역할을 할 수 있을까? 자본주의 경제는 본래 확장하려는 본성을 지니고 있다. 에너지와 여타 자원에 대한 그것의 요구 또한 세계적 범위에서나 일국의 범위에서 모두 확장하려는 본성을 지니고 있다. 그런 점에서, 나는 중국의 현대적인 국제주의 전통이 새롭게 다시 제기되어야한다고 생각한다. 혁명을 수출하는 식의 국제주의가 아니라, 제3세계 국가의 생존과 발전 그리고 사회적 권리에 진정으로 관심을 두고 그들을 존중하며, 글로벌 범위에서 평등과 민주와 공동 발전의 길을 모색하는 것이 되어야 한다는 뜻이다. 패권의 세계 구조에 대한 분석을 방기한 채로는, 글로벌 구조 속에서 중국이 차지하는 위치에 대한 깊이 있고 정확한 분석을 하기는 불가능하다.

국제적 지위 문제는 국내 관계의 변화와 관련이 있다. 중국은 어떤 상업과 정치의 문화를 발전시킬 것인가? 그것은 미국식 패권과 무엇이 다른가? 그것은 분명 이전 시기의 자본주의와는 달라야 한다. 시장이 문화와 정치에서 중요한 역할을 할 수밖에 없기는 하지만, 시장논리가 모든 것을 좌우하게 내버려두어서는 안 된다. 경제체제의 측면에서 볼 때, 노동자의 지위는 뚜렷하게 올라가야 하고, 생태와 자연환경은 개선되어야 한다. 중점은 정치와 경제 관계의 변화에 있는데도, 현재 이에 대한 토론이 가장 부족하다. 눈앞의 구조적 위기는 곧 과거의 주도적인 모델의 위기이고, 지금은 바로 새로운 정치를 창조할 때다.

1990년대는 막을 내렸다. 2008년은 그 표지가 되는 해다. 포스트 1989년의 과정은 지난 몇 년 동안 끝을 향해 가는 모습을 보였지만, (1989년) 사건의 영향은 여전히 부분적으로나마 이어졌다. 그러나 2008년에 이르러 이 과정은 종결되었다고 말할 수 있다. 그 표지는 글로벌 범위에서는 신자유주의적 경제노선이 직면한 중대한 위기이고, 중국에서는 일련의 사건의 연쇄이다. 즉 시짱西藏자치구의 '3·14'사건[12]에서 원촨 대지진까지, 그리고 베이징 올림픽에서 금융위기에 이르기까지, 중국 사회는 자신의 세계 속 위상을 이전과 다르

---

12 2008년 3월 14일에 시짱자치구(티베트)에서 일어난 대규모 반정부시위를 말한다. 중국 정부의 강경 진압으로 많은 희생자가 발생했다.

게 설명했고, 이전과 다른 형태의 위기관리 메커니즘을 보여주었다. 서구 사회는 중국의 굴기에 관해 이미 적지 않은 논의를 해왔지만, 중국이 어느새 미국에 버금가는, 직접 마주할 수밖에 없는 경제체가 되었다는 사실을 이번 위기 과정에서 새삼 깨달았고, 사람들의 예상을 뛰어넘는 속도로 자기 존재에 상응하는 자신감을 드러내고 있다는 점을 확인하게 되었다. 이런 변화는 드라마틱한 것이고 교묘한 부분도 있지만, 그러나 결코 우연적인 것은 아니다. 아마도 다음과 같은 점은 분명 문제가 될 것이다. 중국 사회가 국제사회 속에서 자신의 이런 신분에 대해 아직 익숙하지 않다는 점, 그리고 중국 사회가 시장화를 진행하면서 쌓아놓은 모순과 글로벌화 과정에서 직면한 위험이 유례를 찾기 어렵다는 점이다. 결국 '1990년대의 종결'이라는 명제가 갖는 진정한 의미가 있다면, 그것은 새로운 정치, 새로운 길, 새로운 방향에 대한 탐색이라고 할 수 있다.

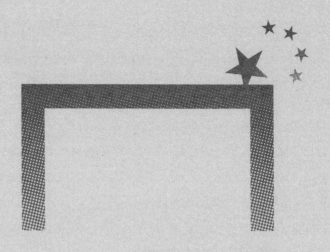

탈정치화된 정치,
패권(헤게모니)의 다층적 구성,
그리고 1960년대의 소멸

* 2004년 12월 초고.
　2006년 7월 3일 2고.
　2006년 10월 2일 개정.
　『개방시대』開放時代 2007년 제2기 수록.

감사의 말: 이 글의 초고가 완성된 후 위즈중于治中, 왕사오광王紹光, 왕시王希, 린춘林春, 차오톈위曹天予, 추이즈위안崔之元, 알레산드로 루소Alessandro Russo, 클라우디아 포차나Claudia Pozzana, 페리 앤더슨Perry Anderson, 첸융샹錢永祥, 천광싱陳光興, 크리스토퍼 코너리Christopher Connery, 시어도어 휴터스Theodore Huters, 한사오궁韓少功, 왕샤오밍王曉明, 천이중陳宜中, 왕차오화王超華, 뤼신위呂新雨, 린사오양林少陽 등의 친구들이 각기 다른 각도에서 비판과 제안을 해주었다. 이 자리를 빌려 감사드린다.

중국, 그리고 1960년대의 종결

2005년 8월 초에 국립 싱가포르 대학의 개교 100주년을 기념하는 일련의 학술토론회가 개최되었다. 그중 한 세션의 주제가 '아시아의 1960년대'였다. 여기서 한국, 일본, 말레이시아, 태국, 미국의 학자들이 중국의 1960년대를 거듭해서 언급했지만, 정작 중국의 학자는 내가 토론자 역할을 맡은 것을 제외하면 논문을 발표한 사람이 한 명도 없었다. 내 경험에 비추어볼 때, 이것은 우연이 아니다. 1998년에 유럽, 아시아, 아메리카 등 전 세계가 1968년에 일어난 학생운동과 사회운동 30주년을 기념할 때도, 1960년대와 가장 밀접한 관계를 지닌 중국은 침묵을 지키고 있었다.

그때 이후로 나는 이 침묵의 의미에 대해 사고하기 시작했다. 내가 발견한 첫 번째 사실은 이 침묵이 1960년대의 급진적 사상과 정치적 실천에 대한 거부, 즉 중국의 '60년대'를 상징하는 '문화대혁명'에 대한 거부일 뿐만 아니라, 또 다른 맥락에서 20세기 중국 전체에 대한 회의 내지는 부정까지도 포함한다는 점이다. 여기서 말하는 '20세기 중국'이란 1911년 신해혁명辛亥革命 전후로부터 1976년 전후에 이르는 '단기 20세기'[1], 즉 중국 혁명의 세기를 의미한다. 이 세기의 서막은 대체로 1898년 무술개혁戊戌改革 실패(특히 1905년 전후)에서 1911년 우창 봉기武昌起義 발발에 이르는 시기라고 할 수 있으며, 그 결미는 1970년대 후반에서 1989년에 이르는 이른바 '1980년대'다.* 중국 혁명의 내용은 복잡다단하지만, 그중에서도 핵심을 이루는 내용은 다음의 세 가지로 요약할 수 있다. 첫째, 토지혁명을 중심으로 농민의 계급적 주체성을 확립하고, 이것을 기반으로 노농동맹과 통일전선을 구축했으며, 나아가 중국의 현대적 정치를 위한 토대를 마련했다. 둘째, 혁명을 통한 건국이라는 원칙하에 전통적 정치구조와 사

---

1 The short 20th century. 영국 역사가 에릭 홉스봄Eric Hobsbawm이 창안한 개념. 홉스봄은 단순히 100년이라는 시간 단위로 역사를 구분하지 않고, 인류 사회에 큰 영향을 미친 사건과 흐름을 기준으로 세기를 새로이 규정했다. '단기 20세기'는 1914년부터 1991년까지를 가리키는 개념으로, 제1차 세계대전에서 시작하여 소련의 몰락으로 종결된다. 제1차 세계대전은 이전 장기 19세기를 지배한 자유주의와 유럽중심주의가 와해되는 기점이고, 소련의 몰락은 냉전의 종식을 알리는 표지다. 홉스봄의 연작 역사서 가운데 마지막권인 『극단의 시대』Age of Extremes: the Short 20th Century 1914~1991가 이 시기를 다루는 저작이다. 한편 이탈리아 출신 경제학자이자 세계체제론자인 조반니 아리기는 자본주의 세계체제의 발전단계를 이른바 '체계적 축적순환' 과정을 기준으로 네 개의 장기 세기로 구분하여, 20세기 초반부터 현재까지 미국의 헤게모니를 중심으로 유지되고 있는 단계를 '장기 20세기'The long 20th century라고 이름 붙였다. 이에 관해 서술한 책이 『장기 20세기: 화폐, 권력, 그리고 우리 시대의 기원』The Long 20th Century: Money, Power, and the Origins of Our Times이다.

● 정당과 국가 체제의 변화에 관해서는, 1970년대 중반 이래의 이론 논쟁이 '1980년대' 내내 계속되었다. 그런데 1980년대 중반 이후 체제 내부의 논쟁이라는 이 모델에 중요한 변화가 발생했다. 새로운 역량의 등장과 의제의 전환에 따라, 문화와 정치에 관한 토론이 더 이상 '당-국체제'의 내부에 머무르지 않게 된 것이다. 이 시대의 많은 변화가 1990년대 '탈정치화된 정치'의 성행에 토대가 된 것은 사실이지만, 이 시대 자체만을 보면 여전히 '당-국체제'의 내부와 외부에는 팽팽하게 긴장을 유지하는 '정치문화'가 존재했다.

회관계를 개조하여 중국을 주권에 입각한 공화국으로 만들었고, 나아가 향촌 중심 국가인 중국의 공업화와 현대화를 정치적으로 보장했다. 셋째, 계급정치를 확립하고 혁명을 통해 건국을 한다는 목표는 현대적 정당정치의 성숙을 전제로 했고, 따라서 필연적으로 현대적 정당이 탄생하게 되었다. 프랑스 대혁명과 러시아 혁명은 이 시대에 중국 지식인과 혁명가들의 모범이었다. 이 두 혁명 가운데 어느 쪽에 더 가치를 두는지의 입장 차이가 중국 혁명의 정치적 분기점이 되었다. '5·4' 시기의 신문화운동은 프랑스 대혁명과 자유·평등·박애라는 가치를 열렬히 찬양한 반면, 제1세대 공산당원들은 러시아 혁명을 본보기로 삼고 프랑스 대혁명의 부르주아적 성격을 비판했다. 그러다가 '1980년대'에는 사회주의의 위기와 개혁의 시작에 따라 러시아 혁명의 아우라가 점차 사라지고, 프랑스 대혁명의 의미가 다시금 부각되었다. 그러나 혁명의 세기가 막을 내리면서, 프랑스 대혁명 역시 러시아 혁명과 마찬가지로 '급진주의'의 시초로 간주되어 비판과 부정의 대상이 되어버렸다. 결국 1960년대에 대한 거부와 망각은 고립된 역사적 사건이 아니라, 지속적이고 전반적인 '탈혁명' 과정의 유기적인 일부라고 할 수 있다. 앞에서 '단기 20세기'를 세 가지로 요약한 것이 기본적으로 성립된다면, '탈혁명 과정'은 노동자와 농민의 계급적 주체성 소멸, 국가와 그 주권의 형태 변화, 정당정치 쇠퇴 등의 형태로 나타나게 된다.

1960년대에 아시아에서는 동남아시아의 민족해방운동이 흥기하고, 식민주의 시대가 막을 내렸다. 일본, 한국, 태국, 인도와 그 밖의 일부 지역에서 대규모 사회운동이 잇달아 일어나고, 냉전과 미국 주도의 자본주의 질서가 준엄한 도전에 직면했다. 또한 1960년대에 미국과 유럽에서는 반전운동이 확산되고 제국주의의 패권에 대한 비판이 휘몰아쳤으며, 전후 자본주의와 그 정치체제에 대한 강한 회의가 일어났다. 그런데 왜 '1960년대'라는 문제는 서구만의 논제일 뿐 아시아의 논제가 될 수 없는 것일까? 더욱 깊이 있는 대답을 하기 위해서 우선 다음의 두 가지 사항을 언급할 필요가 있을 것 같다. 첫째, 서구의 1960년대와 아시아의 1960년대는 서로 관련도 있지만 중요한 차이점도 있다. 그 차이점은 우선 다음에서 드러난다. 유럽과 미국의 반전운동과 반식민운동은 기본적으로 서구 사회 내부의 비판운동이었고, 문화 영역에서 그것은 자본주의 세계에 대한 문화 비판의 형식으로 표현되었다. 이와 대조적으로, 1960년대에 동남아시아(특히 인도차이나)와 기타 지역에서의 투쟁은 서구의 식민통치와 국내의 사회적 억압에 저항하는 무장혁명과 군사투쟁의 성격을 강하게 띠었다. 서구의 1960년대가 전후의 당–국체제party-state or parties-state와 그 국내외 정책을 치열하게 비판했다면, 아시아의 1960년대(일본은 예외다. 일본의 사회운동은 유럽의 상황에 더 가까웠다)는 패권적인 국제관계 속에서 사회운동과 무장투쟁을 통해 독립적이고 자주적인 국가를 다시 세우고자 했다. 즉 새로운 형태의 당–국체제를 건설하여 사회개혁과 경제 발전을 이루려 한 것이다. 그런데 오늘날의 담론적 맥락에서 보면, 1960년대 아시아의 무장혁명과 군사투쟁은 사람들이 가지고 있는 이 시대에 대한 기억과 사고에서 이미 사라져버렸다. 국가의 경계를 뛰어넘는 이데올로기가 서구 지식인들의 상상력을 지배하는 주도적 가치가 되어버린 지금, 1960년대 아시아의 독립운동과 당-국체제 건설이 도대체 무슨 의미가 있겠는가? 심지어 1960년대의 사회운동을 그리워하는 아시아의 좌파에게도, 이런 문제는 1960년대를 다시금 사고하기 위한 핵심 주제가 되기 어렵다.

둘째, 중국의 1960년대는 독특한 성격을 지니고 있으며, 중국은 자신의 1960년대를 스스로 부정한다는 것이다. 일찍이 1950년대부터 중국은 줄곧 제3세계의 해방운동과 비동맹운동Non-Aligned Movement을 지지했고, 한반도와 베트남에서 세계 최강국 미국과 맞섰다. 1960년대에 유럽의 급진세력이 비판의 창끝을 스탈린주의와 소련의 행동에 겨누었을 때, 그들은 중국이 훨씬 전부터 소련의 정통 노선과 오랫동안 이론적·정치적 투쟁을 벌여왔음을 발견했다. 중소관계 변화의 직접적인 원인은 소련이 패권을 추구하고 중국이 그에 맞서 국가주권을 수호하려 한 것이지만, 이 충돌을 단순히 국가 간의 관계라는 범주로만 이해해서는 안 된다. 그것은 이 충돌이 양국 공산당 사이의 정치적 대립과 이론적 분기를 여실히 드러내주기 때문이다. 사회주의 진영 내에 새로운 사회주의적 당-국체제가 확립되는 시점부터, 혁명적 정치는 탈정치화로 인해 침식되기 시작했다. 국내적으로 그것은 당-국체제의 관료화, 그리고 권력문제를 중심으로 하는 '정치투쟁'으로 나타났다. 이런 투쟁은 당내의 자유로운 토론과 참여자의 정치적 주체성을 제거했고, 상명하복식의 권력체제를 통해 지식인과 청년학생 및 기타 사회계층 내부의 비판적 사고와 사회운동을 억압했다. 국제관계 면으로는, 사회주의 진영 내부의 헤게모니(패권) 구조가 마침내 확립되어 각국 사회주의자들의 독자적인 발전 노선 모색을 가로막았고, 자주와 평등이라는 국제관계의 원칙을 손상시켰다. 그런 상황에서 일종의 이론투쟁의 형태로 전개된 중소논쟁은 국제 사회주의운동 내부에 정당과 국가 및 사회주의의 방향에 대한 서로 다른 이해방식이 존재함을 보여주는 것이었다.

중국의 1960년대는 중소논쟁, 그리고 사회주의 국가와 공산당 자체의 변화에 대한 마오쩌둥의 우려와 밀접한 연관이 있다.* 문화대혁명 기간에 '4대 자유', 즉 '외치고大鳴, 발표하고大放, 논쟁하고大辯論, 대자보를 붙일大字報 자유'[2]를 내세운 것은 대중의 참여를 통해 당-국체제의 틀을 돌파하려는 시도였다. 그러나 이런 시도 자체가 대중운동 내부의 파벌투쟁 및 당-국체제 내의 권력 갈등과 뒤얽혀 대규모 대중 폭력과 정치적 박해를 초래하고 말았다. 1976년이 되기도 전에

---

* 중소논쟁에서 문화대혁명 시기에 이르기까지 벌어진 일련의 이론적 논쟁은 이 두 정치적 운동(사건)이 직접적으로 연관되어 있음을 증명해준다. 마오쩌둥이 문화대혁명을 일으킨 원인 가운데 하나는 소련 사회주의의 변화에 대한 그의 판단, 즉 그런 변화가 중국 지도부 내에서 곧바로 일어날 수도 있다는 인식이었다(이 점은 1965년 8월 11일 뤄루이칭羅瑞卿의 보고에 대한 논평과 1965년 8~9월에 열린 중앙공작회의에서의 연설 등에서 확인할 수 있다). 당 중앙의 고위층에 수정주의가 나타날 수 있거나 이미 나타났다고 판단한 마오쩌둥은 대중을 움직이는 것 이외에 달리 그것을 막을 방법이 없다고 생각했다. 바로 이런 대중운동의 구상과 실천을 통해 마오쩌둥은 '정치'를 정당과 국가의 영역에서 해방하려고 시도했다. 계급과 계급투쟁 문제에 관해서는 뒤에서 상세히 서술하겠다.
2 '외칠 자유'는 누구든 원하는 구호를 외치면서 어디서든 시위를 할 자유를 뜻한다. '발표할 자유'는 누구든 자신이 쓴 글을 매체에 투고하여 발표할 자유를 말하는데, 해당 매체는 문법적인 문제만 없다면 투고된 글을 실어주어야 한다. '논쟁할 자유'는 대중집회에서 누구든 제한 없이 자기 의견을 발언할 자유로, 사회자는 발언 순서만 정할 수 있다. '대자보를 붙일 자유'는 누구든 어디에나 대자보를 붙일 자유를 말하는데, 대개 정해진 벽에 붙이는 것이 관례였다.

이미 많은 중국인이 1960년대를 부정적인 시선으로 보게 된 것이다. 1970년대 중·후반 마오쩌둥의 죽음과 실각했던 지도자들의 권력 복귀에 따라 문화대혁명이 종결됨으로써 중국의 국가와 사회는 '문혁'을 철저하게 부정했다. 그리고 1980년에 문혁 시기의 문제에 대해 일련의 청산을 한 뒤, 전국인민대표대회는 헌법에서 이른바 4대 자유를 인정하는 조항을 삭제하기로 결정했다.● 지난 30년 동안 중국은 계획경제 체제에서 시장사회 모델로 전환했고, '세계혁명'의 중심에서 가장 활발한 자본 활동의 중심으로 바뀌었으며, 제국주의의 패권에 저항하는 제3세계 국가에서 그들의 '전략적 동반자'이자 경쟁자로 변했고, 계급이 거의 소멸되어가던 사회에서 '재계급화'가 진행되는 (많은 사람들이 보기에 이것이 '더 자연스럽거나' 또는 '정상적'이다) 사회로 변모했다.

역사적 관점에서 보면, 앞에서 서술한 1970년대에서 지금에 이르

● 1985년 5월 20일에 천구잉陳鼓應을 접견할 때 덩샤오핑鄧小平은 문혁 시기의 4대 자유와 '부르주아적 자유화'를 직접적으로 관련 지어 말했다. "'사인방'四人幇 분쇄 이후 중국에 부르주아적 자유화라는 사조가 나타났다. 서구 자본주의 국가의 '민주주의'와 '자유'를 숭배하고 사회주의를 부정하는 것이다. (……) 그들은 그저 외치고, 발표하고, 대자보 붙이고, 불법 출판물 내는 짓을 일삼는다. 사실상 일종의 난동이다. 문화대혁명이 남긴 흔적인 것이다. 이런 풍조를 내버려둘 수는 없다. 전국인민대표대회는 1980년에 헌법에서 '외치고, 발표하고, 논쟁하고, 대자보 붙일 자유'를 인정하는 조항을 특별히 삭제하기로 결정을 내렸다. 이 조항은 문화대혁명 과정에서 헌법에 포함된 것이다. 서구의 민주주의를 숭배하는 자들은 항상 이 4대 자유에 매달린다."(덩샤오핑, 「부르주아적 자유화는 곧 자본주의의 길을 걷는 것이다」資産階級自由化就是走資本主義道路, 『덩샤오핑 문선』鄧小平文選 제3권, 北京: 人民出版社, 1993, pp.123~124.) 여기서 우리는 '사회주의의 자기 수정'을 핵심 목표로 내세웠던 1980년대 초의 '사상해방운동'이 비록 정치적으로 문혁을 '철저히 부정'한다고 했지만, 사실 그것과 문혁의 정치적 전통 사이에 이론적 연관성이 내재해 있었음을 알 수 있다. 이 점에 관해서는 뒤의 서술을 참고하기 바란다.

기까지 역사 진행 과정의 기본적인 전제를 이루는 것은 1960년대에 시작된 문혁에 대한 실망과 회의 및 근본적인 부정이다. 비판적 지식인들이 삼농 위기, 도농 간 격차, 지역 격차 확대, 체제 차원의 부패 등 오늘날의 제반 사회적 위기를 문제 삼으려 할 때, 그들을 겨냥하는 가장 강력한 무기는 바로 다음과 같은 질문이었다. "당신들 문혁 때로 돌아가려 하는가?" 이런 '철저한 부정'의 태도는 당대 역사의 진행 과정에 대해 제대로 된 정치적 분석을 할 가능성을 완전히 봉쇄해버렸다.

나는 1960년대의 소멸을 일종의 독특한 '탈정치화' 과정이라고 본다. 1960년대에는 풍부한 의미가 내재해 있다. 가장 중요한 특징은 전후 세계체제의 양극화를 깨뜨리고 두 가지 상이한 유형의 당-국체제, 즉 공히 위기에 빠진 다당제 형태의 서구식 민주주의와 일당제 형태의 사회주의적 당-국체제에 충격을 가한 것이다. 이 시대의 이런 '정치화 과정'을 우리는 서로 연관된 세 흐름 속에서 이해할 수 있다. 첫째, 제2차 세계대전이 종결됨으로써 유럽 중심의 기존 국제관계 체제가 기본적으로 해체되고, 세계의 권력구도가 미국과 소련 중심의 양대 진영이 서로 대립하는 냉전시대로 접어들었다. 그런 가운데 1950년대의 반둥Bandung 회의에서 1960년대에 고양된 민족해방운동에 이르기까지, 아시아와 아프리카와 라틴아메리카의 사회운동과 무장투쟁이 이 양극화된 세계구도의 내부에 틈을 만들어냈고, 냉전의 양극구조(이는 국제관계에서 '탈정치화된 권력 구조'를 불가피하게 초래했다)를 깨뜨리는 정치화 과정을 형성했다. 마오쩌둥의 '세 개의 세계 이론'[3]은 바로 이 새로운 역사적 형세와 정치투쟁에 대한 응답이었다.

둘째, 민족해방운동으로 서구 제국주의의 통일천하가 깨졌다면, 중소논쟁에서 시작된 사회주의체제 내부의 분열로 동방 진영 내부에 사회주의의 미래와 세계의 패권(헤게모니) 구조를 재사고할 수 있는 공간이 생겼다. 이는 사회주의 진영 내부의 갈수록 경직화되는(또는 '탈정치화되는') 권력구조에 대해 이론투쟁과 정치투쟁을 통해 감행한 도전이었고, 그런 의미에서 사회주의체제 내부의 '정치화 과정'이라고 할 수 있다.

셋째, 사회주의의 내부적 분열로 새로운 형태의 정치적 시도가 출현했다. 즉 사회주의라는 조건하에서 문화혁명을 추진하여 당-국체제의 '소외'(또는 '탈정치화')를 이론적으로나 사상적·정치적으로 제어하려 한 것이다. 이 새로운 정치적 시도가 초래한 비극적 결과에 대해서는 별도의 분석이 필요하지만, 사회주의적 당-국체제에 대한 깊이 있는 분석 없이 중국의 1960년대를 이해할 수 없고, 이 체제를 재구성, 재정립하지 않고서 중국의 1960년대의 종결을 이해할 수 없다는 점은 분명하다.

앞에서 간략히 언급했던 파벌투쟁과 정치적 박해 및 당-국체제의 재공고화가 보여주는 것과 같이, 1960년대 내부에는 자기부정의 경향, 즉 '탈정치화의 경향'이 포함되어 있었다. 우리는 이 복잡하게

3　미국과 소련을 제1세계, 일본·유럽·캐나다 등을 제2세계, 기타 아시아·아프리카·라틴아메리카 국가 등을 제3세계로 구분하는 이론. 1974년 2월 22일에 마오쩌둥이 잠비아 대통령 카운다와 회담하는 자리에서 처음 제기했다. 패권주의에 반대하는 중국 외교정책의 근간이 되었다.

뒤얽힌 국면과 그것이 '포스트 문혁' 시대에 미친 영향을 어떻게 이해해야 하는가?

탈정치화된 정치와 당-국체제

탈정치화와 정당정치의 변화 및 위기

1960년대의 민족해방운동에 대해서는 이미 많은 학자들이 논의를 진행해왔다. 따라서 나는 주로 '탈정치화'라는 명제에서 출발하여 중국의 당-국체제와 그 변화의 문제를 토론하고자 한다. 중국의 문혁을 오랫동안 연구한 이탈리아의 사회학자 알레산드로 루소 Alessandro Russo는 정식으로 발표되지 않은 논문 「문화대혁명을 어떻게 번역할 것인가?」How to Translate Cultural Revolution?에서, 문화대혁명은 고도로 정치화된 시기였으며, 이 정치화된 시기의 종결은 사람들이 일반적으로 생각하는 것처럼 1970년대 중·후반에 비롯된 것이 아니라* 문혁 개시 이후 발생하기 시작한 파벌투쟁과 특히 그 파벌

---

* 지금까지 문혁 연구는 베이징, 상하이, 우한武漢 등 중심 도시에 집중되었을 뿐, 전국 각 지역에서의 다양한 진행 과정에 대해서는 아직 상세한 실증적 조사가 이루어지지 않았다. 그렇기 때문에 문혁의 종결이 1968년인지, 1969년인지, 1976년인지, 아니면 또 다른 시점인지에 대해서는 상이한 관점이 존재한다. 그러나 지역의 차이나 종결 시점의 차이와 별개로, 앞에서 언급했듯이 문혁의 내

투쟁에 수반된 폭력적 충돌에서 비롯되었고, 또 1960년대 자체의 탈정치화에서 비롯되었다고 주장했다. 파벌투쟁과 폭력적 충돌이 문혁 초기의 공개적인 정치 논쟁과 다양한 정치조직 및 이를 토대로 생겨난 정치문화를 위기에 빠뜨렸고, 그리하여 당-국체제가 다시 회귀하고 공고해질 수 있는 계기를 제공했다는 것이다. 문혁의 종결이 탈정치화 과정에서 비롯되었다는 것은 그런 의미에서다.● 루소가 보기에 탈정치화는 중국의 포스트 문혁 시대만의 현상이 아니라, 당대 서구 정치의 특징이기도 하다.

통치권이 전통적 군주로부터 현대적 정당으로 옮겨지는 것은 정치의 현대성이 갖는 기본적 특징이다. 일당독재든 다당제든 기본적인 틀은 현대적 당-국체제이고, 그런 점에서 이 두 가지 국가 모델은 모두 '당-국'이라고 할 수 있다. "만약 현대에 새로운 『군주론』을 쓴다면, 그 주인공은 한 사람의 영웅이 아니라 하나의 정당이 될 수밖에 없다. 더 구체적으로 말하자면, 각기 다른 시대 상황에서, 또 각기 다른 민족의 각기 다른 내부 관계 속에서 새로운 국가를 건설하려고

부적 전환의 기본 논리는 어느 곳에나 공통적으로 있었다. 한편 루소의 글은 (이 글의 초고가 작성된 이후 2006년 12월에—옮긴이) 『인터아시아 문화연구』*Inter-Asia Cultural Studies*(vol.7, no.4)에 발표되었다.

● 2004년 말, 나는 이탈리아 볼로냐 대학 고등연구센터의 초청을 받아 그곳에서 3개월간 고등연구원으로 있었다. 이 기간에 알레산드로 루소, 클라우디아 포차나Claudia Pozzana 교수와 폭넓고 깊이 있는 토론을 했다. 그들은 「문화대혁명을 어떻게 번역할 것인가?」를 포함한 일련의 논문들을 참고하게 해주었다. (그 논문들은 이 글의 영역본과 함께 『인터아시아 문화연구』 최근호에 발표되었다.) '문혁'과 '탈정치화' 문제는 우리 독서와 토론의 핵심 주제였다. 이 지면을 빌려 두 사람에게 깊은 감사를 표한다.

애쓰는 바로 그런 당(이런 목적을 위해 정당을 만드는 것은 역사의 요구이며 이성의 요구이다)이 될 것이다."* 20세기의 중국 정치는 정당정치와 밀접한 관계가 있다. 이 시대의 오랜 역사에서 정치 발전의 근본적 문제는 줄곧 여러 유형의 당-국체제를 건설하는 것이었으며, 정당정치는 결코 기존 국가정치의 궤도에 일방적으로 수용되는 법이 없었다. 정치적 행위자로서 정당은 항상 그 가치와 이상에 의거하여 새로운 국가를 창조하는 정치적 실천에 뛰어들었고, 서로 경쟁하면서 각자의 면모대로 사회를 빚어내려 했다.

그러나 정당이 집권 과정에서 점차 국가체제의 주체로 변함에 따라, 정당과 그 사회적 토대의 관계는 더 이상 명확하지 않게 되었고, 정당의 정치이념과 정치적 실천의 관계 또한 갈수록 내재적 연관성을 상실하게 되었다. 요컨대 정당의 체제는 다음과 같은 이중의 변화를 겪게 된 것이다. 첫째, 정당 자체가 '탈가치화' 과정에 놓여, 정당조직이 팽창하고 인구 중 당원의 비율이 확대되어도 이를 정당의 정치적 가치가 보편화되는 것이라고 할 수 없게 되었다. 둘째, 정당이 갈수록 정규 국가권력에 밀착되었고, 나아가 일정 정도 탈정치화되고 기능화된 국가권력 기구가 되었다. 나는 이런 이중의 변화를 '당-국체제'에서 '국-당체제'로의 변화라고 규정한다. 전자는 정치적 의의를 지니고 있지만, 후자는 그저 권력의 강화에만 치중하는 것

---

* 안토니오 그람시, 「옥중수고」獄中札記, 『그람시 문선葛蘭西文選 1916~1935』, 北京: 人民出版社, 1992, p.341.

이다. 이런 '정당의 국가화 과정'으로 인해, 20세기에 형성된 '당치'黨
治체제는 국가 중심의 통치체제로 전환되었다. 이는 또한 '국가의 정
당화政黨化 과정'이기도 하다. 그런데 이 '정당화' 과정은 이전 시기
정당의 확대와는 의미가 완전히 다르다. 이전 시기 정당의 확대가 정
치적 과정이고 조직적인 정치행위를 통해 부단히 스스로를 만들어가
는 과정이었다면, 오늘날 정당의 국가화 과정에서 정당은 이미 완성
되고 정형화된 것으로서 국가처럼 중립적으로 상이한 이해관계를 조
정하는 기능을 수행하는 체제로 간주되기 때문이다. 그런 점에서 정
당의 정형화와 완성은 곧 정당의 종말이라고 할 수 있다.[*]

　1960년대의 종결은 거대한 위기를 겪은 두 사회체제가 다시 공고
해지는 것을 의미했다. 그러나 이 공고해지는 과정이 탈정치화의 방
식으로 진행됨에 따라, 두 사회체제의 정치적 토대는 흔들릴 수밖에
없었다. 정당정치의 쇠퇴 또는 변화라는 맥락에서 보면, 국가는 '정
치 없는 국가' 또는 '탈정치화된 국가'가 되었다. 이 새로운 정치적 형
세를 설명하기 위해서는, 양대 정치체제의 변화에 대해 간략히 설명
할 필요가 있다. 본래 고전적인 대의제 민주주의는 공동의 선善 또는

---

[*] 　그람시Antonio Gramsci의 다음과 같은 판단은 현재의 담론적 맥락 속에서 여전히 생각해볼 가
치가 있다. "모든 발전은 새로운 과제와 역할을 창출하므로, 그리고 일부 정당의 경우 그 자신이 더
이상 존재하지 않아야, 즉 그들이 역사적으로 잉여의 존재가 되어버려야 비로소 스스로 완성되고 정
형화되므로, 결국 모든 정당은 영원히 완성되거나 정형화될 수 없다는 말은 사실이다. 모든 정당은
어떤 계급의 대명사이므로, 계급의 분열을 종식시키는 것을 목표로 하는 정당이 있다면 그것은 스스
로 더 이상 존재하지 않아야 비로소 자기실현을 완성할 수 있게 된다. 그래야 계급과 그 계급의 대변
자 자체가 더 이상 존재하지 않게 되기 때문이다." 위의 책, pp.344~345.

공동의 이익을 목표로 하여 집단적 참여를 통해 공공의 결정을 내리는 방식이라고 간주된다. 따라서 의회민주제에는 사회구성원의 정보를 경청하고 관찰하고 읽어내는 능력뿐 아니라, 이성적이고 논리적인 방식으로 이런 정보에 대응하고 질의하며 검증하는 능력까지 필요하다. 대의제 민주주의에서 사회의 자기결정의 기본 조건은 정보의 투명성과 인민 및 그 대표 사이의 소통이다. 그런데 이 공동이익 혹은 공공선을 핵심으로 하는 민주주의의 개념은 현대에 들어서 큰 도전에 직면했다. 많은 민주주의 이론가들은 이런 공동이익과 공공선이라는 것이 애초에 존재하지 않으며, 보편적 대표성을 지닌 대의제도 존재하지 않는다고 본다. 그들이 제기하는 것은 정당정치의 기초 위에 세워진 민주주의의 개념이다(켈젠, 슘페터, 다운스, 달 등).* 다당제 의회민주제도 역시 일종의 형식적 민주주의로 간주되는데, 그것의 핵심이 되는 정치적 개념은 이성적 대화와 공공영역이다. 이 민주주의라는 형식의 틀 안에서 여러 이익 주체 사이의 대립은 최종적으로 균형을 이루게 되고, 형식상 평등한 공민이라는 개념이 '주인-노예'

---

* 아담 쉐보르스키Adam Przeworski, 「대의정치에 관한 서구 사상의 합의와 갈등」Consensus and Conflict in Western Thought on Representative Government(2006년 베이징 포럼을 위한 논문 수정본), pp.2~30. 괄호 속 민주주의 이론가의 주요 저작은 다음과 같다. Hans Kelsen, *La Democratie, Sa Nature-Sa Valeur*, Paris: Economica, 1988(1929) and *General Theory of Law and State*, Cambridge, MA: Harvard University Press, 1949; Joseph A. Schumpeter, *Capitalism, Socialism, and Democracy*, New York: Harper & Brothers, 1942; Anthony Downs, *An Economic Theory of Democracy*, New York: Harper and Row, 1957; Robert A. Dahl, *Polyarchy: Participation and Opposition*, New Haven: Yale University Press, 1971 and *Democracy and Its Critics*, New Haven: Yale University Press, 1989.

식의 사회적 계급 관계를 제거함으로써 이성적이고 평등한 상호작용 또는 소통이라는 범주로 '적–동지' 관계 중심의 투쟁적 정치개념을 대체하게 되었다.

그러나 1960년대의 종결과 함께 민주주의의 이념 자체가 신자유주의 쪽으로 기울어가는 현상이 나타났다. 민주주의가 시장경제의 기초 위에 세워진 의회제에 불과하게 된 것이다. 정부가 강제적인 권력으로 간주됨에 따라, 의회민주제는 정부의 행동을 제한하는 메커니즘으로 여겨졌다. 개인의 이익 추구는 헌법의 보호를 받았고, 전통적 정치 속의 주인–노예 관계는 헌정민주주의와 시장경제로 인해 완전히 사라졌다. 고도의 사유화와 생산의 글로벌화라는 조건 속에서, 의회민주제는 이중의 곤경에 직면했다. 한편으로 사회 공동의 이익이 무엇인지 구분 짓기 어려워졌고, 다른 한편으로 의회와 시장 사이의 관계가 갈수록 밀접해졌다. 전자의 경우를 보면, 기업이나 이익집단이 공공정책에 미치는 영향이 공민 개인에 비해 엄청나게 커졌다. 따라서 의원의 투표 성향은 이른바 인민이나 공동의 이익이 아니라 주로 후원자나 후원자가 속한 계급의 필요와 이익에 따라 움직이게 되었다. 정당은 선거의 표심에 별 영향을 미치지 않는 안건일 때에만 각 의원의 양심에 따라 표결하도록 허용한다. 후자의 경우를 보면, 의회는 노골적으로 시장화되고 조작이 난무하는 이익 게임의 기제가 되어버렸으며, 인민은 그 대표와 완전히 유리되어 민주정치의 '소통의 위기'와 공공영역의 '재봉건화'가 초래되었다. 다당제의 전제는 정당이 명확한 대표성과 정치적 가치를 갖는 것이다. 즉 사회 공동의 이익을 추구한다는 전제하에 국가라는 틀 속에서 특정한 제도를 바탕으로 각 당파가 경쟁을 하는 것으로서, 이런 경쟁적인 정당정치라는 토대가 없다면 의회민주제는 활력을 잃는다. 현재 의회민주제의 핵심 문제는 민주주의의 전제가 되는 공동선이나 공공이익이 정치적 결정에서 배제되고, 양대 당 또는 여러 당 사이의 정치적 차이가 거의 없게 되었다는 점이다. 후자는 다당제 정치의 정치적 수렴 convergence 현상이라고 요약할 수 있다. 영미의 의회민주제를 예로 들면, 각 정당은 국제정치 차원의 의제를 다룰 때만 이른바 '공동이익'에 호소한다. 유권자들이 타자에 대해 가지는 공포와 원한과 통제 욕망을 경쟁적으로 선동하여 그들의 지지를 얻어내는 것이다. 그런 점에서 현재의 다당제 의회민주제도(일반론으로서의 의회제와 대의정치가 아니라, 그것의 현존하는 구체적 형태를 가리킴)가 직면한 주요 위기는 역설적이다. 즉 심각한 정치 무관심과 광적인 군사동원 기제가 동전의 양면을 이루고 있다. 이 역설이 바로 민주공화국이 과두제와 제국으로 변질되는 기본 조건이 된다.*

중국 혁명으로 탄생한 국가-정당체제와 다당제 의회민주제도는 확연히 다른 이론적 전제와 정치적 실천을 보여준다. 이론적으로 보면 사회주의적 당-국체제는 '한 계급이 다른 계급을 타도'하는 혁명적 행위를 통해 만들어진 것이기 때문에, 명확한 적-동지 관계를 전

---

* 톰 크럼패커Tom Crumpacker, 「탈정치화의 정치, 역사의 종결」The Politics of Depoliticization and the End of History, *State of Nature* 2, Winter 2006.

제로 하며, 국가를 계급통치를 위한 폭력의 기구로 본다.● "세상에는 오직 구체적인 자유와 구체적인 민주주의만 있을 뿐, 추상적인 자유와 추상적인 민주주의는 존재하지 않는다. (……) 부르주아의 민주주의가 존재하면 프롤레타리아와 노동인민의 민주주의는 존재하지 않는다."●● 대의제 민주주의가 전제적 통치를 뒤엎는 과정에서 형성된 '부르주아 독재'인 것과 마찬가지로, 프롤레타리아 민주주의는 제국주의와 자본주의 및 봉건적 통치를 뒤엎는 계급투쟁 과정의 산물이다. 따라서 프롤레타리아 민주주의는 곧 프롤레타리아 독재 또는 인민민주독재다.●●● 국가가 계급통치의 도구라는 전제를 고수한다면, 사회주의 국가의 정치체제는 일당독재체제일 수밖에 없다. "공산당이 영도하는 정부가 '독재정부'라는 말도 절반은 맞는 말이다. 이 정부는 국내외 반동파에 대해 독재를 시행하고, 국내외의 그 어떤 반동파에게도 자유로이 반혁명적 활동을 할 권리를 주지 않는다." 그러나 "인민 내부에 대해서는 독재가 아니라 민주주의다. 이 정부는 인민

● 마오쩌둥은 이렇게 언급했다. "우리는 반동파와 반동계급의 반동적 행위에 대해 결코 인정仁政을 베풀지 않는다. 인민 내부에 대해서만 인정을 베풀 뿐, 인민 외부의 반동파와 반동계급의 반동적 행위에 대해서는 베풀지 않는다."「인민민주독재를 논함」論人民民主專政, 『마오쩌둥 선집』毛澤東選集 제2판 제4권, 北京: 人民出版社, 1966, p.1476.

●● 마오쩌둥은 다음과 같이 말했다. "인민민주독재의 토대는 노동자계급과 농민계급 및 도시의 프티부르주아 계급이고, 특히 노동자와 농민의 동맹이다. 왜냐하면 이 두 계급이 중국 인구의 80~90퍼센트를 차지하기 때문이다."「인민 내부의 모순을 정확하게 처리하는 문제에 관하여」關于正確處理人民內部矛盾的問題, 『마오쩌둥 문집』毛澤東文集 제7권, 北京: 人民出版社, 1996, p.208. (인용문의 출처를 「인민 내부의 모순을 정확하게 처리하는 문제에 관하여」라고 한 것은 저자의 실수로 보인다. 실제 출처는 「인민민주독재를 논함」이다.— 옮긴이)

●●● 마오쩌둥, 「인민민주독재를 논함」, 『마오쩌둥 선집』 제2판 제4권, pp.1478~1479.

자신의 정부이기 때문이다."* 민주주의의 이념 가운데 사회의 자치는 프롤레타리아 혁명에서 계급통치로서의 인민의 자치에 유일하게 그리고 집중적으로 적용되었다. 그런데 이론적으로 보면 그것은 단순한 계급통치가 아니라, 계급 그 자체의 소멸을 지향하는 계급통치다.

문혁 시기에 발생한 대중 폭력과 정치적 박해 및 극단적 혈통론을 내세운 계급투쟁이 모두 '프롤레타리아 독재하의 연속 혁명'의 필연적 결과로 인식되기 때문에, 사회주의자들은 권력을 쥐었던 재야에 있든 상관없이 '프롤레타리아 독재'라는 이 개념에 대해 가책을 느끼지는 않더라도 침묵을 지킨다. 그러나 나는 두 가지 상이한 '프롤레타리아 독재' 개념을 구분할 필요가 있다고 생각한다. 그 하나는 파리코뮌에 대한 마르크스의 관찰에서 나온 것이다. "코뮌은 제국의 직접적 대립물이다. 파리의 프롤레타리아 계급이 2월혁명을 선포할 때 외쳤던 '사회공화국'이라는 구호에는, 군주제 형태의 계급통치를 대신하는 데 그치지 않고 계급통치 그 자체를 폐지하는 공화국을 건설하자는 막연한 희망이 담겨 있다. 코뮌은 분명 이런 공화국의 특정 형태다."** "프롤레타리아 독재가 어떤 것인지 알고 싶은가? 그렇다면 파리코뮌을 보라. 그것이 바로 프롤레타리아 독재다."*** 파리코

● 마오쩌둥, 「왜 '백서'에 대해 토론해야 하는가?」爲什麼要討論白皮書?, 『마오쩌둥 선집』 제2판 제4권, pp.1502~1503.
●● 카를 마르크스, 「프랑스 내전」法蘭西內戰, 『마르크스 엥겔스 선집』馬克思恩格斯選集 제2권, 北京: 人民出版社, 1972, p.374.
●●● 프리드리히 엥겔스, 「1891년판에 엥겔스가 쓴 서문」恩格斯寫的1891年單行本導言, 「프랑스 내전」, 위의 책, p.336 참조.

뮌이 채택한 원칙은 단순하다. 보통선거로 대표를 선출하여 기존 관리를 대신하게 하고, 그들에게 보통 노동자 수준의 임금을 지불하고, 그들을 언제든 교체할 수 있게 하고, 상비군을 폐지하는 것 등이다. 마르크스는 이런 조치가 국가기구의 근본적인 개조를 의미한다고 보았다. 즉 '모든 부르주아 혁명이 제기한 값싼 정부cheap government라는 구호의 실현'일 뿐 아니라, '공화국을 위해 진정한 민주주의의 제도적 토대를 놓는 것'이라고 여겼다.* 파리코뮌은 한편으로 '노동자계급의 정부이고, 생산자계급이 소유자계급과 투쟁한 결과물이며, 마침내 발견된, 경제 면에서 노동의 해방을 가능케 하는 정치형태'였다. 그리고 다른 한편으로, 자신의 역사적 범주를 뛰어넘어 모든 '본래적 의미의 국가'와는 다른 정치형태이자 진정한 사회적 자치가 되었다.

그런 의미에서 "프롤레타리아 독재는 일종의 참여적 민주주의이며, 정치적 선거 차원에서뿐 아니라 생산관계의 실제 토대에서도 만들어지는 것이다. 그것은 입법기구이자 행정기구다. 그것은 입법관원과 행정관원을 선출할 수도 있고 파면할 수도 있는 제도다."** 그러나 독일의 사회민주당이 의회에서 권력을 쥐었을 때, 엥겔스는 '프롤레타리아 독재'를 실현하겠다는 생각을 버렸다. 그리고 이후 유럽 의회라는 환경에서 사회주의적 정당의 투쟁은, 코뮌이 결연히 거부

---

* 카를 마르크스, 「프랑스 내전」, 위의 책, p.378.
** 가라타니 고진柄谷行人, 「'프롤레타리아 독재'에 관하여」, 『흔적』印迹 제1집, 南京: 江蘇教育出版社, 2002, p.242.

했던 부르주아 국가와 그 제도적 틀 일체를 수용했다. 에두아르트 베른슈타인Eduard Bernstein은 1900년에 출판된 『점진적 사회주의』[4]에서 부르주아 국가의 변화, 즉 계급의 타협을 포함한 사회공화국 또는 초보적인 복지국가의 출현에 관해 언급했다. 이 '수정주의적' 국가이론의 전제는 계급 관계의 변화다. 자본가와 노동자가 기업의 이윤을 함께 나눌 수 있기 때문에 굳이 적대적 계급투쟁에 호소할 필요가 없다는 것이다. '프롤레타리아 독재' 개념을 다시 부활시킨 것은 레닌과 중국의 레닌 추종자들이다. 일찍이 1905년에 '신新이스크라Искра/Iskra파'와의 투쟁에서 레닌은 이미 그들의 '혁명적 코뮌' 이념과 '프롤레타리아와 농민의 혁명민주독재'를 분리하여 사고했다. 그는 전자를 '혁명의 공허한 담론'이라고 비판하고, 후자를 '불가피하게 일체의 국가 업무를 집행(비록 임시적이고 제한적이며 단기적인 집행에 불과하지만)'하지만 결코 코뮌으로 오인해서는 안 되는 정치형태인 '임시혁명정부'와 연관 지었다.[*] 레닌의 이런 관점은, 코뮌과 일체의 국가 업무가 첨예하게 대립함을 누차 강조했던 마르크스의 관점과 완전히 다르다.

　10월혁명 이후 러시아에서 인민민주독재 또는 프롤레타리아 독

---

4 원제는 '사회주의의 전제조건과 사회민주주의의 임무'Die Voraussetzungen des Sozialismus und die Aufgaben der Sozialdemokratie다. 영문판은 '점진적 사회주의'Evolutionary Socialism라는 제목으로 출간되었다.

● 블라디미르 레닌, 「민주혁명에서 사회민주당의 두 가지 전술」社會民主黨在民主革命中的兩種策略, 『레닌 선집』列寧選集 제1권, 人民出版社, 1995, p.572.

재는 두 가지 중요한 변화를 겪었다. 첫째, 여러 정당 간 협력을 통한 연합정권을 허용하던 것에서, '공산당이 국내의 유일한 합법적 정당'이라는 일당독재를 여러 방식으로 확립하는 정치구도로 바뀌었다. 둘째, 혁명정당의 영도하에 노농동맹을 토대로 하는 정치형태에서, 관료화된 당-국체제의 틀 속에서 모든 국가 업무를 수행하는 권력체제로 바뀌었다. 즉 어떤 '본래적 의미의 국가'와도 다른 정치형태였고 진정한 사회적 자치와 참여적 민주주의를 의미했던 프롤레타리아 독재가 합법적으로 폭력을 독점하고 고도로 권력을 집중한 국가구조로 바뀐 것이다. 중국의 '인민민주독재'는 공산당을 유일한 합법적 정당으로 규정하지는 않았지만, 역시 일당독재와 고도로 권력을 집중한 국가구조를 채택했다.

이런 변화를 거치면서, 프롤레타리아 정당의 영도적 지위와 국가의 입법·행정체제 사이에 반드시 있어야 할 구분과 긴장은 점차 사라져갔다. 막스 베버Max Weber가 말했듯이, 노동분업이 일정한 단계까지 발전한 역사적 시기에는 어떤 정치 형태도 관료제로부터 완전히 자유로울 수는 없다. 파리코뮌의 실패나 19세기 민족국가 시스템의 공고화는 모두, 국가가 불가피하게 이 시대의 지배적 정치형태일 수밖에 없음을 보여준다. 여기서 단순히 사회주의 국가가 관료기구나 국가를 존속시켰다고 비난한다면, 이는 제대로 된 비판이 아니다. 문혁 시기 국가 기능 해체와 개혁기 및 글로벌화 시대에 국가가 수행한 중요한 역할은 모두 국가의 중요성에 대한 재인식을 촉구한다. 근본적인 문제는 다음과 같다. 국가가 계속 존재하고 부단히 강해지는 상황에서 '군중의 안내자'인 혁명당은 어떻게 자신의 관료화를 피하고, 나아가 국가를 자기부정의 성향을 내포한 정치형태, 즉 참여적 민주주의의 활력을 내포한 정치형태로 만들 것인가? 베버는 「직업으로서의 정치」에서 이렇게 말했다.

소비에트는 높은 임금을 받는 기업가, 성과급제도, 테일러 시스템, 군대와 공장의 규율, 그리고 해외자본의 유치 등을 존속시키거나 심지어 다시 도입했다. 한마디로 말해서, 볼셰비즘이 부르주아 계급의 제도로 간주하여 투쟁했던 모든 것을 소비에트가 다시 받아들여야 했던 것이다. 그들은 국가와 경제의 정상적 운영을 위해 그렇게 할 수밖에 없었다. 게다가 소비에트는 이전의 '오크라나'Okhrana(차르 시대의 비밀경찰)까지 다시 설립하여 국가권력의 주요 도구로 삼았다.[•]

레닌은 볼셰비키와 소비에트 간에 반드시 있어야 할 구분을 유지하는 것이 중요하다고 거듭 강조했다. 마오쩌둥 역시 "계급의 독재와 당의 독재는 구별되어야 한다. 당은 계급에서 가장 각성한 일부 사람들의 조직에 불과하다. 당은 마땅히 프롤레타리아 독재국가에서 영도적 역할을 해야 하고 할 수밖에 없지만, 계급을 대신해서 독재를 해서도 안 되고, 할 수도 없다"[••]라고 보았다. 그러나 사회주의 국가

[•] 막스 베버, 「직업으로서의 정치」以政治爲業, 『학술과 정치』學術與政治, 北京: 三聯書店, 1998, p.82.
[••] 마오쩌둥, 「옌안 '신화일보' 기자 치광과의 대담」同延安'新華日報'記者其光的談話(1938년 2월

는 결국 일종의 독특한 당-국 결합체로 발전하게 되고, "모든 중요한 방침과 정책과 계획은 당 중앙이 통일적으로 정하게 된다."● 이와 같은 정당의 국가화는 한편으로 권력을 정당 중심으로 집중시키고, 다른 한편으로 정당과 대중의 거리를 갈수록 멀어지게 한다. 이처럼 정당의 역할이 변함에 따라 사회주의의 국가체제는 공고해졌고, 마르크스가 상정한 국가체제의 자기부정성은 완전히 상실되었다.●●

　문화대혁명은 정당의 국가화 과정이 일정 단계까지 발전한 데 따른 산물이다. 정당의 국가화라는 조건에서 사회적 동원을 다시 추진한 것, 즉 당-국의 밖에 정치적 영역과 가치를 활성화하여 대중의 참여적 민주주의를 형성한 것이 문혁 초기의 특징 가운데 하나다. 마오쩌둥이 혁명정당의 정치적 가치를 복원하고, 사회운동과 정치 논쟁을 통해 정당과 국가의 절대적 권위를 타파한 것은 그 목적이 자기부정적 성격을 지닌 사회체제의 재건이었다. 즉 더 이상 과거와 같은 의미의 국가가 아닌 국가, 자기부정을 지향하는 국가와 자기부정적 정당을 만들려고 했던 것이다. 문혁의 핵심 취지 가운데 하나인 '5·7 지시'는 문화대혁명과 사회적 분업의 유연성을 연결하여, 관료제의 토대가 될 사회적 분업 모델을 근본적으로 제거하려는 시도였다. 사

2일), 『해방』解放 제31기.
●　마오쩌둥, 「정부의 사업에 대한 당의 영도 책임」黨對政府工作的領導責任(1952년 12월), 『마오쩌둥 문집』 제6권, p.252.
●●　1980년대에 중국은 당-정의 분리를 지향하는 정치체제 개혁을 시도한 적이 있다. 그러나 이런 움직임은 1989년에 사회 위기를 겪은 후 1990년대에 점차 쇠퇴했고, 새로운 당-국 결합체의 모델이 시장이라는 조건 속에서 다시 형성되었다. 이 점에 관해서는 글의 말미에서 부연하여 설명하겠다.

회주의적 실천의 근본적인 취지는, 불가피한 사회적 분업을 기존의 모든 계급제적 사회 모델(귀족계급적인 것이나 봉건적인 것 등) 또는 대립적 관계(계급적인 것이나 자본주의적인 것 등)와 분리하고, 나아가 인간으로 하여금 스스로의 주인이 되게 하는 데 있다. 따라서 계급 관계와 대립적 관계를 재생산하는 모든 정치적 기제와 생산방식 및 문화적 조건을 철저히 개조해야만 한다. 문혁 초기에 파리코뮌을 모델로 하여 공장과 학교 및 각 기관에서 자치를 시도하는 사회적 실험(뒤이어 등장한 이른바 '세 가지 대표대회'三代會, 즉 공대회工代會와 농대회農代會와 홍대회紅代會 등의 대중조직을 포함하여[5])이 여러 지역에 잠깐 출현한 적이 있는데, 이는 낡은 국가기구를 개조하려는 시도였고, 국가기구를 초월하는 일종의 문화-정치적 실천이었다. 그러나 운동이 파벌투쟁, 당-국체제 및 그 권력투쟁과 뒤얽혀버려서, 국가와 정당의 밖에서 정치를 활성화하려던 이 모델은 급속히 변질되었다. 1960년대 말에 '삼결합'三結合의 형식으로 만들어진 혁명위원회는 대중운동과 관료화된 국-당체제가 타협한 결과물이었다. 이 정치형태는 코뮌운동의 각종 요소를 포함하고 있었다. 노동자와 농민과 병사의 대표를 선출하여 각급 정부와 당의 지도부에 포함한 것, 각급 당과 정부의 지도자들로 하여금 정기적으로 조를 나누어서 향촌과 공장에 직접 가서 활동하게 한 것 등이 그렇다. 비록 노동자와 농민과 학생 또는 병사의 대표가 국-당

---

5   공대회는 '노동자대표대회'工人代表大會, 농대회는 '빈농 및 하위중농대표대회'貧下中農代表大會, 홍대회는 '홍위병대표대회'紅衛兵代表大會를 말한다.

체제에 적응하지 못해서 시종 권력구조의 주변에 놓이기는 했지만,* 국가의 시대에 국가를 혁신하려고 한 것은 결코 의미 없는 일이 아니었다. 이와 관련하여 많은 관찰자들은, 앞에서 언급한 정치적 실험이 있었기 때문에 소련공산당 지배하의 관료체제와 비교할 때 중국 포스트 문혁 시대의 정치제도가 더욱 큰 탄력성과 사회적 수요에 부응하는 능력을 갖출 수 있었다고 믿는다.

이 시기의 역사적 전환을 다시 사고하면서, 우리는 이렇게 질문해야 한다. 1960년대 정치 자체의 탈정치화는 도대체 어떤 역사적 조건에서 초래된 것인가? 이 시기의 수많은 비극적 사건의 원인을 어떻게 이해해야 하는가? 이것은 깊이 있는 연구와 총체적 사고가 필요한 문제이므로, 여기서는 일단 세 가지 요점만 짚어보고자 한다. 첫째, 앞에서 이미 논의한, 대중운동으로부터 파벌투쟁으로의 전화, 즉 대중운동의 양극화와 폭력화다. 둘째, 대중을 동원해서 국-당체제에 충격을 가할 때 마오쩌둥은 자신의 개인적 명망에 기댈 수밖에 없었는데, 이 '편의적'인 방식(이후 '개인 숭배'라고 부르게 된)이 국-당체제에 대한 사람들의 반항심을 불러일으켰지만 동시에 대중의 주체성 자체를 너무 쉽게 소멸시켰다는 점이다. 이 두 가지가 모두 대중운동의 탈정치화를 초래했다. 셋째, 정치적 논쟁이 끊임없이 국-당체제 내부의 권력투쟁 속으로 편입되었는데(정치노선과 이론투쟁의 탈정치화),

---

* 이 현상에 대한 반작용으로, 1960년대 말에 일부 지역(우한 등)에서 '삼결합'의 실현을 요구하는 대중적 반복고反復古운동이 나타났다. 이때 '반복고'란 혁명위원회가 기존의 당-정 관료체제로 회귀하는 것을 반대한다는 의미다.

국-당체제 자체가 심각하게 파괴된 상황에서 이 투쟁이 제도가 정한 범위 내에 국한되지 않고 대규모의 정치적 박해를 초래했다는 점이다. 이런 원인으로 인해, 1960년대의 각종 실천은 1970년대 후반에 이르러서는 문혁 시기의 여러 비극과 한 묶음으로 간주되었고, 당과 정부의 '과거 바로잡기'撥亂反正 정책의 주요 대상이 되었다. 그리하여 개혁 시기에 들어서 집권당과 정부의 지도부나 인민대표대회의 대표 명단에서 노동자와 농민은 거의 사라져버렸다. 이런 상황은 최근에 와서야 비로소 조금씩 개선되고 있다. 1960년대의 정치적 계급투쟁에 대한 반성과 비판을 통해 사회주의적 국-당체제는 한편으로 경제 건설, 특히 시장경제의 건설을 현대화로 가는 보편적 경로로 설정했고, 다른 한편으로 발전과 사회 안정을 구실로 공개적인 정치토론을 제한했다. 시장경제라는 조건 속에서 정당은 이미 특정한 정치적 가치를 대변하는 단체에서 구조적이고 통제적인 권력체제로 변했다. 정당 내부의 이견은 현대화라는 기본 노선 속의 기술적 차이에 불과한 것이 되어버렸고, 이견을 해소하고 합의에 이르는 방식은 이론적 토론이 아닌 권력체제에 의존할 수밖에 없게 되었다. 1960년대가 종결되면서 국-당체제는 정치의 영역을 자신의 틀 안에 가둬두고자 했다. 즉 일종의 '탈정치화된 방식'을 통해 사회의 안정을 유지하려 한 것이다.

정당의 대표성이 모호해졌다는 측면에서건, 아니면 국가의 공공 정책 결정이 자본의 이익에 따라 좌우된다는 측면에서건, 현재의 세계를 대표하는 양대 정치체제는 서로 전례 없이 유사하고 일치된 모습을 보인다. 그런 점에서 우리는 중국의 정치적 상황과 서구 민주주의의 위기를 서로 연관된 과정 속에 놓고 관찰할 수 있다. 즉 과거 30년 동안 양자는 모두 탈정치화의 흐름 속에 놓여 있었다. 그렇다고 의회민주제를 제도적 틀로 하는 다당제와 일당 집권하의 정치적 구조 사이에 중요한 차이가 없다는 말은 아니다. 다만 탈정치화의 흐름 속에서 의회민주적 다당제 내에서는 '정치적 동화' 현상이 나타나고 있고, 일당제 내에서는 기존에 복수의 노선이 병존하던 구조가 사라지고 있다는 것이다. 양자는 정당정치를 중심으로 하는 20세기 정치 모델의 위기를 보여준다. 이에 따라 다음과 같은 두 가지 결론을 내릴 수 있다. 첫째, 현대의 정치적 위기의 핵심은 정당정치의 위기이고, 정당정치의 위기는 1960년대 말 이래 점차 강화된 탈정치화 과정의 결과다. 둘째, 현대의 정치적 위기는 중국과 구사회주의 국가 정치체제의 문제에 그치는 것이 아니라, 유럽의 다당제 의회민주제와 영미의 양당제 의회민주제의 위기이기도 하다. 즉 일종의 보편적 위기인 것이다.

현재 우리가 직면한 것은 일종의 새로운 '탈정치화된 정치'다. 이 시대에 민주주의의 보편적 위기(그 핵심은 정당정치의 위기)를 무시하거나 은폐하려 하는 것, 그리고 그런 사회적 조건에서 전개하는 어떤 일방적인 정치개혁 방안도 모두 탈정치화된 정치의 연장에 불과하다. 이 점에 관해 우리는 이미 수많은 실례를 가지고 있다.•

• 러시아와 기타 구소련 국가들의 민주화와 과두정치의 관계를 고려할 때, 민주주의의 이런 보편

탈정치화와 이론 논쟁의 종결

정당정치가 위기라는 것은 특정한 조직형태로서의 정당이 소멸하고 있다는 뜻이 아니라, 현대적 정당(및 당-국정치)을 구성하는 전제에 변화가 생겨나고 있다는 의미다. 여기서 우리는 특히 '정치적 시야'를 가지고, 문혁 이후 점차 소멸하고 있는 '노선투쟁'이라는 개념을 새롭게 이해할 필요가 있다. 이 개념은 주로 승리자가 당내 투쟁을 설명할 때 사용해왔지만, 중국공산당이 발전해온 역사 속의 중요한 현상을 보여주기도 한다. 즉 역사적으로 중대한 정치투쟁은 항상 진지한 이론적 사고 및 정책 논쟁과 얽혀 있었다는 것이다. 1927년에 대혁명[6]이 실패한 이후 당내의 여러 세력이 혁명의 실패에 대해 이론적으로 정리하고 정치투쟁을 벌이던 때로부터, 1930년대 초 좌우익 사이와 좌익 내부에서 중국 사회와 중국 혁명의 성격에 대해 역사적으로 연구하고 이론 논쟁을 벌이던 때에 이르기까지 줄곧 그랬다. 또한 중앙소비에트와 옌안延安 시대에 중국공산당 내에서 정치와 군사와 국내 및 국제 정치에 관해 다양하게 분석하던 것에서부터, 문혁

적 위기가 구사회주의 국가들의 대전환에 대한 새로운 이해와도 깊이 관련됨을 알 수 있다. 지면 관계상 여기서는 상론하지 않겠다.

6 1924년 광저우廣州에서 열린 중국국민당 제1차 전국대표대회를 계기로, 쑨원이 주도하여 선개한 국민혁명國民革命. 국민당을 개혁하고 공산당과 협력하여(제1차 국공합작), 북쪽의 군벌을 무찌르고 중국을 통일하는 것이 목표였다. 혁명 도중인 1925년에 쑨원이 병으로 죽자, 장제스蔣介石가 뒤를 이어 군벌과의 전쟁을 주도했다. 전쟁 승리를 눈앞에 둔 시점인 1927년에 장제스는 도시지역 자본가들과 결속을 강화하기 위해, 그동안 협력관계를 유지했던 공산당과 여러 진보세력을 대대적으로 탄압했는데, 이로부터 국민당과 공산당은 적대적으로 대립하게 되었다. 중국공산당은 장제스가 1927년 4월 12일에 벌인 이 사건을 '4·12정변'이라고 부르며, 이로 인해 대혁명(국민혁명)이 실패한 것으로 간주한다.

시기에 중국공산당 내에서 중국 사회의 모순적 성격에 관해 벌이던 지속적인 논쟁에 이르기까지도 모두 그러했다. 중국 혁명의 모든 역사적 단계에서 우리는 서로 다른 정치집단 간이나 각 정치집단 내부의 이론적 차이와 그 이론적 차이를 둘러싸고 전개된 정치투쟁을 목도할 수 있다. 그러나 이런 이론 및 정책 논쟁이 건강하게 지속될 수 있는 제도적 여건이 부족했기 때문에, 논쟁과 차이는 종종 권력투쟁이라는 강제적 방식으로 '해결'되었다. 따라서 문혁 이후 여러 정치투쟁의 피해자들은 노선투쟁을 극도로 혐오하여 '노선투쟁'이라는 개념 자체를 철저히 부정했다. 권력을 다시 잡은 후 그들은 당내의 노선투쟁이 '냉혹한 공격'으로 바뀌게 되는 권력의 메커니즘이나 조건에 대해서는 분석하기를 거부했다. 대신 이런 투쟁을 억압하거나 회피함으로써 당내의 의지를 통일하고자 했고, 정당의 국가화—즉 정당의 탈정치화—를 위한 토대를 마련했다.

이론 논쟁과 정치적 실천 사이의 밀접한 관계가 지속된 것은 20세기 중국의 혁명과 변혁이 지닌 두드러진 특징이다. 정당체제 내부의 이런 이론 논쟁과 정치투쟁 덕분에 정당정치는 내재적 활력을 유지할 수 있었다. 또한 정당은 상대적으로 안정된 권력구조하에서 '탈정치화된' 정치조직으로 전락하지 않을 수 있었고, 이론과 실천의 이중적 검증을 받으며 노선투쟁을 통해 자신의 오류를 교정할 수 있었다. 즉 이는 정당이 자신의 오류를 교정하고 혁신하는 메커니즘이었다.* 이런 시각으로 보면, 중국의 1960년대는 고유한 이론적 특징을 지니고 있다. 역사와 그 동력을 어떻게 이해할 것인가, 상품과 상품경제와 노동과 생산양식을 어떻게 이해할 것인가, 생산력과 생산 관계의 관계를 어떻게 이해할 것인가(특히 '생산력지상주의'唯生産力論를 둘러싼 논쟁), 계급과 계급투쟁과 부르주아적 권리를 어떻게 이해할 것인가, 중국 사회의 성격과 세계 혁명의 형세를 어떻게 이해할 것인가 등을 놓고 상이한 정치적 입장과 역량이 격렬한 논쟁을 벌인 것이다. 이 시기의 이론 논쟁과 그 이전 시기 전체의 이론 논쟁을 비교해보면, 어떤 시대의 이론 논쟁도 이 시기처럼 엘리트와 종교와 정당과 국가라는 범위를 뛰어넘어 인민 전체의 일이 된 경우가 없음을 알게 된다. 따라서 우리는 이렇게 묻지 않을 수 없다. '이 시대의 정치문화는 어찌하여 이처럼 이론적 성격을 갖게 된 것인가?'

나는 이론과 실천의 큰 엇갈림이라는 '단기 20세기' 특유의 성격이 그 원인 가운데 하나라고 본다. 20세기 중국은 세계적 변동의 급진적 면모를 대표하는 곳이었다. 그런데 중국에서 변혁의 이런 급진성과, 현실의 낡고 농업 중심적이고 현대적 계급 관계조차 충분히 발전하지 못한 면모 사이에는 놀랄 만한 괴리가 있었다. 따라서 혁명과

• 마오쩌둥은 「모순론」에서 이렇게 말했다. "레닌은 '혁명적 이론 없이는 혁명적 운동도 없다'라고 말했는데, 그런 시기에는 혁명이론의 건립과 제창이 가장 결정적인 작용을 한다. 어떤 일(어떤 일이든 마찬가지다)을 해야 하는데 방침과 방법과 계획 또는 정책이 아직 없다면, 방침과 방법과 계획 또는 정책을 확정하는 것이 가장 결정적인 사항이다. 정치와 문화 등의 상부구조가 경제적 토대의 발전을 가로막고 있다면, 정치와 문화에 대한 혁신이 가장 결정적인 사항이 된다."(『마오쩌둥 선집』 제2판 제1권, pp.325~326.) 마오쩌둥이 여기서 인용한 레닌의 어록은 레닌이 1901~1902년에 쓴 「무엇을 할 것인가?」에 나온다. 레닌은 이 글에서 엥겔스가 「독일농민전쟁」에서 이론투쟁에 관해 서술한 부분을 인용했다. 「독일농민전쟁」에 나타난 엥겔스의 생각은 다음과 같다. "사회민주주의 운동의 위대한 투쟁은 두 가지 형태(정치적 및 경제적)가 아니라 (……) 세 가지 형태다. 이 두 가지 형태 이외에 이론적인 투쟁이 있다." 『레닌 선집』 제1권, p.242 참조.

변혁의 급진성은 우선 이론투쟁으로 표출될 수밖에 없었다. 즉 인간의 주체성을 개조하거나 변화시키는(이른바 '영혼까지 도달하는 혁명') 과정과 이런 이론투쟁을 실천으로 전환하고자 하는 강렬한 욕망으로 나타났던 것이다. 마르크스는 독일 혁명의 모순을 다음과 같이 말했다. "혁명에는 어떤 수동적 요소, 즉 어떤 물질적 기초가 필요하다. 이론은 어느 민족의 요구가 반영된 만큼만 그 민족 속에서 실현된다. 그런데 독일의 사상이 요구하는 바와, 그것에 대해 독일의 현실이 제시하는 대답 사이의 엄청난 괴리가 과연 시민사회와 국가 사이의 괴리, 그리고 시민사회 내부의 괴리에 상응한다고 할 수 있는가? 이론적인 요구가 곧바로 실천적인 요구가 될 수 있는가? 단지 사상이 현실로 구현되도록 노력하는 것으로는 부족하다. 현실 자체가 사상을 향해 움직여야 한다."• 계급과 계급투쟁 및 사회주의와 공산주의에 관한 중국의 1970년대 중반 이전의 혁명이론은 마르크스의 이런 언급과 같았고, 1970년대 중반에 전개된 상품생산과 부르주아적 권리에 관한 이론투쟁 또한 그러했다. 마르크스의 말을 빌리자면, '그것은 이론적으로는 이미 극복한 단계에조차 실질적으로는 도달하지 못하고 있다'는 것이다.•• 그 이론투쟁의 과정에서 마오쩌둥과 그 추종자들

• 카를 마르크스, 「헤겔 법철학 비판」 서문」'黑格爾法哲學批判'導言, 『마르크스 엥겔스 선집』 제1권, p.10.
•• 마르크스는 글 마지막에서 계급정치와 이론 사이의 불가분의 관계에 대해 분명하게 설명했다. "독일인의 해방이 인간의 해방이다. 이 해방의 머리는 철학이요, 심장은 프롤레타리아다. 철학은 프롤레타리아를 지양aufhebung하지 않으면 스스로를 현실화할 수 없고, 프롤레타리아는 철학을 실현verwirklichung하지 않으면 자신을 지양할 수 없다." 위의 책, p.15.

은 소련과 중국의 사상 내부에 존재하는 '상품생산이 자본주의를 불러올 것인가'와 '노동에 따른 분배가 부르주아적 권리를 만들어낼 것인가' 등에 관한 이론적 사고에 대해 본격적인 이론적 공격을 퍼부었다. 이때의 이론적 공격 및 그로 인해 촉발된 사고와 토론은 사실상 중국 개혁의 이론적 서막이 되었다. 그것이 1970년대 말에 시작된 중국 개혁의 기본 문제와 방향을 이론적 논쟁의 방식으로 설정했기 때문이다.

현대 중국의 '탈정치화 과정'을 앞에 서술한 맥락 속에서 살펴본다면, 이 과정에는 다음과 같은 두 가지 특징이 있음을 알 수 있다. 첫째, 이데올로기 영역의 '탈이론화'다. 20세기에 점차 형성된 이론과 실천의 분명한 상호작용이 덩샤오핑의 '논쟁 금지'不爭論 지시를 계기로 '돌을 더듬어가며 강을 건넌다'摸着石頭過河는 식의 개혁 실천 일변도로 바뀌었다. 둘째, 당내 노선투쟁의 종결이다. 경제 개혁이 중심이 되면서, 당의 사업 전체가 (혁명과 건설'이 아닌) '건설' 쪽으로 옮겨가버렸다. 이 두 가지 정치적 선택은 문혁 후기의 혼란스러운 정치 상황과 권력투쟁에 대한 대응책으로 등장하여, 1970년대 말에 확실히 민심을 크게 얻었다. '돌을 더듬어가며 강을 건넌다'는 비유는 이 시기에 관심이 집중된 '실사구시' 및 '진리 검증의 유일한 기준은 실천' 등과 같은 이론적 논의와 연관된 것으로, 사실상 1970년대 중반에 마오쩌둥과 그 추종자들이 가해온 이론적 공격에 대한 이론적 대응인 셈이었다. 그런데 이 전략적 선택이 결국 '탈정치화된' 정치노선으로 변해버리자, 이론적 논쟁이 정치문화에서 점차 사라졌을 뿐 아니라, 1960년대에 등장한 정치와 국가 사이 및 정치와 정당 사이의 분리와 긴장도 철저하게 사라졌다. 정치와 국가가 통일되어버림으로써(당-국체제), '정치와 국가가 별개'라는 전제 위에서 전개된 정치적 논쟁과 이론적 모색이 모두 흔적도 없이 사라진 것이다. '돌을 더듬어가며 강을 건넌다'는 표현은, 개혁을 해본 기존 경험이 없기 때문에 실천을 통해 그것을 만들어가야 한다는 주장을 나타내는 말로는 적절하다. 그러나 이로써 중국의 개혁에 그 자체의 이론적 강령이 존재함을 부정하려 한다면, 이는 적절치 않다. 실제로 1975년 전후의 이론투쟁과 그 이론투쟁을 청산한 이후의 작업 모두가 개혁 시기의 이론적 강령을 만들어냈다. 다음에서 이에 대해 간략히 두 가지로 논증해보려 한다.

우선 1970년대 중반에 마오쩌둥의 의사에 따라 덩샤오핑이 직무에 복귀한 일을 들 수 있다. 이는 당내에서 두 개의 정치노선이 이론논쟁을 벌이는 계기가 되었다. 예컨대 1975년 7월 국무원國務院에는 덩샤오핑의 지원으로 일군의 당내 이론가들을 핵심으로 하는 정치연구실이 설립되었다. 여기서는 제1·2·3세계의 구분, 소련 사회의 성격, 전쟁과 평화의 문제, 자본주의 세계경제의 위기, 프롤레타리아 독재, 부르주아적 권리 등의 문제를 집중적으로 토론했다. 한편 그들의 반대쪽에서는 장춘차오張春橋 등이 마오쩌둥의 지시를 근거로 '두 신문과 하나의 잡지'兩報一刊[7] 및 『적역』摘譯 등의 간행물을 이론적 진

---

7 두 신문은 『인민일보』人民日報와 『해방군보』解放軍報를, 하나의 잡지는 『홍기』紅旗를 말한다.

지로 삼아서, 이런 문제들에 대해 전자와는 이론적 방향이 완전히 다른 연구를 진행했다. 두 집단 사이의 이론 논쟁은 정치적 분열을 수반하며 갈수록 첨예해졌다. 이들이 중국공산당 내에서 중국 사회의 성격, 상품, 노동, 생산력, 가치법칙, 노동에 따른 분배, 부르주아적 권리 등의 문제를 놓고 벌인 격렬한 이론 논쟁과 정치투쟁에서는 이후 중국의 개혁이 직면하게 될 기본적인 이론적 문제들까지 이미 다루고 있었다. 만약 이런 이론 논쟁이 없고, 정치적 형세가 바뀐 뒤 이런 논쟁에 대한 사상적 결산과 정치적 청산이 없었다면, 이후 개혁이 '생산력 해방→상품경제 발전→시장경제→재산권 개혁'이라는 경로를 따라 발전하기는 어려웠을 것이다.* 분명 1975년의 이론 논쟁은 이후 등장하는 사회주의적 상품경제라는 개념을 이미 배태하고 있었고, 사회주의적 시장경제 이론의 많은 중요한 전제들을 제공해주었다. 따라서 이 논쟁에 대한 이론적 성찰과 정치적 청산이 선행되지 않았다면, 실각했다가 두 번째로 복귀한 덩샤오핑이 개혁의 방향을 신속하게 조정할 수는 없었을 것이다. 대신 첫 번째로 복귀했을 때의 방침, 즉 계획경제를 정비하여 재건한다는 방침에 따라 현대화

문화대혁명 시기에 대부분의 신문과 잡지가 해산되거나 정간된 상황에서, 공식적인 매체 가운데 사실상 이들만이 문혁 주도 세력의 목소리를 대변하며 존속했다.

● 대규모 개혁이 전개되기 전인 1977년에 국무원 재정무역소조財貿小組 산하의 이론팀이 「사회주의적 상품생산과 자본주의적 상품·화폐 관계를 부정한 '사인방'의 오류」四人幇'否定社會主義商品生産和資本主義商品, 貨幣關係的謬論와 「사회주의 제도하의 상품생산에 관한 마르크스, 엥겔스, 레닌, 스탈린의 논의」馬克思恩格斯列寧斯大林有關社會主義制度下商品生産的部分論述라는 두 개의 자료를 정리하여 내놓았다.

계획을 추진했을 가능성이 훨씬 크다. 사실 1975년의 논쟁은 중소논쟁이 이론적으로 심화된 것이기도 하다. 즉 이 논쟁이 이론적으로 비판한(또한 부르주아적 권리, 상품생산, 노동에 따른 분배 등의 문제와 관련하여 이론적으로 탐구한) 대상에는, 소련이 기존에 상품과 화폐와 자본과 종교 문제에 관해 이론적으로 탐구해온 성과뿐 아니라,* 스탈린의 「소련 사회주의의 경제 문제」에 나오는 사회주의적 상품생산에 관한 이론까지 포함하고 있었다.** 개혁 시기에 덩샤오핑이 이전에 자신이 참여하

---

* 소련의 이론계가 제기한, 상품생산이 자본주의를 낳지는 않는다는 주장은 중국의 '사회주의적 상품경제'의 이론적 전제가 되었고, '백만장자가 자본가로 변모하지는 않을 것'이라는 주장은 '일부를 먼저 부유하게 한다'는 선부론先富論의 이론적 전제가 되었다. 또 화폐 문제에 관한 소련의 이론적 탐구는 중국에서 사회주의적 시장경제 개념의 정립을 위한 발판이 되었다. 내가 소장 중인 1975년도 『적역』제5기에는 '상품화폐 관계'와 '소련의 종교'에 관한 특집이 실렸는데, 그중 '상품화폐 관계' 특집에는 N. N. 보나노프普納諾夫 등의 「상품생산이 자본주의를 낳는 것은 아니며, 화폐가 자본이 되는 것은 아니다」商品生産不可能産生資本主義, 貨幣不能成爲資本, A. H. 말라페예프Malafeev 등의 「백만장자가 자본가로 변모하지는 않는다」百萬富翁不會變成資本家, 그리고렌格利戈連의 「사회주의적 상품화폐 관계에서 약간의 방법론 문제」社會主義商品貨幣關係中若干方法論問題 등의 글이 포함되어 있다. 즉 이 시기 중국에서 상품생산과 노동에 따른 분배와 부르주아적 권리 등을 놓고 벌인 이론투쟁은 소련에서 앞서 등장한 '3불 이론'을 겨냥한 것이었다. 3불 이론에 대한 설명은 다음과 같다. "사회주의제도하의 상품생산은 착취를 유발하지 않을 것이고, 자본주의를 낳지도 않을 것이며, 자본주의적 상품생산으로 전환되지도 않을 것이다. 이를 일러 상품생산에서의 '3불' 주의라고 할 수 있다." 친징츠秦景池, 「소련의 수정주의가 '3불' 주의를 고취하는 목적은 무엇인가?」蘇修鼓吹'三不主義'的目的何在?(이 글은 『적역』해당 호에 대한 논설위원 논평이다), 『적역』제5기, 上海: 上海人民出版社, 1975, p.1 참조.(저자가 중국어로 번역된 자료만 참고하여 '보나노프'와 '그리고렌'의 원문 철자를 확인하지 못했다는 답신을 보내왔다. 그래서 중국어 표기를 통해 유추하여 한국어 표기를 했음을 밝혀둔다.─옮긴이)

** 1957년 2월 27일에 마오쩌둥은 「인민 내부의 모순을 정확하게 처리하는 문제에 관하여」(연설 원고)에서, 스탈린이 인민 내부의 모순을 적대적 모순으로 처리하는 과오를 범했다고 분석하고, 스탈린이 1952년에 쓴 「소련 사회주의의 경제 문제」에서는 생산력과 생산관계의 모순을 인정했음을 지적했다. 그리고 양자 사이의 충돌을 정확하게 처리할 수만 있다면, 양자의 모순이 적대적 모순으로 발전하는 것을 피할 수 있다고 강조했다. 이 연설문은 여러 차례 수정과 토론을 거친 후에야 정식

고 주도하기까지 한 중소논쟁과 당시의 이론적 노선에 대해 매우 부정적으로 여겼던 것은 그런 점에서 당연한 일이었다.*

다음으로, 1970년대 말 이래 중국공산당 내부와 중국 사회에서 사회주의, 인도주의(휴머니즘)와 소외, 상품경제, 가격 개혁, 소유제(재산권) 등의 문제에 관한 일련의 이론적 탐구를 진행하고, 중국의 개혁 방향에 대해 다양한 각도에서 논쟁을 전개한 일을 들 수 있다. 이것이 바로 이른바 '사상해방운동'이다. 정치 형세의 변화로 인해 논의의 정치적 방향에 변화가 생겨나기는 했지만, 논쟁의 주제나 참여자를 놓고 볼 때 사실 1970년대 중반의 논쟁과 1970년대 말 이후의 논쟁은 하나의 연속된 과정이었다.** 마르크스주의의 휴머니즘 문제를 둘러싼 1983년의 논쟁에서, 핵심적인 대립은 소외 개념에 대한 이론적 해석을 놓고 벌어졌다. 본래 소외 개념은 헤겔의 이론에서 나온 것인데, 마르크스는 이 개념을 피착취자의 사회적 상황을 설명하는 이론으로 바꾸어놓았다. 즉 여기서 마르크스는 생산수단의 사적 소유를 폐지하고 임금노동을 종결시키며, 나아가 계급을 소멸시켜야

으로 발표되었다. 그런데 정식으로 발표된 같은 제목의 글에서는 스탈린의 「소련 사회주의의 경제 문제」가 직접적으로 언급되지 않는다.

● 98쪽 각주 ●의 내용 가운데, 저우양周揚이 제기한 '소외' 문제에 대한 덩샤오핑의 비판 참조.

●● 다음의 몇 가지 예는 이 점을 설명하는 데 도움이 된다. 즉 가치법칙에 관한 쑨예팡孫冶方의 논의가 이 시기에 나왔는데, 그와 구준顧准은 일찍이 1956~1959년 무렵 이미 이 문제에 주목하여 「계획과 통계를 가치법칙의 토대 위에 두다」把計劃和統計放在價値規律的基礎上(쑨예팡, 1956), 「사회주의제도하의 상품생산과 가치법칙에 관한 시론」試論社會主義制度下的商品生産和價値規律 (구준, 1957), 「가치를 논함」論價値(쑨예팡, 1959) 등의 글을 발표했다. 이런 예들은 개혁의 이론적 토대가 사실상 사회주의 역사 내부에서 싹텄음을 증명해준다.

비로소 인간의 소외를 없앨 수 있다고 보았다. 1983년의 논쟁은 정치적으로는 문혁을 사회주의의 소외라는 범주 속에 넣어 비판하고자 했지만, 이론적으로는 오히려 1975년 즈음에 거듭 전개된 노동에 따른 분배나 부르주아적 권리 등의 문제에 대한 토론의 맥을 이었고, 사회주의 자체의 변질과 퇴보를 경계한 '1960년대'의 사상 노선과 뿌리를 공유했다.[*] 그런 점에서 볼 때, 개혁개방은 그 자체로 두 가지

---

[*] 마르크스주의의 휴머니즘과 소외 문제에 관한 토론은 1983~1984년에 진행되었는데, 그 시발점은 1983년 3월 7일 마르크스 서거 100주년 기념행사에서 저우양이 한 「마르크스주의의 몇 가지 이론 문제에 관한 토론」關于馬克思主義幾個理論問題的探討(이후 왕위안화王元化, 왕뤄수이王若水, 구샹顧驤 등의 도움을 받아 완성하여 같은 달 16일자 『인민일보』에 발표했다)이라는 연설과 그로부터 촉발된 논쟁이다. 그런데 이 논쟁의 이론적 원천이 1980년대가 아니라 그보다 더 이른 시기라는 점을 주목할 필요가 있다. 저우양에 따르면, 1964년에 그가 마오쩌둥에게 소외에 관한 문제를 거론했고, 마오쩌둥이 소외 문제에 관한 그의 시각에 동의했다고 한다. 1983년 9월 30일, 덩샤오핑이 10월 11일에 개최될 중국공산당 제12기 2중전회를 준비하면서 한 말 가운데 이런 언급이 있다. "저우양 동지는 소외에 관해 쓴 자신의 글에 마오 주석이 동의했다고 말했는데, 그렇다면 마오 주석이 그에게 넘어갔다는 말인가? 당시 주석의 머릿속은 온통 소련이 변질되었다는 생각뿐이었고, 나아가 우리 자신도 변질되었다고 말씀하셨다. 주자파走資派와 부르주아 계급이 당대에도 존재하므로, 자본주의를 추구하는 당권파를 타도해야 한다고 주장하셨다. 중앙에서만 타도할 것이 아니라, 각급 지도부에서도 모두 타도해야 한다고 하셨다. (주석의 이런 생각이 ─ 옮긴이) 소외에 관한 사상 때문인가? (……) 어떻게 이런 것들을(소외에 관한 주장 ─ 옮긴이)이 나왔는지도 이상하다. 사실상 마르크스주의와 사회주의와 공산주의에 대한 믿음이 없기 때문이다. 죽을 때까지 공산주의를 위해 분투한다고 하지 않았는가? 그런데 공산주의를 까마득한 것, 보이기만 할 뿐 도달할 수 없는 것으로 여긴다는 말이다. 사회주의 그 자체가 소외되는데, 어떻게 공산주의에 도달할 수 있나? 첫 번째 단계에서 자신이 스스로를 부정해버린 것이다. 부정해서 어디로 가는가? 사회주의가 소외되어서 어디로 간다는 말인가? 자본주의로 가는가? 봉건주의로 가는가? 어쨌든 사회주의가 소외되어 공산주의로 간다는 것은 아니란 말이지!"(천웨이런陳爲人, 『탕다청의 문단생활 격동 50년』唐達成文壇風雨五十年, 溪流出版社, 2005, p.154에서 재인용.) 이런 각도에서 보면, 사상해방운동의 이론적 강령은 1950년대에서 1970년대에 이르는 사회주의 역사 속에서 배태되었고, 그것과 덩샤오핑이 주도한 개혁노선 사이에 존재하는 차이는 1970년대 말을 경계로 하는 두 시기 사이의 정치적 지향의 차이를 간접적으로 드러내준다고 할 수 있다. 그런데 이 점은 지금까지 아무도 주목하지 않았다.

상이한 이론적 입장과 사상노선의 내재적 대립을 포함하는 것이고, 그 대립의 핵심은 사회주의와 사회주의의 자기개혁운동을 어떻게 이해할 것인가였다. 그러나 '탈정치화되는 정치적 경향' 속에서 이런 대립은 짧은 이론적 논쟁을 거친 이후로는 제대로 전개되기 어려웠다. 그저 '정신 오염 제거'나 '부르주아 자유화 반대' 등의 정치운동을 통해 그 흔적을 어렴풋이 보여줄 뿐이다. 개혁의 지도자들은 정신 오염이나 부르주아 자유화를 서방에서 기인한 것이라기보다는 문혁에 더욱 깊은 뿌리를 둔 것으로 간주했다. 그런데 이론의 깊이나 논쟁의 폭을 놓고 보면, 이때의 토론은 이미 1975년이나 1977년의 이론투쟁과 함께 거론하기 어려운 수준이었다.[*] 내가 보기에 1970년대 중반에서 1980년대 초반에 이르기까지의 이 대토론은 20세기 사회주의 운동사에서 고도의 이론적 성격을 지닌 마지막 정치 논쟁이었다.

지금 우리가 직면한 것은 탈이론화된 사상적 국면이다. 이런 국면에 대응하여 중국의 지식계는 1990년대에 격렬한 사상 논쟁을 전개했고, 그래서 새로운 모델이 만들어졌다. 그것은 첫째, 논쟁이 정당체제 내부에서 일어나지 않고, 지식인 사이에서 일어나게 된 것이다. 둘째, 지식인의 사상 논쟁이 직접적으로 국가 변혁의 방향을 다

---

[*] 2004년에 나는 알레산드로 루소 교수, 클라우디아 포차나 교수와 함께 이에 관한 자료들을 읽었다. 그들의 통찰력 덕분에 나는 관련 자료들을 다시 검토했고, 이 시기에 관한 사고를 '포스트 문혁' 시기 전반에 대한 성찰과 연결했다. 이에 특별히 감사를 표한다. 이 문제에 관한 일련의 논의는 두 교수가 내 영문 저서에 대해 쓴 글에서도 볼 수 있다. Claudia Pozzana and Alessandro Russo, "China's New Order and Past Disorders: A Dialogue Starting from Wang Hui's Analysis", *Critical Asian Studies* 38:3, September 2006, pp.329~351 참조.

루고, 그리하여 국가 변혁의 방향과 정책 방면에 영향을 발휘하게 된 것이다. 이것은 체제의 안팎에서 일어난, 아직은 정착되지 않은 형태의 상호작용이었다. 정치와 국가의 관계라는 차원에서 보면, 이 논쟁의 모델은 1960년대에 시작된 시도, 즉 정치를 국가의 틀에서 해방하려 했던 시도와 일맥상통한다.

탈정치화와 계급 문제

중국의 담론적 배경 속에서 '국-당체제'의 재확립은 계급 개념의 모호화 또는 쇠퇴와 직접적인 연관이 있다. 그리고 '탈정치화의 정치 이데올로기'는 문혁 종결 이후 계급과 계급투쟁에 대한 철저한 부정과 밀접한 관련이 있다. 계급이 거의 소멸해간다고 하는 사회주의 시기의 계급투쟁을 어떻게 이해해야 하는가? 또한 사회가 다시 계급으로 분화하는 가운데 계급담론은 오히려 소멸해가는 상황을 어떻게 이해해야 하는가? 분명한 점은, 계급 범주가 중국의 정치에서 담당해온 역할과 그 변화를 다시 연구하는 것이 당대의 '탈정치화된 정치'의 형성을 이해하는 데 핵심적으로 중요하다는 것이다.

계급 개념, 특히 계급투쟁의 명제는 마르크스주의 이론의 초석 가운데 하나다. 일찍이 마르크스는 1843년에 「헤겔 법철학 비판」 서문」에서 자신의 계급관과 계급정치의 일반적 이론을 발표했다.* 그

---

* 마르크스는 이 글에서 프롤레타리아 계급이 '자연발생적으로 생겨난 것이 아니라 인위적으로 만들어진 빈민이며, 사회의 구조적 압력 아래 기계적으로 짓눌려 있는 것이 아니라 사회의 급격한 해체, 특히 중간신분 계층의 해체로 인해 탄생한 군중'이라고 지적했다. 그리고 부르주아 사회의 계급

러나 계급 개념이나 계급의 형성 문제에 관해서는 미처 체계적인 분석을 하지 못했다. 『자본론』 제3권의 마지막 장, 즉 52장은 제목이 '계급'인데, 한 쪽 남짓 분량의 수고만 작성된 채 중단되었다. 이 한 쪽 남짓 되는 분량에서 우리는 계급 문제를 연구한 마르크스 사고의 실마리를 일부 찾아볼 수 있다. 첫째, 자본주의 생산양식의 토대 위에서 현대 사회는 3대 계급, 즉 단순노동력소유자(임금을 받는 고용노동자)와 자본소유자(이윤을 얻는 자본가) 그리고 토지소유자(지대를 받는 토지소유자)로 분화된다.* 둘째, 현대 사회의 경제적 구조가 가장 높은 수준으로, 그리고 가장 전형적으로 발전한 영국에서조차도 계급구조가 이렇게 순수한 형태로 나타나지는 않으며, 3대 계급 사이에는 계급의 명확한 경계를 모호하게 만드는 과도적이며 중간적인 계층들이 적지 않게 존재한다. 셋째, 비록 이처럼 계급의 경계가 불명확한 상태로 존재하기는 하지만, 자본주의 생산양식 때문에 계급의 경계는 앞에서 언급한 바와 같은 형태로 갈수록 더 명확해지는 추세를 보이게 된다. 이런 추세는 생산수단이 점점 더 노동에서 분리되는 것, 분산되어 있던 생산수단이 점점 더 대량으로 결집되는 것, 토지소유권이

관계는 일종의 적대적인 관계이므로, 프롤레타리아 계급의 출현 자체가 '기존 세계질서의 해체'를 선고하는 것이라고 설명했다. "'사적 소유의 부정'을 요구함으로써 프롤레타리아 계급은 사회가 일찍이 프롤레타리아 계급의 것으로 만들어준 이 원칙을 그 사회의 원칙으로까지 고양시킨다. 이 원칙은 프롤레타리아 계급의 의사와 무관한, 사회 자체의 부정적 결과물로서 이미 프롤레타리아 계급 속에 체현되어 있던 것이다." 『마르크스 엥겔스 선집』 제1권, pp.14~15.

● 현대 사회의 3대 계급에 관한 이 이론은 리카도David Ricardo의 『정치경제학과 조세의 원리』 *Principles of Political Economy and Taxation*를 그대로 따른 것이다.

자본과 노동으로부터 분리되어 독립하는 것(자본주의 생산양식에 부합하는 토지소유권의 형태로 바뀌는 것)으로 요약할 수 있다.* 그런데 이것은 구조적인, 또는 이상적 유형의 계급 개념이다. 마르크스 자신도 이 개념으로 현실의 계급 관계나 사회적 투쟁을 직접적으로 표현할 수 있는 것은 아니었다. 『루이 보나파르트의 브뤼메르 18일』*The Eighteenth Brumaire of Louis Bonaparte* 등에서 마르크스는 계급 관계에 대해 '정세 분석'이라고 할 만한 서술을 하고 있다. 역사의 변동을 조망하는 시야를 바탕으로, 부르주아 계급, 프롤레타리아 계급, 대토지소유자, 금융계 과두 그룹, 농민, 프티부르주아 계급, 중간 계급, 룸펜프롤레타리아, 산업자본가, 상층 귀족 등 여러 계급, 단체, 사회 부류, 계층 및 기타 존재들이 정치무대에서 보여주는 복잡한 모습을 그려내고 있는 것이다. 계급 관계의 이런 복잡한 상황은 특정 사회가 구성하는 주요 생산관계의 역사성에서 생겨난다. 즉 그것에는 과거가 남긴 여러 생산관계(즉 과거 생산관계에서 주도적인 위치를 차지하고 있던 사회계급의 잔재)뿐 아니라 미래 생산양식의 핵심적 요소까지 포함되어 있다. 이 정세 분석이 주목하는 것은 '이런 존재들이 벌이는 투쟁과 정권 사이의 관계'이고,** 따라서 우리는 그것을 구조적 계급 개념과 구별되는 정

---

* 카를 마르크스, 『자본론』資本論 제3권, 北京: 人民出版社, 2004, pp.1001~1002.
** Erik Olin Wright, *Classes*, London: Verso, 1997, p.7. 근래의 이론가들은 마르크스가 언급한 계급 경계의 모호성, 중간 계급의 존재와 (기술관리계급 같은) '새로운 계급'의 출현, 지식인계층의 '목적성', 노동자계급의 모호화 등의 현상에 대해 사고를 더욱 진전시킴으로써, '문화자본'과 '취미' 및 기타 범주를 가지고 계급 개념을 새롭게 규정할 가능성과 필요성을 제기한다. 그러나 이런 이론적 노력은 근본적으로 볼 때 생산양식의 재생산이라는 기본적인 해석의 틀을 벗어나지 못하는 것

치적 계급 개념이라고 요약할 수 있다. 그러나 마르크스 자신은 양자를 완전히 일치하는 것으로 보았다.

앞에서 언급한 두 가지 계급 개념에 대한 종합적인 분석을 통해 우리는 마르크스의 계급 개념의 요점을 다음의 몇 가지로 귀납할 수 있다. 첫째, 계급 관계의 전모가 아무리 복잡해도 계급의식과 계급투쟁은 결국 기본적인 계급구조의 제약을 받으며, 특정 생산양식 또는 계급구조에 대한 자각적 개조로 표현된다. 둘째, 계급은 관계의 개념으로서, 어떤 계급은 오직 다른 계급과의 관계 속에서 정의될 수 있다. 따라서 계급 관계는 적대성, 즉 내재적이고 근본적이며 착취와 피착취라는 특정한 관계를 객관적 토대로 삼는 적대성을 내포한다.* 셋째, 계급 간의 적대성은 계급 형성의 필요조건으로, 계급 간 대립이라는 상황이 없다면 계급 그 자체가 형성될 수 없고, 계급 대립이라는 상황이 만들어져야 계급의 주체도 만들어질 수 있다. 이 점 때문에 계급 개념은 객관적 개념에서 주관적이고 정치적인 개념으로 뒤바뀌고, 운동하는 내재적 시야를 통해서만 그 함의를 나타낼 수 있는 개념이 된다. 즉 계급은 그 자체가 하나의 과정, 즉 계급이 형성되는 과정, 계급이 정치의 주체로 구축되는 과정으로서 존재한다.** 이

이다. 사실 레닌을 포함한 고전적인 마르크스주의자들은 계급 구도의 복잡성을 부정한 적이 전혀 없고, 마르크스가 「공산당선언」에서 말한 '계급모순의 단순화'가 부르주아 계급 시대의 특징일 뿐, 여타 상이한 사회의 더욱 복잡한 사회적 조건을 아우르는 말이 될 수 없음을 부정한 적도 없다.

● 위의 책, pp.28~37.

●● 우리는 이 개념을 피억압자가 계급으로서 더욱 각성하고 공동의 이익을 더 잘 이해하도록 하는 것이 목표인 개념이라고 요약할 수 있다. 예를 들어, 소공업가小工業家나 소상인 또는 수공업자나

런 계급 개념은 마르크스의 다음과 같은 판단 위에 세워진 것이다. '기존의 사회제도가 붕괴되려는 시기, 즉 혁명의 시대에 이르러서야 계급의 객관적 위상과 주관적 각성은 일치를 이루게 된다. 따라서 계급과 계급 관계는 그 어떤 실증주의적 방법론으로도 그 모습을 그려낼 수 없다. 계급의식의 발현을 촉진시키는 관념과 가치와 이론은 결코 객관적 경제-사회구조로부터 직접적으로 도출되지 않는다.'

'단기 20세기'의 중국에서 계급 개념을 규정하는 상술한 두 가지 방식은 혁명의 과정 중에 다중적으로 변주되었다. 따라서 계급 문제를 종합적으로 파악하지 않는다면, 중국 혁명에 대해 제대로 이해하기 어려울 것이다.● 우선 우리가 직면하는 것은 정당과 계급의 관계 문제다. 중국공산당은 건립 초기에 '중국공산당은 프롤레타리아 계급의 선봉대이고, 프롤레타리아 계급을 위해 싸우는, 프롤레타리아 계급 혁명을 위한 당'이라고 공표했다.●● 그러나 중국공산당의 창건

농민 등 중간 신분인 사람들도 부르주아 계급과 투쟁하지만, 이 투쟁은 보수적이고, 심지어 반혁명적이다. 그들이 자신의 이익을 지키기 위해 역사의 수레바퀴를 거꾸로 돌리려 하기 때문이다. 그러나 혁명 정당은 그들을 혁명적이라고 여길 수도 있다. "그들이 장차 프롤레타리아 계급의 대오에 합류하게 될지도 모르는 자신의 처지를 생각한다면, 눈앞의 이익이 아니라 장래의 이익을 지키기 위해 본래의 입장을 바꾸어서 프롤레타리아 계급의 입장에 설 수 있기 때문이다." 카를 마르크스, 「공산당 선언」, 『마르크스 엥겔스 선집』 제1권, p.262 참조.
● 레닌은 이렇게 말했다. "한 사회 또는 여러 사회 전체 구성원의 의도의 총합을 연구해야만 그 의도의 결과에 대해 과학적인 판단을 할 수 있다. 이런 의도에 각종 모순이 존재하는 이유는 사회를 구성하는 각 계급의 생활 상태와 생활 조건이 서로 다르기 때문이다." 「마르크스의 학설」馬克思的學說, 『마르크스 엥겔스 선집』 제1권, p.13.(중국에서 1972년에 출간된 『마르크스 엥겔스 선집』 초두에 레닌의 글 「카를 마르크스」卡爾 馬克思가 해제로 실려 있다. 저자가 밝힌 제목 「마르크스의 학설」은 글 전체 제목이 아니라, 이 글 한 장의 제목이다. 또 인용된 쪽수도 p.13이 아니라 p.12로 확인된다. 이 부분은 저자의 실수로 보인다.—옮긴이)

에 직접 참여한 코민테른 대표 리진利金[8]과 마링馬林[9] 등이 보기에, 초기의 중국공산당은 온통 지식인으로만 구성되어서 중국 노동자와는 완전히 유리되어 있었다. 기껏해야 '공산주의 소조'라고 할 수 있는 조직이었다.*** 즉 초기 중국공산당이 자신의 계급적 성격에 대해 내린 규정과 코민테른 대표가 중국공산당 구성원의 계급적 성격에 대해 내린 규정 사이에는 현격한 차이가 있었다. 그런데 이 차이는 간단히 서로 해소하거나 부정할 수 있는 것이 아니었다. 정치조직의 계급적 성격은 그 조직과 구성원들의 정치적 가치 및 사회적 이념과 밀접한 연관이 있는 것으로, 단순히 조직 구성원의 계급 출신에 따라 직접적으로 결정되는 것이 아니다. 정치적 의의라는 측면에서 보자면, 프롤레타리아 계급이 공산당이라는 존재의 전제조건이 되는 것이 아니라, '프롤레타리아 계급을 계급으로 만들고' 마침내 '부르주아 계급의 통치를 뒤엎고 프롤레타리아 계급이 정권을 탈취해오는 것'

** 「시국에 대한 중국공산당의 주장」中國共産黨對于時局的主張, 『중공중앙문건 선집』中共中央文件選集 제1책, 北京: 中共中央黨校出版社, 1989, p.37.

8 1895~?. 본명은 흐루차놉스키Khruzhanovsky로, 1921~1922년에 코민테른 극동서기처 주 중국 대표를 역임했다.

9 1883~1942. 본명은 헨드리퀴스 스네이블리트Hendricus Sneevliet로, 네덜란드인이다. 1902년에 네덜란드 사회민주당에 참여했고, 1913~1918년에 네덜란드의 식민지 자바에서 마르크스주의 선전 활동에 종사했다. 1920년부터 코민테른 집행위원회에서 일했으며, 1921~1923년에 코민테른 집행위원회 주 중국 대표를 역임했다.

*** 그들은 이런 판단에 근거하여 중국공산당원이 중국국민당을 지지하거나, 심지어 그 당에 가입해야 한다고 건의했다. 중공중앙당사연구실 제1연구부中共中央黨史研究室第一研究部 편, 「코민테른 집행위원회가 주 중국 남방 대표에게 보내는 지령」共産國際執行委員會給其派駐中國南方代表的指令(1992년 8월), 『코민테른, 소련공산당(볼셰비키) 및 중국 혁명 관련 당안자료총서』共産國際, 聯共(布)與中國革命檔案資料叢書 제2권, 北京: 北京圖書館出版社, 1997, pp.324~325.

을 실현해야 한다는 사명이 공산당 성립의 직접적인 동력이 되었다고 해야 한다.* 이런 사명이 없었다면, 그리고 이런 사명과 연관된 정치적 의지와 정치적 행동이 없었다면, 이런 정당은 존재할 수 없었을 것이다.

따라서 구조적 계급 개념과 정치적 계급 개념을 구분하고, 새로운 정치적 주체의 시각으로 현대 중국의 계급정치를 해석하는 것은, 중국 혁명 정당의 각종 정책과 그것이 이끈 투쟁을 이해하기 위해서도 필요할 뿐 아니라, 이런 운동을 이끈 정당 자신의 성격을 분석하기 위해서도 필요한 일이다. 수많은 현대 정치이론가들은 계급정치가 상이한 사회에서 어떻게 표현되는지를 설명하기 위해 다음과 같은 '원리'를 전제했다. 즉 '세세하고 고도로 제도화된 신분구조와 통상적으로 그 사회에서 발현되는 계급적 갈등의 결합을 특징으로 하는 산업사회는, 신분의 구분이 명확지 않고 정식으로 공인되지도 않은 사회와 비교할 때, 계급적 각성의 정치가 출현할 가능성이 훨씬 높다'.** 예컨대 전前 산업사회의 경직된 신분체계를 여전히 유지하고 있는 사회(독일 같은)에는 계급의식과 마르크스주의 정당이 생겨나기 훨씬 쉽지만, 봉건적 신분 전통이 거의 없는 미국에는 강력한 계급정치와 계급적으로 각성한 정치조직이 생겨나기 어렵다는 것이다.

● 카를 마르크스, 「공산당선언」, 『마르크스 엥겔스 선집』 제1권, p.264.
●● 시모어 마틴 립셋Seymour Martin Lipset, 장유화張有華 등 옮김, 『합의와 갈등』一致與衝突(*Consensus and Conflict: Essays in Political Sociology*), 上海: 上海人民出版社, 1995, pp.66~67.

그러나 계급정치와 계급구조의 관계는 복잡하게 착종되어 있기 때문에, 계급정치를 단순하게 계급구조로 환원하는 그런 시각으로는 중국 혁명의 진정한 동력을 이해할 수 없다. 중국 농촌의 대부분 지역에는 엄격한 봉건적 계급제가 존재하지 않았고, 격렬한 계급투쟁이 전개된 일부 촌에는 심지어 지주조차도 없었다. 그런데 왜 중국의 광대한 향촌에서는 전에 없이 격렬한 계급투쟁이 벌어졌는가? 왜 중국에는 고도의 계급적 각성을 이룬, 그리하여 이 계급투쟁을 이끈 정당이 생겨나게 되었는가?

혁명정당 자체가 그 초기 구성원의 계급적 구성에 따라 만들어지는 것이 아님은 분명하다. 그렇다고 혁명정치가 특정한 사회적 조건과 해당 사회의 계급구조와 전혀 관계가 없다는 말은 아니다. 1926년에 마오쩌둥은 「중국 사회의 각 계급 분석」中國社會各階級的分析의 첫머리에서 우선 '적과 아군의 구별'이라는 정치적 의제를 제기했다.

> 누가 우리의 적인가? 누가 우리의 친구인가? 이 문제는 혁명에서 가장 긴요한 문제다. (……) 혁명당은 군중의 길잡이다. 혁명 중에 혁명당이 길을 잃지만 않는다면 혁명은 실패하지 않는다. (……) 우리는 누가 진정한 적이고 아군인지 구별해야 하고, 중국 사회에서 각 계급의 경제적 지위와 혁명에 대한 태도를 전반적으로 분석해야 한다.●

● 마오쩌둥, 「중국 사회의 각 계급 분석」, 『마오쩌둥 저작 선독』毛澤東著作選讀 상권, 北京: 人民出版社, 1986, p.4.

마오쩌둥의 분석은 두 가지 방법론적 특징을 갖고 있다. 첫째, 그는 구조적 계급 관계를 매우 중시했지만, 이런 구조적 분석이 일종의 운동적 시야, 즉 운동을 이끈 혁명당의 시야에서 진행된 것이라는 점에도 주목했다. 따라서 그 분석의 중점이, 상이한 사회계층이 혁명운동 중에 보인 입장과 태도에 집중되어 있다는 점을 시종일관 잊지 않았다. '혁명당은 군중의 길잡이'라는 말은 혁명정당에게 군중을 도와서 적과 아군을 구별하고 계급정치를 형성할 책임을 요구하는 것이다. 적과 아군에 대한 정치적 구별은 계급적 각성 또는 계급의식이 형성되었음을 알리는 표지라고 할 수 있다. 그런 의미에서, 마오쩌둥의 계급 분석은 비록 계급구조를 객관적인 조건으로 삼기는 했지만, 서술의 중점이 혁명정치의 형성에 놓여 있었다. 둘째, 마오쩌둥의 분석 방법은 일종의 종합적인 시야, 즉 중국 사회에서 각 계급과 혁명의 관계를 제국주의 시대의 세계적 관계―'경제적으로 낙후된 반식민지 중국'이라는 독특한 사회 성격―속에 놓고 고찰하는 시야를 갖고 있다. 이 분석 방법은 마르크스의 구조적 분석 방법과 기본적으로 일치하지만, 다음과 같은 점에서 구별된다. 마르크스는 영국에 대한 이상적인 분석을 통해 계급에 관한 구조적 분석을 만들어냈지만, 마오쩌둥은 글로벌하고 제국주의적인 정치-경제 관계 속에서 중국 혁명과 계급정치의 동력과 방향을 서술했다. 이런 세계적 시야가 없었다면, 중국의 혁명가들은 농민에게 프롤레타리아 혁명의 주체적 지위를 부여할 수 없었을 것이다. 또한 중국 사회의 성격을 이렇게 독특하게 정리하지 않았다면, 마오쩌둥은 국제 부르주아 계급(제국주의),

민족자본가 계급(도농 자본주의의 생산관계), 프티부르주아 계급(자영농, 수공업 업주, 소지식인계층), 반¥프롤레타리아 계급(반자영농, 빈농, 소규모 수공업자, 점원, 소상인), 산업프롤레타리아 계급, 룸펜프롤레타리아 계급(유랑 농민과 실업 노동자) 등의 범주를 분명히 규정할 수 없었을 것이다. 이런 역사적 판단을 전제로 했기 때문에,「농촌 계급을 어떻게 분석할 것인가」怎樣分析農村階級(1933),「우리의 경제정책」我們的經濟政策(1934),「중국 혁명과 중국공산당」中國革命和中國共產黨(1939) 등의 글에서 마오쩌둥은 마르크스식 구조적 계급 분석 방법(소작과 임노동을 중심으로 하는)을 중국 농촌사회에 운용하여, 중국공산당의 토지개혁에 이론적 근거를 제공할 수 있었다.

다음으로, 우리는 중국 혁명과 농민계급 및 농촌 계급투쟁의 관계 문제, 즉 혁명 주체의 형성 문제를 분석할 필요가 있다. 항일전쟁에서 승리한 후, 국공내전이 진행되는 상황에서 중국공산당은 대규모의 토지개혁운동을 일으켰다. 황쭝즈黃宗智는「중국 혁명 중의 농촌 계급투쟁」中國革命中的農村階級鬪爭이라는 글에서 '객관적 현실客觀性現實과 표출적 현실表達性現實 및 그 양자의 어긋남'이라는 논리로 중국 혁명 과정의 계급 분석을 시도했다. 객관적 현실이라는 각도에서 볼 때 토지개혁은 전국 경지면적의 43퍼센트에 해당하는 정책으로, 지주와 부농의 거의 모든 토지(지주가 전체 토지의 3분의 1을 차지하고 있었고, 부농은 15~20퍼센트를 장악하고 있었다)가 이를 통해 빈농과 고농雇農에게 분배되었다. 토지개혁을 거치면서 국가는 세금 징수와 저가 매입 등의 방법으로 본래 지주가 소유하거나 또는 소비했던 농업부문의 잉여를 가져와서, 빈농과 고농에게 분배한 일부를 제외한 나머지를 전부 국가의 도시 공업화에 투입했다. 그런 점에서 토지개혁은 중요한 사회-경제적 혁명이었다. 그러나 표출적 현실이라는 각도에서 보면, 상술한 거시적 계급 관계와 개별 촌락들의 현실 사이에는 중요한 차이가 있다. 예를 들면 화베이華北 지역의 지주들은 대부분 도시에 거주하는 부재지주여서, 수많은 촌락에는 애초에 지주가 없었다.● 일부 연구자들이 제공해준 조사 데이터나 인터뷰 자료에 따르면, 윌리엄 힌턴William Hinton의 『번신』翻身[10]이나 저우리보周立波의 『폭풍취우』暴風驟雨,[11] 딩링丁玲의 『태양은 쌍간허에 비친다』太陽照在桑干河上[12] 등의 작품에 묘사된 촌락들에는 토지법 요강에서 규정한 지주가 존재하지 않았다. 소작이나 임노동 관계는 통상적으로 지주와 소작농, 부농과 빈농 사이에 있었던 것이 아니라, 항상 중농과 빈농 사이에 발생했다. 주의할 점은, 토지개혁 과정에서 빚어진 일부 과격화 현상은 중국공산당이 이끈 토지개혁의 지도적 사상에는 부합하지 않는 것이

● 황쭝즈, 「중국 혁명 중의 농촌 계급투쟁」, 『중국향촌연구』中國鄉村研究 제2집, 2003.

10 윌리엄 힌턴이 1940년대 중후반 산시성山西省 농촌에서 벌어진 혁명과 토지개혁을 체험하고 기록한 르포문학. 1940년대 중반에 농기계 기술자 양성을 목적으로 중국에 온 미국인 윌리엄 힌턴은 중국 농촌에서 벌어지는 혁명과 토지개혁을 목격하고, 이를 기록한 방대한 분량의 메모와 관련 자료를 가지고 1953년에 미국으로 돌아왔다. 당시 미국을 휩쓴 매카시즘 광풍으로 가지고 온 자료를 모두 압수당했으나, 5년이 넘는 소송 끝에 자료를 모두 돌려받아 1958년부터 1966년까지 이 작품을 집필했다.

11 중국 작가 저우리보가 1948년에 창작한 장편소설. 둥베이東北 지역 쑹화강松花江 인근 농촌을 무대로 전개된 토지개혁을 묘사한 경전적인 작품이다.

12 중국 여성작가 딩링이 1948년에 창작한 장편소설. 1940년대 중후반 중국 농촌의 토지개혁을 다룬 경전적인 작품으로, 1951년에 스탈린문학상을 수상했다.

었다는 사실이다. 1946년 5월 4일에 중공중앙은 「토지문제에 관한 중공중앙의 지시」中共中央關于土地問題的指示를 통과시키면서 다음과 같이 강조했다. "절대 다수 대중의 요구에 따라, 우리 당은 대중이 매국노 반대反奸, 반동재산 몰수淸算, 소작료 인하減租, 이자 인하減息, 소작료 반환退租, 이자 반환退息 등의 투쟁에서 지주로부터 토지를 빼앗아 '경자유전'耕者有田을 실현하는 것을 확고하게 지지해야 한다." 또한 그에 상응하는 토지개혁 방법, 즉 중농의 토지 보호, 대부분 부농의 토지 현상 유지, 부농과 지주 구별 등의 원칙을 정했다.[*] 마오쩌둥, 류사오치劉少奇, 덩쯔후이鄧子恢 등의 지도자들은 토지개혁을 지도하면서, 시종일관 중농의 이익 침해나 부농과 중소지주에 대한 과도한 공격을 바로잡아야 한다고 강조했다.[**] 그런데 토지개혁은 촌

---

[*] 뤄핑한羅平漢, 『토지개혁운동사』土地改革運動史, 福州: 福建人民出版社, 2005, p.12에서 인용. "5·4 지시'에서는 지주의 토지 전부를 몰수했던 토지혁명전쟁 시기의 방법을 답습하지 말고, 여러 가지 방식을 통해 농민의 토지문제를 해결해야 함을 제기했다. 예를 들면 다음과 같다. 악질매국노 大漢奸의 토지는 몰수하여 분배한다. 소작료 인하 이후 지주가 자발적으로 토지를 매각하면, 소작농에게 그 토지를 매입할 우선권을 준다. 소작료 인하 이후에도 농민에게 소작권을 보장함으로써, 지주가 자발적으로 자기 토지 전체의 7~8할을 농민에게 넘기고 2~3할을 회수하여 스스로 경작하게 한다. 소작료와 이자를 청산하고 토지 강점을 해소하며 농민의 각종 부담과 무리한 착취를 폐지하는 과정에서, 지주가 토지를 농민에게 매각하여 빚을 갚게 한다." 같은 글.

[**] 예를 들어 1946년 4월 11일에 마오쩌둥은 이렇게 말했다. "우선 주의해야 하는 것은 중농의 이익이 침해되는지 여부다. 일단 그런 일이 발견되면 반드시 신속하게 바로잡아야 한다. 다음으로는 소작료와 이자를 인하하는 것 이외에 부농과 중소지주에게 지나친 타격을 가하지 않는가다. 만약 그렇다면 적절한 시기에 역시 바로잡아야 한다." "대중의 자발적인 행동이라면, 매국노나 토호나 악덕지주나 반동분자에게 심각한 타격을 가하는 것은 잘못이 아니라 꼭 필요한 일이다. 대도시에서 토호지주가 시끄럽게 떠들어대는 것은 필연적인 현상이므로, 우리는 그것에 동요하면 안 된다. 그러나 대중의 투쟁이 승리를 거두고 반동재산 몰수와 소작료 인하가 실현되고 나면, 당은 지주계급을 공격하는 정책에서 견인하는 정책으로 바꾸도록 대중을 설득해야 한다. 예를 들면 도망갔던 지주가 고향

락 내의 사회관계를 지주계급과 임노동 농민 중심의 절대적 대립으로 규정하고자 했지만, 토지 획득을 요구하는 농민들의 운동을 토지개혁 정책이 규정한 틀 속에 완전히 묶어두기는 어려웠다. 그리하여 혁명전쟁과 군사적 동원이라는 배경 속에서, 결코 지주라고 할 수 없는 수많은 부농이 계급의 적으로 몰려서 살해되었다. 이에 황쭝즈는 1946~1952년의 토지개혁과 1966~1976년의 문혁 과정에서 농촌 계급투쟁의 표출적 구조가 갈수록 객관적 실천에서 유리되었고, 양자 사이의 불일치가 공산당의 선택과 행동에 큰 영향을 미쳤다고 보았다. 즉 "문혁은 인류 역사에서 표출적 현실과 객관적 현실 사이의 어긋남이 극단에까지 이른 사례"*라는 것이다. 계급의 객관적 현실과 표출적 현실을 구분하는 이런 시각은 중국 혁명에서 농촌 계급투쟁이 그렇게 전개될 수밖에 없었던 이유를 해명해줄 뿐 아니라, 이 투쟁이 객관적 현실의 경계를 벗어나게 됨에 따라 초래했던 막대한 위해와 비극까지도 설명해준다. 이런 설명 방식은, 중국공산당이 이 시기의 역사를 반성할 때 당시의 '계급투쟁 확대'라는 명제를 비판하면서 내세우는 '실사구시'라는 방침과 사실상 기본적으로 일치하는 것이다.

에 돌아오도록 그들에게 살 길을 열어준다든지, 개명한 신사들로 하여금 일부 사업에 참여할 수 있게 해주는 것이다. 견인하는 정책은 반대세력을 줄이는 것이 목적이므로, 경직된 분위기를 누그러뜨리는 것이 꼭 필요하다. 그러나 견인 정책을 너무 조급하게 시행하다가 대중의 이익을 침해하거나 대중의 정서에 나쁜 영향을 미치지 않도록 주의해야 한다." 『마오쩌둥 문집』 제4권, pp.103~104.
* 황쭝즈, 「중국 혁명 중의 농촌 계급투쟁」, 『중국향촌연구』 제2집, 2003.

앞에서 언급한 황쭝즈의 분석에는 분명 설득력이 있다. 그러나 이런 구조적 서술은 계급투쟁과 혁명정치 사이의 내재적 관계를 고려하지 않은 것이다. 비극은 혁명정치의 필연적 결과인가, 아니면 혁명정치의 내재적 원칙과 정책 방향에서 벗어난 데 따른 역사적 산물인가? '단기 20세기'에 중국 혁명정당의 첫 번째 임무는 농민운동과 토지개혁을 통해 중국의 프롤레타리아 혁명을 위한 계급 주체를 창조하는 일이었다. 그런 점에서 토지개혁은 혁명의 목적이면서 동시에 혁명의 수단이었다. 『번신』, 『폭풍취우』, 『태양은 쌍간허에 비친다』 등의 작품에서 묘사된 계급 관계가 정확한지는 별개의 문제지만, 그 작품들이 당시의 독자들을 사로잡은 것은 토지개혁을 통해 무수한 농민이 얻게 된, 노예상태에서 벗어난 주체의식과 자존감을 잘 표현했기 때문이다. 농민계급과 그들의 혁명성은 구조적 계급 관계에서 생겨난 것이라기보다는, 이런 구조적 관계의 변동을 초래한 거대한 역사적 형세, 그리고 농민을 계급이 되게 만든 정치역량과 정치의식 및 정치적 과정에서 기인한 것이었다. 혁명정치는 '적과 아군의 모순' 또는 '인민 내부의 모순'을 불변의 경직된 관계로 간주하지 않고, 투쟁을 통한 주체성의 전환을 적극 고무한다. 즉 이 시기의 계급 분석과 통일전선 책략은 주체성의 전환을 촉진하는 역사변증법을 줄곧 내포하고 있었다. 그렇다고 정치적 계급 개념이 생산양식이라는 틀에 근거한 구조적 계급 개념에서 벗어날 수 있다는 말은 결코 아니다. 이는 농민을 혁명의 주체(그리고 군사적 주체)로 창조하는 것이 목표인 토지개혁과 정치적 동원이 그 자체로 농업사회의 생산양식을 개조하고 산업화의 조건을 창조하는 역사적 과정의 유기적 부분이라는 뜻이다. (생산양식에 따라 범위가 정해지는 계급 관계의 변화와 혁명적 개조는 당연히 그 내용이 된다.)

혁명 주체의 창조가 계급이 전환되는(농민계급에서 프롤레타리아 계급으로의 전환) 정치적 과정이라면, 계급의 적대성은 주체의 전환을 통해 해결할 수 있다. 정치적 적대성은 계급적 적대성과 단순히 동일시할 수 없다. 후자는 조화를 이루기 어렵지만, 전자는 적대적 관계 자체가 전환될 가능성을 전제한다. 즉 적이 친구나 심지어 동지로 전환될 가능성도 있고, 반대로 친구와 동지가 적으로 전환될 가능성도 있는 것이다. '적-아군' 관계는 특정한 사회적 조건과 역사적 형세의 산물로, 그 사회적 조건과 역사적 형세에 변화가 생기면 적과 아군 관계에도 변화가 생길 수 있다. 마오쩌둥은 일찍이 「10대 관계를 논함」(1956년 4월 25일)에서 '반혁명분자도 바뀔 수 있는가?'라는 문제를 탐구했다. 여기서 그는 이렇게 지적했다. "우리나라 상황에서 그들 가운데 대다수는 향후 어느 정도건 모두 변할 수밖에 없다. 우리가 정확한 정책을 채택하고 있기 때문에 지금 적지 않은 반혁명분자들이 반혁명이 아닌 쪽으로 개조되고 있다. 게다가 일부 사람들은 심지어 유익한 일을 하고 있다."[*] 만약 지주가 단지 지주이기만 했다면 '향촌 사회의 사회적·정치적 지배자가 될 수 없었을 것'이다. 물론 지주는 경제적 부나 폭력적 수단에 의지하여 사실상 해당 지역의 지배자로

• 마오쩌둥, 「10대 관계를 논함」, 『마오쩌둥 저작 선독』 하권, p.735.

군림했지만, 지배의 정당성을 확보하기 위해 관료나 사인士人(거인擧人, 생원生員) 등의 신분으로 집권 국가기구 내에서 자신의 지위를 얻었다.* 과거제도가 정규적으로 시행됨으로써 중국 사회에는 신분 변동을 가로막는 유력한 법률적 장애물이 기본적으로 제거되었고, 계층과 직업에 매우 큰 유동성이 생겼다. 일부 학자들은 사인의 지식 독점과 계급 구성의 변통성變通性을 특징으로 하는 이런 계급제도를 '도덕적 계급제도'道德性的階級制度라고 부르기도 한다.** 1905년에 과거제도가 폐지된 이후에도, 향촌 사회관계 내부의 문화적·정치적 지배권 문제는 여전히 존재했다. 계급제도와 국가기구의 이런 내재적 연관이라는 측면에서 볼 때, 이른바 '도덕적 계급제도'는 곧 '정치적 계급제도'였다. 따라서 지주계급의 지배적 지위를 제거하는 작업은 그들의 계급 지배의 정치적 기초를 제거하고, 이런 계급 관계의 재생산 메커니즘과는 완전히 다른 재생산 메커니즘을 만드는 데로 집중되었다. 사회주의 정권이 지배적 지위를 차지하고 있는 상황에서 '적과 아군 사이의 적대적 모순'은 사회적 개조라는 방식을 통해 해결해야 하는 것이지, '적'을 물리적으로 소멸시킴으로써만 해결할 일은 아

• 다카하시 요시로高橋芳朗, 「송대의 사인 신분에 관하여」關于宋代的士人身份, 『사림』史林 제69권 제3호, 1986.
•• 사실 중국의 계급제도는 주로 정치적·도덕적인 것이지, 신분적·세습적인 것이 아니었다. 『순자』荀子「왕제」王制 편에서는 이렇게 말한다. "왕공王公과 사대부의 자손이라 하더라도 예의를 따르지 않으면 평민으로 귀속시키고, 평민의 자손이라도 학문을 쌓고 행실을 바르게 하여 예의를 따른다면 재상이나 사대부로 올린다." 고지마 유마小島佑馬, 「중국의 학문적 고정성과 한대 이후의 사회」中國的學問的固定性與漢代以後的社會, 「고대 중국의 사회경제사상」中國古代的社會經濟思想, 『고대중국연구』古代中國研究, 平凡社, 1988 참조.

니었다. 우리는 이를 뒷받침하는 무수한 사례를 20세기의 중국 역사에서 찾아볼 수 있다. 예를 들면 민족모순이 주요 모순으로 상승하던 시기에 혁명정당은 적절하게 통일전선이라는 주장을 제기하여, 지주 계급과 민족자본가 계급을 포함한 혁명의 대상을 모두 통일전선의 울타리 속으로 끌어들였다. 또 다른 예로, 사회주의 시기에 마오쩌둥은 두 가지 상이한 모순, 즉 적과 아군 사이의 모순과 인민 내부의 모순을 엄격히 구분해야 한다는 이론을 제기했다.* 중국공산당은 물리적 제거가 아니라 주로 사상 개조나 사회적 실천 등의 방식으로 전범을 개조했다. 심지어 중국 '봉건주의'의 최고 상징이자 제국주의의 꼭두각시인 푸이溥儀 황제조차 평범한 인민으로 '변화'시켰다.** 이런

* 마오쩌둥의 적과 아군에 대한 서술은 정치적인 것으로서, 구체적인 상황에 따라 변화되었다. 그는 이렇게 말했다. "적과 아군 사이의 모순과 인민 내부의 모순이라는 두 가지 상이한 모순을 정확히 인식하기 위해서는 우선 무엇이 인민이고 무엇이 적인지를 명확히 해야 한다. 인민이라는 이 개념은 국가마다, 그리고 해당 국가의 여러 역사적 시기마다 별개의 내용을 갖는다. 우리나라의 상황을 놓고 보자면, 항일전쟁 시기에는 항일을 하는 모든 계급과 계층과 사회집단이 전부 인민의 범주에 속했다. 그리고 일본제국주의, 매국노, 친일파는 모두 인민의 적이었다. 해방전쟁 시기에는 미제 국주의와 그 주구, 즉 관료 부르주아 계급과 지주계급 및 이런 계급을 대표하는 국민당 반동파가 모두 인민의 적이었다. 그리고 이런 적에게 반대하는 모든 계급과 계층과 사회집단이 모두 인민의 범주에 속했다. 사회주의를 건설하는 현 시기에는 사회주의 건설 사업을 찬성하고 옹호하며 그에 참여하는 모든 계급과 계층과 사회집단이 모두 인민의 범주에 속한다. 그리고 사회주의혁명에 반항하고 사회주의 건설을 적대시하고 파괴하는 모든 사회세력과 사회집단이 전부 인민의 적이다."(「인민 내부의 모순을 정확하게 처리하는 문제에 관하여」, 『마오쩌둥 저작 선독』 하권, pp.757~758.) 그런데 이 '적과 아군'이라는 틀 내에 관계 전환의 가능성이 있다고 해도 적대관계는 그 자체가 조화를 이루기 어렵기 때문에, 마오쩌둥은 '적'에게 '언론의 자유'나 '신문과 출판의 자유' 등을 허용해서는 안 된다고 분명히 말했다. 이는 이후 각종 정치운동에서 독단적인 방식을 동원할 수 있게 하는 복선이 되었다.
** 마오쩌둥은 '적-아군' 관계의 변동성 이외에도, 적과 아군 사이의 모순과 인민 내부의 모순을 구분해야 함을 매우 중시했다. 그의 이런 구분은 모순의 성격을 구별함으로써 '정치'의 다층성(복잡

적-아군 관계 변화의 전제는 계급 주체성은 전환될 수 있다는 것이고, 이런 주체성 전환이 사회관계 개조에 달렸다는 것이다. 그런 점에서 보면, 토지개혁 과정의 '계급투쟁 확대'는 계급의 객관적 현실과 표출적 현실 사이의 어긋남에서 비롯된 것이고, 혁명에서의 '주체성 전환'이라는 원칙과도 맞지 않는 것이었다고 할 수 있다.[•]

사실 적과 아군의 대립은 계급 구성원 사이의 폭력적 적대행위로만 표출되는 것이 아니고, 일종의 내재적―사상적, 가치적, 문화적 그리고 정치적―대립으로 항상 표출된다. 1944년 항일전쟁의 승리를 눈앞에 둔 시점에 마오쩌둥은 '문화공작에서의 통일전선'이라는 명제를 다음과 같이 거론했다.

해방구의 문화에는 진보적인 면도 있지만, 낙후된 면 역시 존재한다. (⋯⋯) 150만 인구의 산간닝陝甘寧 변구에 문맹이 100만 명이 넘

성)을 보여주는 것이었다. 마오쩌둥은 계급정치라는 조건 속에서, 그의 정치 개념을 통해 '통일전선'과 사상투쟁과 사회적 개조 등의 정치적 실천에 이론적 전제를 제공했다. 그러나 많은 사람들이 목도했듯이, 두 가지 모순을 구분하는 이런 원칙은 대부분의 시기에, 특히 문혁 시기에 제대로 실현되지 못했다.

• 많은 연구자들이 이미 주목한 대로, 1946~1952년의 토지개혁은 정치투쟁이 가장 격렬하게 벌어지고 군사적 동원이 매우 시급한 상황에서 진행되었기 때문에, 이 시기에 발생한 문제를 단순하게 원칙적인 논리로 설명하기는 어렵다. 더욱 중요한 것은, 혁명정치의 이론적 논리와 혁명정치가 생겨나는 구체적인 역사적 조건이 밀접하게 연관되어 있기 때문에, 양자를 명확하게 구분해서 추상적인 이론으로 설명하기가 매우 어렵다는 점이다. 내가 혁명정치 내부의 시야로 문제를 제기하는 것도 역사의 결과에 대한 그런 목적론적 해석을 벗어나기 위해서이고, 혁명정치에 아직도 다른 역사적 가능성이 있는지를 분석해보기 위해서이며, 그럼으로써 역사의 비극을 반성하는 또 다른 시야를 제공하기 위해서다.

으며, 무당도 2,000명이나 되고, 미신적 사상이 여전히 수많은 대중을 지배하고 있다. 이것들이 모두 대중의 머릿속 적이다. 대중의 머릿속 적과 싸우는 것은 항상 일본제국주의와 싸우는 것보다 어렵다. 우리는 대중에게, 스스로 일어나서 자신의 문맹, 미신, 비위생적 습관과 싸우라고 말해야 한다. 이 투쟁을 진행하기 위해서는 부득불 광범위한 통일전선을 구축해야 한다.•

그런 점에서 적-아군의 정치적 관계는 통일전선 사상과 상호 보완관계를 이루며, '자기투쟁'과 '자기개조'를 그 내용으로 포괄한다고 할 수 있다. 앞에서 서술한 주장은 중국 혁명에 내재된 모순을 잘 보여준다. 즉 농민계급은 혁명의 주체지만, 농민계급의 사상에 내재된 '적'은 혁명의 대상이기도 하다. 1970년대에 발표된 마오쩌둥의 관점을 보면, 농민의 이중성에 대한 그의 인식을 잘 알 수 있다. 이 모든 것은, 적과 아군의 구분을 중심으로 하는 정치적 계급 개념이 반드시 적에 대한 물리적 제거나 강력한 통제라는 폭력적 방식을 전제로 하는 것은 아니라는 점, 오히려 이 정치적 계급 개념과 상호 관련된 양대 고리는 투쟁과 전환이라는 점을 알려준다. 중국 혁명의 중요한 내용 가운데 하나는 자신에 대한 자신의 혁명이다. 이런 각도에서 보면, 문화혁명의 명제와 임무는 중국 혁명의 논리 속에 내재해 있다. 그리고 중국 혁명 과정의 과도한 폭력은 계급의 표출적 현실과 객관

• 마오쩌둥, 「문화공작에서의 통일전선」文化工作中的統一戰線, 『마오쩌둥 선집』 제2판, p.1009.

적 현실 사이의 어긋남에서 비롯된 것이라기보다는, 계급 개념 자체의 탈정치화, 즉 정치적 계급 개념을 객관성의 틀 속에 놓고 위에서 아래로의 강제적인 방식으로 계급투쟁을 전개한 데서 기인한 것이라고 할 수 있다.

사회주의적 개조가 완료된 후 마오쩌둥은 혁명정당 내부에서도 부르주아 계급이 생겨날 수 있다는 장기적인 추세를 통찰력 있게 읽어냈지만, 그렇다고 당시의 정치투쟁을 계급투쟁의 범주로 해석하기는 어렵다. 1976년 이후 사람들이 얻은 정확한 결론은, 이 시기에 발생한 정치투쟁을 상이한 계급 사이의 죽기 살기식 계급투쟁으로 구체화할 수는 없다는 것이다. 1965년 1월, 천정런陳正人이 보이보薄一波에게 보낸「간부들의 공장 현장 참여와 지도」幹部深入工廠蹲点라는 편지에 중공중앙이 의견을 붙여 하달한 일이 있었다. 문혁이 일어나기 1년 전인 이 시점에 마오쩌둥은 간부의 특수화 및 간부와 대중 관계의 변화에 관해 다음과 같이 자신의 의견을 덧붙였다. "관료주의자는 노동자계급 및 빈하중농貧下中農과 첨예하게 대립하는 계급이다. 이들은 노동자의 피를 빨아먹는 부르주아 계급으로 이미 변했거나 또는 지금 변하는 중이니, 어찌 만족할 리가 있겠는가? 이들은 투쟁의 대상이고 혁명의 대상이므로 사회주의교육운동社敎運動을 이들에게 의지해서 할 수는 없다. 우리가 의지할 수 있는 것은 오직 노동자와 원한이 없고 혁명정신을 가지고 있는 간부들뿐이다." 비록 표현이 매우 첨예해지기는 했지만, 관료주의적 간부와 대중 사이의 대립을 계급 대립으로 서술하고 양자의 투쟁을 계급투쟁으로 규정하는 이 시각은, 그가 줄곧 동의해온 정치적 계급 개념으로부터 완전히 벗어난 것은 결코 아니었다. 첨부한 의견에서 마오쩌둥은 또 이렇게 말했다. "관리자가 작업장 소그룹에 직접 참여하여 '3동'三同(같이 먹기同吃, 같이 거주하기同住, 같이 일하기同勞動)을 하지 않고, 한 가지 또는 몇 가지 기술을 배우지 않는다면, 그것은 노동자계급과 평생토록 첨예한 계급투쟁의 상태로 지내는 것이니, 결국 노동자계급은 그들을 부르주아 계급으로 간주하여 타도할 것이다."* 모순의 성격에 대한 마오쩌둥의 이런 규정은 그가 1950년대에 한 '인민 내부의 모순'에 관한 연설의 내용과는 분명 차이가 있다.** 그러나 계급투쟁에 대한 이런 독특한 표현과 규정에는 여전히 그의 독특한 정치관과 계급관이 담겨 있다. 즉 간부들에게 실제 현실에 깊이 들어가서 '계급 탈바꿈'階級蛻變 문제를 해결하라고 제기하는 것과, '단결-비판-단결'이라는 '민주적 방법'으로 '인민 내부의 모순'을 해결하라고 요구하는 것은 사실 내재적으로 일치한다.

그런데 어째서 군사적 투쟁이라는 상황에서뿐 아니라 사회주의 국가가 건설된 이후에도 계급투쟁의 폭력성은 여전히 멈추지 않는 것인가? 혁명정당이 일찍이 추구해온 정치적 민주주의와 언론의 자

---

* 중공중앙문헌연구실 편, 『마오쩌둥전毛澤東傳 1949~1976』, 中央文獻出版社, 2003, p.1389. (마서샹馬社香, 『전주곡: 마오쩌둥 1965년에 다시 징강산에 오르다』前奏: 毛澤東1965年重上井岡山, 北京: 當代中國出版社, 2004, p.5도 참고.)

** 마오쩌둥, 「인민 내부의 모순을 정확하게 처리하는 문제에 관하여」(1957년 2월 27일), 『마오쩌둥 저작 선독』 하권, p.763. 마오쩌둥의 논지에 따르면, 적-아군의 모순과 인민 내부의 모순은 상호 전환될 수 있다.

유(현대 사회에 없어서는 안 되는 정치적 가치이자 정치적 권리)는 왜 이런 역사적 조건에서 오히려 극도의 억압을 당하고 있는가? 이런 문제에 대한 답을 구할 때, 그저 개별적인 지도자 또는 정당 정책의 오류라는 차원에서만 접근하는 것으로는 부족하다. 필요한 것은 이론적인 해석이다. 사회주의 시기에는, 한편으로 계급 개념의 재산권적 함의가 이미 사라져버렸고, 공산당의 계급 대표성 문제가 갈수록 모호해졌다. 다른 한편으로, 중국 혁명은 마르크스가 예견한 것처럼 역사에서 존재했던 모든 국가 형태와 다른 새로운 국가, 국가의 소멸로 나아가는 과도적인 국가를 탄생시킨 것이 아니라, 합법적으로 폭력을 독점하는 조직이라는 전형적인 국가의 형태를 독특한 방식으로 되풀이해서 만들어냈다. 이렇게 관료제 국가가 계속해서 공고해지는 시대에, 혁명정당은 계급과 계급투쟁의 이념에 호소하여 자신을 지속적으로 혁신하고 개조하려 했으며, 당내와 사회 전체의 정치 논쟁과 정치투쟁을 촉발시킴으로써, 집권한 상황에서 스스로 퇴화되는 것을 피하고자 했다. 이때 정치적 계급투쟁의 차원에서 중시하는 것은 사회계층의 구조적 상황이 아니라, 상이한 사회 역량과 정치 역량의 태도와 입장이다. (태도와 입장은 이론적 탐색과 사회적 실천, 그리고 정치투쟁을 통해 변화를 일으킬 수 있는 영역, 즉 능동적인 정치영역이다.) '프롤레타리아 계급 문화대혁명'은 그 개념만 가지고 말하자면 사회주의 국가와 프롤레타리아 계급 정당의 자기혁명으로서, 그것이 의거하는 것은 정치적 계급과 계급투쟁이라는 개념이다. 그렇지 않다면 이 '혁명'을 '문화'라는 말을 덧붙여서 규정할 필요가 없었을 것이다.

그런데 이 정치적 계급 개념이 일단 구조적이고 고정불변의 본질주의적 개념으로 고착되어버리면, 상이한 집단 사이의 적대적 투쟁을 불러일으켜 이 개념 속의 정치적 능동성을 철저히 억압하고, 이 정치적 능동성을 체현하는 이론적 탐색이나 자유로운 논쟁도 억압하게 된다. 상명하달식으로 기계적으로 계급 성분을 나누는 것은, 국가정치와 대중투쟁의 '잔혹한 투쟁, 무자비한 공격'을 위한 전제를 제공한다. 따라서 우리는 '계급투쟁 확대'로 초래된 비극에 대해, 계급의 표출적 현실과 객관적 현실 사이의 어긋남과 모순이라는 각도에서, 즉 계급의 자기표현이 그 객관적 실제를 벗어났다는 측면에서 정리해야 할 뿐 아니라, 계급적 신분론이 정치적 능동성을 억압했다는 차원에서도 이 비극을 해석해야 한다. 신분론, 출신론, 혈통론은 20세기 중국 혁명에 담겨 있던 주관적이고 능동적인 정치관에 대한 부정이고 배반이었다. 20세기 혁명정치의 중심 임무는, 폭력기구와 재산 소유 관계를 통해 생산되고 고착된 차별적 계급 관계를 깨뜨리고 해체하는 것 아니었던가? 그런 의미에서, 정치적 능동성의 시각으로 혈통론에 대한 위뤄커遇羅克의 비판을 해석하는 것은 절대적으로 필요한 일이다. 그의 투쟁과 희생은, 탈정치화가 결코 20세기의 정치 또는 혁명정치의 밖에 있는 동력이나 추세가 아니고, 이런 전개 과정을 지배하는 계급과 계급투쟁 개념의 내부에 존재한다는 점을 보여주었다. 그리고 문혁의 비극성이 정치화(정치 논쟁, 이론 탐구, 사회적 자치, 당-국체제 안팎의 정치투쟁, 정치조직과 언론 영역의 유례없는 활성화 등을 특징으로 하는)의 산물이 아니라, 탈정치화(사회적 자치의 가능성을 없애는 양극화된 파벌투쟁, 정치 논쟁을 권력투쟁으로 전환시키는 정치 형태, 정치적 계급 개념을 신분론으로 전환시키는 본질주의적 계급관 등)의 결과라는 것도 알려주었다. 신분론에 반대하는 투쟁은 인간의 자유와 계급 해방과 미래 사회에 대한 분명한 가치판단 위에서 형성된다. 따라서 이 과정을 탈정치화가 아니라 '재정치화'重新政治化의 시각으로 정확히 해석하고, 이런 이해를 바탕으로 새로운 신분론(즉 계급 관계의 재생산)을 제거하고 억제하는 제도적 조건을 창출하는 것만이 이런 시대적 비극을 극복하는 진정한 방식이라고 할 수 있다.

　현재 우리는 계급담론이 사라진 계급사회에 살고 있다. 이 시점에서 문제는 단순히 과거의 계급과 계급투쟁 개념을 회복하는 것이 아니다. (우리는 아직도 여전히 20세기 계급정치로 인해 파생된 비극을 반성하고 있다.) 중요한 것은 현대 사회의 평등 문제와 계급 분화에 직면하여 어떤 정치적 시야를 확보할 것인가다. 또는 계급 개념을 어떻게 구조적 범주로부터 해방해 다시금 정치적 계급 개념으로 재규정할 것인가가 문제라고 할 수 있다. '단기 20세기'에 현대적 평등주의의 원칙은 혁명적 계급담론을 통해 사회 전반에 깊이 파고들었다. 누구도 다른 사람에게 종속되어서는 안 되고, 누구도 다른 사람을 함부로 부리거나 착취해서는 안 되며, 누구도 노예가 되어서는 안 되는 시대가 온 것이다. 이를 위해서 주종관계와 착취관계는 반드시 없어져야 하고, 이런 적대적 관계를 벗어난 경제가 만들어져야 하며, 사회적 불평등을 더 이상 복제하지 않는 교육체계가 세워져야 하고, 기존의 모든 국가 형태를 초월하는 국가가 창조되어야 한다. 사회가 다시 계급으로 분화되지만 계급담론 자체는 오히려 소멸되는 시대에, 현대적 평등의 정치는 심각한 도전에 직면할 수밖에 없다. 현대 사회에서 평등이 그 사회체제의 정당성의 전제조건이 된다면, 평등주의적 정치의 와해는 동시에 현대 사회의 정당성의 위기를 불러올 것이다. 정당성이 위기에 처한 상황에서, 국가의 폭력기구(군대, 경찰, 법률체계 등)나 경제 발전과 소비주의에만 전적으로 의존한다면 사회의 안정은 취약해질 수밖에 없다. 그동안 계급 개념에 입각한 시각이 (계급차별 폐지와 같은) 네거티브 방식으로 평등의 정치를 규정해왔다면, 새로운 역사적 상황에서 현대적인 평등의 정치는 어떤 형태로 자신의 활력을 찾을 수 있는가? 현실의 발전은 '탈정치화된 국가'에서 '풍부한 정치적 생활을 가진 국가와 사회'로의 변화, 계급이 다시 분화 또는 형성되는 사회에서 계급이 소멸되는 사회로의 이행을 요구하고 있다.

탈정치화된 정치와 현대 사회

　'탈정치화'라는 현상과 그 동력을 어떻게 이해할지는 복잡한 문제이므로, 중국 내부에 한정해서만 분석을 하기는 어렵다. 역사적으로 살펴보면 거의 모든 정치변동 이후에, 예를 들면 프랑스 대혁명 실패 이후나 1848년 유럽 혁명 실패 이후, 유럽과 아시아의 1960년대 이후, 그리고 1989년의 사회운동 이후에 모두 광범위하면서도 각각 상이한 형태의 '탈정치화 조류'가 있었다. 오늘날 중국의 담론적 배경 속에서 현대화, 시장화, 글로벌화, 발전, 성장, 전면적 소강小康, 그리고 민주 등의 개념은 모두 일종의 '탈정치화적' 또는 '반정치적' 정치 이데올로기의 관건이 되는 개념으로 볼 수 있다. 이런 개념의 유행으로 말미암아 사람들은 심화된 정치적 사고를 할 수 없게 되었다. '탈정치화'라고 말할 때의 '정치'는 국가의 활동이나 국제정치에서 영원히 없어질 수 없는 권력투쟁을 가리키는 것이 아니라, 특정한 정치적 가치와 이익관계에 기초한 정치조직, 정치 논쟁, 정치투쟁 그리고 사회운동을 가리킨다. 즉 정치 주체 사이의 상호 운동을 가리키는 것이다.

'탈정치화된 정치'라는 명제에 관해 토론하기 위해, 우선 '정치'라는 범주에 대해 잠정적으로 간략히 정의를 내리고 출발할 필요가 있다. 첫째, 정치는 객관적인 구조가 아니라 주관적이고 능동적인 영역이다. 또는 주관의 능동적인 작용하에서 만들어지는, 주객관主客觀이 통일되는 영역이다. 예컨대 계급은 일종의 '객관적' 존재지만, 이 객관적 존재가 필연적으로 계급정치의 존재를 의미하지는 않는다. 오직 계급이 자신의 정치적 주체성을 획득했을 때에만 정치적 계급으로서의 계급은 존재하게 되고, 계급정치도 비로소 촉발된다.* 마르크스는 프랑스 농민에 대해 서술할 때 일종의 역설의 방식으로 이렇게 말했다. 그에 따르면, 한편으로 소농은 인구가 많고, 다른 계급의 생활방식이나 이익이나 교육 수준과는 다르며, 심지어 적대적인 생활방식과 이익과 교육 수준을 가지고 있기 때문에, "그들은 하나의 계

* 「헤겔법철학 비판」 서문」에서 마르크스는 혁명을 '근본적 혁명, 즉 인간 전체의 해방'과 '부분적이고 단지 정치적인 혁명'으로 구분했다. 이른바 '부분적이고 단지 정치적인 혁명의 토대'는 '시민사회의 한 부분이 자신을 해방하고 전반적인 지배권을 얻는 것, 즉 어떤 특정 계급이 자신의 특정한 상황에서 출발하여 사회 전체를 해방할 책임을 맡는 것'이다. 반면 '근본적 혁명, 즉 인간 전체의 해방'의 가능성은 "철저하게 쇠사슬에 묶인 계급, 시민사회의 한 계급이지만 그 시민사회의 일원에 그치지 않는 계급, 그 존재 자체가 모든 신분의 해체를 의미하는 신분, 세상의 고통을 보편적으로 겪음으로써 스스로 보편적인 성격을 갖게 되며, 자신에게 가해진 어떤 특정한 부당함 때문이 아니라 세상에 영속적으로 존재하는 부당함 그 자체에 반대하기 때문에 특수한 권리를 요구하지 않는 계층, 역사적인 어떤 자격이 아니라 오로지 인간이라는 자격만을 내세울 수 있는 계층의 형성에 달렸다"(『마르크스 엥겔스 선집』 제1권, pp.11~12)고 보았다. 이 서술에 따르면, 마르크스가 말한 '단지 정치적인 혁명'은 부르주아 혁명이고, '근본적 혁명, 즉 인간 전체의 해방'이란 바로 프롤레타리아 혁명이다. 그리고 정치는 결국 계급정치일 수밖에 없다. 그러므로 일단 '인간 전체의 해방'이 실현된다면, 계급은 소멸하고 정치도 그에 따라 소멸된다. 이는 정치를 완전히 계급에 종속시키는 정치관이다.

급으로 형성된다." 다른 한편으로 "각 소농은 서로 지역적인 연계만 가지고 있을 뿐, 자신들의 이익의 동일성을 이유로 어떤 공동의 관계도 만들지 않고, 어떤 전국적인 연계도 만들지 않으며, 어떤 정치조직도 만들지 않으므로, 하나의 계급으로 형성되지 못한다. 따라서 그들은 의회든 국민공회國民公會든 어떤 것을 통해서도 자신의 명의로 자신의 계급적 이익을 보호하지 못한다. 그들은 자신을 대표하지 못하므로, 다른 사람으로 하여금 자신을 대표하게 해야 한다. (……) 결국 소농의 정치적 영향력은 행정 권력의 사회에 대한 지배로 표현될 수밖에 없다."• '소농의 정치적 영향력이 행정 권력의 사회에 대한 지배로 표현'되는 것이 사실이라면, 마르크스는 소농이 계급으로 전환될 때 사회에 대한 행정 권력의 지배도 막을 내리게 됨을 암시하고자 한 것이 아닐까?

둘째, 정치활동은 능동적 주체가 영도하는 행위이고, 따라서 정치와 영도권(리더십) 문제는 밀접한 관련이 있다. 베버의 말을 빌려 말하자면, "독자적으로 수행되는 모든 영도 행위가 그것에 포함된다. 사람들은 은행의 통화정책(정치), 중앙은행의 할인정책(정치), 노동조합의 파업정책(정치)이라는 표현을 쓰고, 대도시와 중소도시의 교육정책(정치)이라는 표현도 쓴다. 어떤 협회 운영자의 정책(정치)이라는 표현도 쓰고, 심지어 용의주도한 아내가 남편을 휘어잡기 위해 시도하는 정책(정치)이라는 표현도 쓴다. 물론 지금 우리의 생각이 이처럼

• 카를 마르크스, 「루이 보나파르트의 브뤼메르 18일」, 『마르크스 엥겔스 선집』 제1권, p.693.

추상적이고 광범위한 정책(정치) 개념에 기초한 것은 아니다. 우리는 정치를 단지 어떤 정치적 조직체—바로 오늘날의 국가—의 영도권 또는 그 영도권의 영향력이라는 의미로만 이해하고자 한다."• 마키아 벨리는 『군주론』에서 군주를 새로운 정치적 주체로 빚어냈지만, 군 주가 진정한 정치적 주체가 되기 위해서는 자신의 주체성과 대표성을 획득해야 했다. 그람시는 마키아벨리와 같은 방식의 사고를 통해, 정당을 자신의 가치관과 대표성을 가지고 있으며 이 시대의 정치 발 전에 조응하는 조직과 운동방식을 가지고 있는 '현대의 군주'—일종 의 정치조직으로서 정당은 현대 사회의 독특한 정치적 주체를 구성 한다—로 이해했다. 군주와 정당은 각자의 방식에 따라 자신의 '영 도 행위'를 전개한다. 그람시는 이렇게 말했다.

현대의 군주, 즉 신화적 군주는 실제로 존재하는 사람일 수 없고, 구 체적으로 어떤 개인을 가리키는 것일 수도 없다. 그것은 그저 사회 적으로 이미 인정을 받았고 어느 정도는 행동을 통해 자기 존재를 표현한 집단의지가 구체적인 형태를 취하기 시작했을 때 나타나는, 복잡한 요소가 결합된 사회적 유기체일 뿐이다. 역사는 이미 이런 유기체를 보여주었는데, 그것이 바로 정당이다. 그것은 보편적이면 서 모든 것을 포괄하는 집단의지가 되고자 하는 맹아가 그 속에 내 재된 일종의 기본적인 세포다. 현대 세계에서는 오직 매우 위급하고

• 막스 베버, 「직업으로서의 정치」, 『학술과 정치』, p.54.

절박해서 당장 결단을 내려야만 하는 역사적·정치적 행위라야 비로소 구체적 개인에게 신화적인 방식으로 체현된다. (……) 그러나 이런 응급의 임기응변적 행위는 그 성격을 놓고 볼 때 오래 지속되기 어렵고, 유기적일 수도 없다. (……) 새로운 국가를 세우거나 새로운 민족구조와 사회구조를 만드는 데는 이런 수단을 쓰는 것이 바람직하지 않다.*

정치행위, 특히 현대의 정치행위는 이런 점에서 개인적인 영웅호걸의 행위가 아니라 일종의 조직적인 행위다. 주관성 및 능동성에 대한 정치의 의존과 정치행위의 조직화라는 특징은 역사에서 항상 서로 일치하면서도 충돌하는 역동적인 구성을 보여주었다.

셋째, 모든 정치적 주체성은 정치 주체 사이의 관계(적-아군 관계나 대화하는 관계를 막론하고) 속에서 비로소 유지되고, 어떤 방식으로 이 관계를 해소하든, 이는 결국 정치적 주체성에 대한 부정으로 귀결된다. 앞에서 언급한 차원에서 보았을 때, 이른바 탈정치화는 다음과 같은 현상, 즉 정치활동의 전제와 기초를 구성하는 주체의 자유와 능동성에 대한 부정, 특정한 역사적 조건에서 정치적 주체의 가치와 조직구조와 영도권에 대한 해체, 특정 정치를 구성하는 게임 관계의 전면적인 해소 또는 이 게임 관계를 비정치적인 허구적 관계 속에 놓는 것 등을 가리킨다고 할 수 있다. 근본적인 차원에서 보면 탈정치화 역

---

* 안토니오 그람시, 「옥중수고」, 『그람시 문선 1916~1935』, pp.323~324.

시 정치의 특정한 형식이다. 그것은 정치적 관계를 해소하지도 않고 해소할 수도 없다. 오히려 비정치화라는 방식으로 특정한 지배의 방식을 표현하고 구성한다. 따라서 나는 이런 정치 형태를 '탈정치화된 정치'라고 표현한다.

여기서는 탈정치화된 정치에 대해 몇 가지 설익은 설명을 시도하고자 한다.

우선, 현대적 시장경제의 발전은 정치와 경제의 구분이라는 가설 위에 세워진 것이며, 이런 가설은 정치와 경제에 대한 봉건국가와 지주계급의 독점과 지배와 폭력적 점유를 벗어나려는 초기 부르주아 계급의 역사적 의지를 반영한다. 슘페터는 일찍이 '정치적 교환'이라는 개념으로 초기 부르주아 계급의 권력 구성을 설명했다. 즉 어떤 비부르주아 계급적 실체의 보호가 없다면 부르주아 계급은 정치에서 궁지에 몰리게 될 것이고, 국가를 영도할 능력이 없는 것은 물론이고 자기 계급의 특수한 이익조차 지키지 못하리라는 것이다. '정치적 교환'은 자본주의 시대에 정치와 경제라는 두 영역이 모종의 분리를 이루는 것을 전제로 한다. 만약 이런 분리가 없었다면 교환 역시 존재할 수 없다. 이런 각도에서 보면, 정치와 경제의 분리는 실제로 존재하는 현실이라기보다, 정치권력과 교환을 진행하는 과정에서 더욱 큰 권력의 몫을 얻어내려는 자본의 욕망의 산물이라고 할 수 있다. '장기 19세기'[13]에 정치와 경제의 상호 분리를 바라던 초기 부르

---

13 The long 19th century. 에릭 홉스봄이 창안한 개념. 대략 1789년부터 1914년까지를 가리킨

주아 계급은, 점차 국가와 초국가체제가 시장경제 모델 그 자체로 형성되기를 바라는 쪽으로 바뀌었다. 부르주아 계급의 정치권력과 경제권력이 한곳에 집중됨에 따라, 정치적인 조치도 시장경제의 법칙 자체를 따르는 쪽으로 바뀐 것이다. 즉 정치적 영역이 마치 경제활동의 외부에 존재하는 영역인 것처럼 보이지만, 사실상 경제활동에 종속되어버렸다. 현대 자본주의는 정치와 경제의 분리를 중심으로 해서, 일종의 자기순환적인 시장경제와 탈정치화된 질서를 창조하고자 한다. 이런 시도는 중상주의 시기에 국가와 귀족과 군주의 독점에 대해 중소기업주 계급이 저항하는 과정에서 역사적 합리성을 얻었지만, 금융자본의 시대에 이런 시도는 금융자본을 정점으로 하는 대자본(및 그 대리인)이 경제와 정치와 사회를 좌지우지하려는 요구로 이미 변했다. 이런 독점적 관계는 신고전주의 경제학의 '자연발생적 질서' spontaneous order와 관련된 시장 개념으로 정당화되고, 또한 '탈정치화의 정치 이데올로기'를 통해서도 정당화된다.

둘째, 정치적 각도에서 볼 때, 부르주아 계급이 프롤레타리아 계급 및 기타 사회계층과 연합하여 정치혁명을 일으켜 왕과 귀족의 권력을 전복하고 나면, 부르주아 혁명 시대의 다양한 정치를 절차적 형식에 불과한 탈정치화된 국가정치로 점차 대체하게 되는데, 이는 사

다. '장기 19세기'의 출발점은 유럽에서 왕정이 쇠퇴하고 공화정이 보편화되는 계기인 프랑스 대혁명이고, 종착점은 유럽을 휩쓸던 자유주의 물결의 퇴조를 알리는 제1차 세계대전이다. 홉스봄은 1789~1848년을 중심으로 하는 『혁명의 시대』, 1848~1875년을 중심으로 하는 『자본의 시대』, 1875~1914년을 중심으로 하는 『제국의 시대』 3부작을 통해 '장기 19세기'를 다루었다.

실상 정치적 교환관계를 통해 지배집단 내에서 자본주의적 요소와 비자본주의적 요소가 결속하는 것이다. 이로 말미암아 정치적 논쟁은 권력다툼으로 변질되는데, 그 핵심고리는 중성적 국가라는 개념과 그것을 위한 현실적 메커니즘의 탄생이다. 이런 결속은 자본주의적 방식으로 진행된다. 즉 결속의 과정이나 정치적 교환은 그 자체가 탈정치화 방식으로 진행된다. (예컨대 사회와 국가에 대한 신흥계급의 착취는 입헌 과정을 통해 합법화된다.) 이 과정은 민주주의가 점차 정치적 민주주의에서 절차적 민주주의로 발전하는 과정이고, 국가가 점차 정치의 영역에서 상설적인 권력의 구조로 전환되는 과정이며, 정당정치가 점차 정치적 대표성 사이의 정치 게임에서 안정적인 권력구조하의 권력분배 메커니즘으로 변신하는 과정이다. 이론적으로 볼 때, 이런 국가 형태가 출현함으로써 고전적 이론가들은 정치적 계급투쟁을 목표로 하는 국가정권과 국가기구를 구분하기 시작했다. 즉 한편으로는 일정한 영토 내에서 폭력을 독점적으로 사용할 권한을 갖는 기구로서 국가의 억압적 성격을 인정하면서, 다른 한편으로는 국가정권과 국가기구를 구분하여 정치적 계급투쟁이라는 목표를 국가정권의 문제로만 한정시켰다. 이로부터 그들은 정권을 탈취하는 정치적 계급투쟁을 정치적 문제의 핵심으로 여겼다. "따라서 우리에게 '정치'란 권력을 나누어갖거나 또는 권력 분배에 영향을 미치려는 노력을 의미한다. 이는 국가 사이에 발생하기도 하고, 한 국가 내부의 조직 사이에 발생하기도 한다."* 그러나 정치적 계급투쟁이 쇠퇴하고 형식적 민주주의가 국가 모델을 대표하는 것으로 되면서, 국가정권과 국가

기구의 구분은 갈수록 모호하게 변했다. 이런 새로운 국가 형태는 선명한 구조적·기능적 특징을 가지고 있다. 그것은 심지어 각종 사회운동과 저항운동까지도 국가 교향곡의 여러 변주로 만들어서 그 기구의 일상적 과정 속으로 흡수해버린다.

　루이 알튀세르Louis Althusser가 말했듯이, 고전적 마르크스주의 이론가들이 정치적 실천 과정에서 목도한 국가는 국가에 대한 '마르크스주의 국가 이론'의 정의보다 훨씬 더 복잡한 현실이었다. 알튀세르가 보기에, 마르크스주의의 국가에 대한 정의에는 '국가의 이데올로기적 기구'―억압적 기구로서의 국가와는 구별되는 종교제도, 교육제도, 가족제도, 법률제도, 노동조합제도, 당파체제, 보급제도 및 문화영역 등과 같은 것―에 대한 현실적 묘사가 거의 없다. 알튀세르는 이렇게 결론을 내린다.

　　국가기구는 오직 하나다. 그러나 국가의 이데올로기적 기구는 매우 다양하다. (……)
　　국가의 통일된 억압기구는 완전히 공적 영역에 속한다. 그런데 이와 반대로 국가의 이데올로기적 기구(그것들은 모두 분산되어 있다)의 대부분은 사적 영역의 구성 부분이다. (……)
　　공과 사의 경계 구분은 부르주아 계급 법률의 범위 내에서만 유효하다. 그런데 국가는 '법률의 위에 있다'. (……)

● 막스 베버, 「직업으로서의 정치」, 『학술과 정치』, p.55.

국가는 지배계급의 국가로서, 공적이지도 않고 사적이지도 않다. 국가는 공적인 것과 사적인 것 사이의 모든 구분의 전제가 된다.*

전前 자본주의 국가와 자본주의 국가를 비교하면, 전자에는 '지배적 지위를 차지하고 있는, 국가의 이데올로기적 기구인 교회가 존재'하고, 후자는 사회에 편재해 있는 교육(학교, 가정)-훈육 메커니즘을 자신의 이데올로기적 기구로 삼는다. 전자는 주로 공적인 영역에서 작동하지만, 후자는 사적인 영역에서 움직인다. (사회주의 시기 중국에는 중앙선전부, 문화부, 교육부를 중심으로 하는 국가의 이데올로기적 기구 체계가 있었다. 그것들은 국가의 이데올로기적 기구와 국가의 억압기구로서 성격을 동시에 지니고 있었지만, 국가의 이데올로기적 기구로서의 성격이 우선이었다. 그런데 오늘날 중국에서는 이데올로기적 기구가 이데올로기적 역할을 열심히 수행하기는 하지만, 이데올로기적 훈육의 효과를 제대로 거두지는 못하고 있다. 이미 상당 부분 이데올로기적 기구에서 완전한 억압기구로 변해버렸기 때문이다. 여러 매체나 기타 이데올로기 영역에 대한 통제는 더 이상 '이데올로기적'이지 않고, '안정을 유지한다'는 '탈이데올로기적' 규범만이 강조될 뿐이다. 물론 이런 변화는 과도적 현상이다. 국가의 이데올로기적 기구는

• 「이데올로기와 국가의 이데올로기적 기구(연구 노트)」意識形態和國家的意識形態機器(研究筆記), 천웨陳越 편, 『철학과 정치: 알튀세르 독본』哲學與政治: 阿爾都塞讀本, 吉林人民出版社, 2003, p.336. 원래 번역은 '이데올로기와 이데올로기적 국가기구'意識形態和意識形態國家機器지만, 위즈중于治中의 의견에 따르면 여기서 '이데올로기적 국가기구'라는 번역은 타당하지 않기 때문에 '국가의 이데올로기적 기구'로 고쳐야 하고, '억압적 국가기구'는 '국가의 억압기구'로 고쳐야 한다. 따라서 그렇게 번역을 고쳤다. 인용문에서도 모두 '국가의 이데올로기적 기구'와 '국가의 억압기구'로 고쳤다.(번역을 하면서도 저자가 채택한 용어를 그대로 따랐다.─옮긴이)

자신의 책략을 조정하는 중이다. 그것은 사회주의 이데올로기와 대립되는 소비주의와 시장주의와 전통주의 등의 이데올로기를 열심히 자신의 범주로 받아들여, 새로운 지배 이데올로기를 형성하고 있다.) 국가기구가 사회생활의 일상적 메커니즘 속으로 파고들어감에 따라, 국가의 존재 형태는 그 자체로 모종의 '탈정치화된 정치 형태'를 띠게 되었다.

알튀세르의 분석은 두 가지 전제, 즉 국가와 정권의 구분 및 국가의 억압기구와 국가의 이데올로기적 기구 사이의 구분 위에 세워진 것이다. 이 두 가지 구분에 따르면, 정치투쟁은 정치적 영도권(리더십)을 빼앗으려는 계급투쟁이고, 이 투쟁의 승리를 쟁취하려면 국가의 이데올로기적 기구의 범위 내에서 정치적 계급투쟁을 전개해야 한다. 여기서 정치는 국가에 내재한 '장'field이다. 1960년대 정치의 각도에서 볼 때 알튀세르의 이런 이론의 한계는, 국가의 이데올로기적 기구라는 개념으로 교회, 교육, 정당 등을 전부 국가기구의 범주에 귀속시켜 정치와 국가의 구분을 없애버렸다는 것이다. 1960년대의 정치는 당-국을 초월해서 새로운 정치영역을 형성하려는 시도를 보여주었는데, 서구의 1960년대 사회운동의 이론적 자원으로서 알튀세르의 이론은 이런 정치적 실천을 온전하게 해석하지 못한다. 학교와 교회 등을 모두 '국가(의 이데올로기적) 기구'의 범주 속에 귀속시킴으로써, 알튀세르는 이론적으로 문화영역과 국가영역 사이의 기본적인 구분을 없앴다. 이로써 모호하게 보편화된 국가정치라는 개념이 만들어졌고, 교육영역, 종교영역 및 기타 문화영역의 정치가 모두 국가의 범주 속으로 귀속되어, 문화정치의 공간이 협소해졌다. 그러나 비록 이런 한계가 있지만, 알튀세르의 이론은 앞에서 언급한 영역에 대한 국가정치의 지속적인 개입과 재편을 해석하는 데, 즉 현대 사회의 '탈정치화된 정치'의 구성을 해석하는 데는 여전히 큰 의미가 있다.

알튀세르가 이데올로기와 국가의 이데올로기적 기구 차원에서 지배의 정당성의 탈정치화 형태를 분석한 것과 달리, 카를 슈미트Carl Schmitt의 탈정치화 개념은 16세기 이래 유럽 역사에서 '중성화' neutralization를 추구해온 지속적인 과정과 밀접한 연관이 있다. 이 과정의 최종 결과는 경제와 정치가 중성화의 사회적 형태로서 생산되고 공고해지는 것이다. 1929년에 발표한 「중성화와 탈정치화의 시대」라는 글에서 카를 슈미트는 인류역사 발전에 대한 비코Giovanni Battista Vico와 콩트Auguste Comte의 3단계론식의 개괄―신학의 단계에서 형이상학의 단계로 발전하고, 형이상학의 단계에서 과학의 단계 또는 실증주의의 단계로 발전―을 16세기 이래 400년 동안의 발전과정과 직접적으로 연결했다. 이는 곧 세속화 과정이고, 또한 지속적인 중성화, 즉 탈가치화 과정이었다. 즉 16세기의 신학에서 17세기의 형이상학으로 넘어가고, 17세기의 형이상학에서 18세기의 인도주의-도덕으로 넘어가며, 18세기의 인도주의-도덕에서 19세기의 경제로 넘어갔다는 것이다. 이 가운데 17세기에 기독교 신학에서 자연과학으로 넘어간 것이 가장 관건이 되는 변화다. 신학적 논쟁으로는 해결할 수 없었던 가치의 차이라는 곤경을, 대화와 의견 교환을 통해 기본적인 합의를 모색하는 중성화의 영역으로 전환시켜 해결할 수 있게 되었기 때문이다. 19세기와 20세기에 이 중성화 과정에서 두드러진 현상은, 기술과 기술에 대한 숭배가 갈수록 지배적인 지위를 차지하게 되었다는 점이다. 기술이라는 것이 본래 어떤 사람이나 어떤 세력을 위해서든 쓰일 수 있는 것이므로, 기술이 지배하는 사회의 정치 역시 점차 중성화되고 탈정치화될 수밖에 없다. 종교-신학이 중심영역에서 밀려남에 따라, 국가 문제의 핵심은 문화의 단계에서 경제의 단계로 옮겨졌다. 결국 이 중심영역에서 이 시대의 중성화 추세가 정치권력, 즉 국가를 장악하게 된 것이다. "국가는 결국 자신의 현실성과 권력을 이 특정한 중심영역에서 획득한다. 적과 아군을 결정하는 논쟁이 이 중심영역에 달렸기 때문이다."* 카를 슈미트는 이렇게 말한다.

여기서 실질은 동질화된 경제적 국가와 경제적 사유가 서로 조응한다는 것이다. 이렇게 국가는 현대, 즉 자신의 시대와 문화적 상황을 이해하는 국가를 염원한다. 국가는 총체적인 역사 발전을 이해한다고 천명해야 한다. 그것이 그 지배권의 토대다. 경제의 시대에 경제적 관계를 이해하고 이끈다고 천명하지 않는 국가는 자신이 정치적 문제와 정치적 결정에서 중립적임을 공언하고 또 이에 따라 지배를

---

* 슈미트는 이렇게 강조했다. "인류의 삶은 단계마다 그 단계 특유의 요소를 포함하지만, 각각의 시대에는 그 나름의 '중심영역'이 있고, 인류의 삶에서 생겨난 모든 개념은 이 중심영역과 관련을 맺는 과정에서 비로소 구체적인 의미를 얻게 된다. 예를 들어 20세기에는 신, 자유, 진보, 인간 본성, 공공영역, 합리성, 합리화 및 자연, 문화 등의 개념이 모두 '기술영역'과의 관련 속에서만 의미를 갖는다. 이 중심영역을 떠나서는 이런 범주의 내용을 파악할 길이 없다." Carl Schmitt, "The Age of Neutralizations and Depoliticizations"(1929), *Telos*, Summer 1993, Issue 96, p.130 참조.

철회한다고 공언해야 한다. 19세기 유럽의 자유국가가 자신의 이미지를 중립적 국가로 빚어내고, 본질적 차원에서 자신의 정당성이 중립성에 있다고 간주한 것은 주목할 필요가 있다.•

　카를 슈미트는 앞에서 언급한 현상을 총체적인 문화적 중립성의 병적인 징후라고 보았다. 19세기 중립적 국가의 원칙은 이 시대 지식의 총체적인 중립화 추세에 따른 것이기 때문이다. 그런데 국가와 기타 문화영역의 중립화는 기술시대의 산물이지만, 기술이 중립의 토대를 제공하는 것은 결코 아니다. 모든 정치는 기술을 이용하려고 하므로, 이른바 기술시대라는 이 명명법은 그저 임시적인 것에 불과하다. 카를 슈미트의 통찰력은 오직 유럽 역사의 내부에만 국한되는 것이다. 또한 그의 '장기적'longue durée 고찰방법은 19~20세기 내부의 정치화와 탈정치화에 관한 역사적 해석을 제공하지도 못한다.••

　셋째, 근본적인 차원에서 보면 자본주의 역사에 등장한 비판적 사상과 문화는 정치문화가 성숙해가는 역사적 과정에서 생겨났다. 19세기의 사회주의운동, 정당정치, 상이한 정치세력의 분화와 20세기의 민족해방운동, 학생운동, 지식인운동, 노동운동과 혁명운동 등

•　위의 글.
••　사실 카를 슈미트는 '중성화'와 '탈정치화'를 현대성의 내재적 특징으로 보았고, 기술의 지배가 거기서 핵심적인 고리를 구성한다고 여겼다. 그는 소련을 적대시했기 때문에, 소련을 '중성화' 국가의 최고 형태로 간주했다. 그러나 사회주의혁명이 어떻게 20세기에 '정치화'의 조건을 창출할 수 있었는지, 즉 이 중성화국가의 최고 형태에 내부로부터 충격을 가하는 정치운동을 창출할 수 있었는지에 대해서는 설명하지 못했다.

은 모두 '정치화 과정'이라고 요약할 수 있다. 그것들이 주력한 기본적 목표는 자본주의가 헤게모니를 갖는 '자연상태'를 깨뜨리는 것이었다. 그런데 자본주의적 생산의 자연상태란 무엇인가? 1970년대 말 이후 주류의 지위를 차지한 신고전주의 경제학은 정치와 경제의 분리라는 원칙을 바탕으로, 비자본주의적 경제 시스템과 노동분업 모델을 '정치적 간섭'의 산물이라고 폄하하고, 시장경제가 정치와 문화 및 기타 사회영역으로 무한히 확장하는 것을 '탈정치화', '자연적', '자연발생적'이라고 설명했다. 여기서 고전적 정치경제학의 생산에 관한 기본적인 논점을 다시 거론할 필요가 있다. 모든 생산활동은 생산조건의 재생산을 전제로 해야 하며, 그렇지 않으면 1년도 유지되기 어렵다. 알튀세르는 생산조건의 재생산이라는 문제에 대해 토론하면서 이렇게 말했다.

> 지금 우리는 (『자본론』 2권이 출간된 이래로) 매우 익숙해졌지만 그러면서도 특이하게 잘 알려지지 않은 영역으로 들어서고 있다. 생산을 고립적으로 보는 관점 또는 순수한 생산적 행위(그 자체도 생산과정에 비하면 추상적이다)로만 보는 관점은 너무도 자명한 것으로서 지금껏 우리의 일상적 '의식' 속에 자리 잡고 있다. (이는 경험주의적 유형에 속하는 이데올로기적 자명성이다.) 따라서 새로이 재생산이라는 관점을 갖는 것은, 비록 불가능하지는 않겠지만 사실 매우 어려운 일이다. 그러나 이 재생산이라는 관점 밖의 모든 것은 추상적이다. 생산이라는 차원도 그렇고, 순수한 (생산적) 행위라는 차원은 더욱 그렇다.*

재생산과정의 각도에서 볼 때 탈정치화는 생산조건(생산수단의 재생산과 생산력의 재생산)의 생산을 생산과정에서 배제하고, 그럼으로써 추상적인 생산과정을 구축한다. 예를 들면 연해 지역의 재생산과정을 유지하기 위해서는 염가의 노동력시장을 만들어내야 한다. 염가의 노동력시장을 구축하기 위해서는 도농관계를 변화시켜서(농촌의 사회적 관계와 생산조건의 파괴를 포함하여) 농민공들이 대거 연해 도시로 밀려오게 해야 한다. 그리고 농민공들이 새로운 생산조건에 적응하게 하려면, 새로운 기술을 배우게 해야 할 뿐 아니라, 그들을 현행 생산질서의 규율을 준수하는 자유로운 노동력으로 변모하게 해야 한다.

그런데 주류 매체와 경제학자들은 농민공 문제를 어떤 맥락에서 논의하고 있는가? 첫째, 연해 지역의 생산과정에 관한 논의를 노동력의 자유로운 이동이나 가격의 문제로만 국한해 진행하고, 농민공을 새로운 재생산조건에 적응하는 과정에서 발생한 전반적인 사회적 관계 변화의 산물로 이해하지 않는다. 그저 재생산의 자연적인 요소로만 간주할 뿐이다. 이런 논의 방식은 재생산과정과 관련된 '탈정치화' 이데올로기의 특징이 전형적으로 반영된 것이다.

둘째, 공민(시민) 권리의 평등이라는 측면에서 농민공의 지위를 논의하는데, 이런 측면에서의 평등은 두 가지 방향으로 생각할 수 있다. 한편으로 그것은 전통적인 도농 사이의 신분 격차를 깨뜨리는 데

● 루이 알튀세르, 「이데올로기와 국가의 이데올로기적 기구(연구 노트)」, 『철학과 정치: 알튀세르 독본』, p.321.

도움이 된다. 다른 한편으로 그것은 이런 해방을 통해 농민을 재생산 조건에 부합하는 노동력의 '주체'로 소환하고자 한다. 노동력이 주체로 구성되는 것은, 그들이 주어진 조건 속에서 (즉 재생산조건 속에서) 자원하여 스스로 염가의 노동력이 되기를 선택하기 때문이다. 여기서 말하는 주체란 개인의 주체성과는 아무 관계가 없다. 그것은 일종의 새로운 지배-복종관계의 산물일 뿐이다.

생산과정의 추상화(그 재생산조건을 은폐하는)의 결과는 개발주의 이데올로기의 지배적 지위 확립이다. 20세기의 역사를 놓고 볼 때, 탈정치화 과정은 냉전시대의 양대 사회체제에 내재한다. 본래 사회주의운동과 민족해방운동은 단순한 정치운동이 아니고, 혁명과 독립건국운동을 통해 경제적 관계와 사회형태를 재구성하려는 시도였다. 서구의 정당정치가 갈수록 경제를 관리하는 방식의 하나로 전락하는 상황에서, 그것은 자본주의 시장경제의 소유권 관계와 식민주의에 따른 세계 노동분업의 기본적 틀을 여러 측면에서 바꿔보려 했다. 그러나 개발주의 이데올로기가 지배적인 위치를 차지한 시대에, 20세기 정치의 핵심―사회운동, 학생운동, 정당정치, 노동운동, 농민운동 및 국가를 통해 경제를 조직하는 방식―은 모두 시장화, 국가화, 글로벌화의 방향으로 발전했다. 이런 조류 속에서, 자본주의 위기 상황에서의 국가의 간섭과 사회 동요와 혁명운동은 모두 자연스러운 시장의 경로에 대한 파괴로 해석되었다. 그런 의미에서 신고전주의 경제학에서 말하는 '자연발생적 질서'로서의 시장 개념은 관계를 독점하는 탈정치화에 대한 은폐일 뿐 아니라, 공격적이고 적극적이며 명확하게 부정적인 목표를 지향하는 '탈정치화의 정치 이데올로기'다. 따라서 정치화의 핵심은 이 자연상태를 깨뜨리는 데 있다. 즉 이론과 실천의 각 방면에서 '탈자연화'로 '탈정치화'에 대항하는 것이다.

탈정치화 과정은 '정치적 거래'의 과정이다. 전통적 정치 엘리트는 스스로 특정 이익집단의 대표로 변신하고 있지만, 여전히 정치권력을 장악하고 있다. 그리하여 특정 이익집단과 다국적 자본은 거래라는 형식을 통해 권력기구의 지지를 획득해야 하는 상황이 되었다. 시장화 개혁은 국가가 이끄는 과정이기 때문에, 현대화와 개혁이라는 명분 아래 국가권력기구(국-당체제하에서는 불가피하게 정당기구까지 포괄하는)의 여러 부분들이 전면적으로 경제의 범주 속으로 말려 들어가고 있다. 따라서 이 '정치적 거래'는 '탈정치화된 권력 거래'로 바뀌고 있는데, 불평등한 '재산권 개혁'과 이와 연결된 대규모의 이익 재구성이 그런 거래의 주요 형태가 되고 있다. (부패는 이 제도적 전환 과정의 필연적인 산물이고, 더욱 큰 불평등과 정의롭지 못한 재산 전환 과정이 여론에 회자되는 것을 가려주는 바람막이다. 재산권의 확정과 법제화 등을 명분으로 진행되는 반부패 활동은 특정한 각도에서 이 정치적 거래 과정을 정당화해준다. 즉 법이라는 명목으로 재산권의 전환 과정을 탈정치화하는 것이다.)

이런 새로운 발전은 다음과 같은 전제 아래 이루어졌다. 첫째, 시장화와 사유화 과정 중에 권력 엘리트와 부르주아 계급 사이의 경계는 점차 모호해지고, 정당은 계급적인 조직에서 탈계급화된 조직으로 바뀌어간다. 둘째, 글로벌화라는 조건하에서 민족국가가 경제를 관리하는 일부 권력과 초국가적 시장체제(WTO 등)를 연계하여, 글로벌적인 차원에서 탈정치화를 정당화하는 질서가 확립되고 있다. 셋째, 시장과 국가가 점차 상대적으로 중성화된 영역이 됨으로써, 발전문제에 관한 공공영역에서 입장 차이가 단순히 시장의 조절과 국가의 조절 사이의 비율에 관한 기술적 차이로 변해버렸고, 따라서 좌와 우를 가르는 정치적 표지들이 의미를 잃게 되었다. 이런 발전은 1970년대 말에 시작되어 1980년대에 흥성하고 1990년대에 거세게 일어난 신자유주의의 글로벌화에 역사적 토대를 제공했다. 나는 이 시대의 세계적 탈정치화 과정이 이런 역사적 전환 중에 만들어진 정치현상이라고 본다. 새롭고 정치적인 것들을 탈정치화된 이미지 속에 배치함으로써, 새로운 사회적 불평등은 '자연스러운' 것처럼 되었다. 그런 점에서, 이 불평등한 사회적 배분을 겨냥한 비판은 반드시 '재정치화'의 조건을 형성하는 것을 전제로 해야 한다. 즉 '탈정치화' 또는 '자연화'의 이미지를 깨뜨리는 것을 전제로 해야 한다.

패권(헤게모니)의 삼중 구성과 탈정치화의 정치 이데올로기

　　새로운 역사적 조건하에서 어떻게 탈정치화의 논리를 깨뜨릴 것인지는 이 시대의 비판적 지식인 모두가 관심을 갖는 과제다. 1960년대의 정치문화를 회고해보면, 지식인들은 그 시대에 정치문화를 구성했던 핵심적인 개념—진보와 보수, 좌와 우 등과 같은—이 이제는 대부분 효력을 상실했거나 아니면 모호한 상태에 처한 것을 발견하게 된다. 이로 말미암아 현재 세계의 수많은 저항운동은 무력하게 변했거나 또는 새로운 패권의 동조자로 전락했다. 따라서 '탈정치화된 정치'의 논리를 깨뜨리려면, 이 시대 패권(헤게모니)의 새로운 구성 방식을 분석할 필요가 있다. 내 분석에 따르면, 패권(헤게모니)은 적어도 삼중으로 구성되며, 그것들 사이에는 복잡한 역사적 연관이 있다.

　　우선, 그람시의 헤게모니 개념이나 알튀세르의 국가의 이데올로기적 기구 개념이 보여주듯이, 헤게모니와 주권국가의 폭력적 지배와 국가의 이데올로기적 기구의 효과적인 작동은 서로 연관이 있다. 헤게모니는 서구 마르크스주의 전통에서 부르주아 계급 국가의 정당성을 비판하면서 만들어낸 이론적 개념이고, 동시에 정치적 계급투쟁 중에 만들어진, 영도권(리더십) 문제와 관련된 정치적 개념이다. 이 개념은 주로 민족국가 내에서 계급 간의 정치투쟁에 사용된다. 그람시는 이 헤게모니를 두 가지 작동 방식, 즉 '지배권과 지적·도덕적 영도권'으로 설명했다. 지배권은 강제의 영역인 반면, 헤게모니는 지배집단이 격렬한 충돌을 유발하는 문제를 '공동'의 차원에 놓음으로써 획득하는 초과적인 권력을 가리킨다. 그람시 「옥중수고」의 설명에 따르면, 국가는 특정 집단의 기구이고, 그 특정 집단이 최대한 확장될 수 있도록 유리한 조건을 만들어낸다. 이 특정 집단의 발전과 확장은 옳은 것으로 간주되고, '국가' 전체 에너지의 공통적인 확장과 발전의 원동력으로 표현된다. 알튀세르는 마르크스의 『독일 이데올로기』 중의 이데올로기 개념을 다시 연구함으로써, 이데올로기와 국가의 이데올로기적 기구의 문제를 제기했고, 그람시가 다룬 헤게모니 문제를 이론적으로 심화시켰다. 헤게모니 개념에 대한 서구 좌파의 전통적 분석은, 자본주의의 정당성이 어떻게 구성되는지와 그것의 위기, 특히 부르주아 계급 국가의 '탈정치화된 절차적 정치'의 실질과 그에 수반되는 민주주의의 위기를 보여준다.

둘째, 패권이라는 개념은 처음부터 국가 간의 관계와 밀접한 연관이 있다. 그러므로 내 분석 방법의 목적은, 수많은 서구 학자들처럼 그람시식의 헤게모니 개념을 국제 패권에 대한 중국 정치의 비판과 구별하여 양자를 별개의 두 가지 개념으로 나누는 것이 아니라, 양자 사이에 본래 존재해야 하는 이론적이고 역사적인 연계를 재건하는 것이다. 마오쩌둥의 패권 개념은 시종일관 글로벌적 관계의 범주 내에서 운용되었다. 미국과 소련을 '패권' 국가로 간주하는 그의 시각은 '세 개의 세계' 사이의 위계적 관계를 바탕으로 한다. 그 정치적 함의는 제3세계를 주체로 하고, 제2세계를 연합과 분화의 대상으로 삼으며, 나아가 양극의 패권에 대항하여 새로운 국제관계를 형성하는 것에 그치지 않는다. 그것은 이론적 연구와 정치적 논쟁 및 도덕적 감화의 방식으로 미국과 소련 체제의 이데올로기적 권위를 깨뜨리는 것까지 포괄한다. 따라서 '반反패권'의 실천에는 문화적 영도권의 탈취라는 함의가 포함된다. 중국의 고대 경전인 『춘추』春秋와 『좌전』左傳은 '백권'伯權과 '패권'覇權이라는 개념으로 제齊, 진晋, 초楚, 진秦 등 제후국의 폭력을 통한 지배와 예의의 지배라는 이중적 능력을 설명하고 있다. 중국어권 세계의 패권 개념은 주로 정치적·경제적·군사적 지배와 통제를 가리키지만, 어떤 점에서는 이데올로기적 문제, 즉 지배의 정당성 문제를 포괄하기도 한다. 춘추전국시대에 패권의 확립은 비록 왕권의 예의禮儀가 위기에 직면한 데 따른 산물이지만, 한편으로는 이 위기 국면 그 자체가 패권에 정당성을 부여하는 조건이었다. 즉 패권이 만들어지는 것은, 기타 제후국이 영도권을 인정했기 때문에 가능한 일이었다. 이 점에 관해서, 중국의 역대 학자들은 『춘추』에 관한 해석에서 이미 분명하게 밝혔다. 따라서 중국어권 세계에서 주로 언급하는 제후국 관계의 패권 개념과 그람시의 헤게모니 개념이 완전히 무관한 것이라고 보기는 어렵다.

서구의 정치 전통에서 정당한 지배권으로서의 헤게모니 개념은 국제정치에서의 패권과도 완전히 무관한 것이 아니다. 『장기 20세기』에서 조반니 아리기는 그람시의 헤게모니 개념을 마키아벨리의 권력 개념과 연관시켰고, 이 개념을 계급 간 관계로부터 끄집어내서 국제정치의 관계 속으로 가져왔다. 이는 상이한 두 가지 유형의 헤게모니 개념의 내재적 연계를 재구성할 수 있게 하는 또 다른 경로가 되었다. 마키아벨리에게 권력은 허락과 강제의 결합체다. 강제는 무력 사용 또는 무력을 통한 효과적인 위협을 의미하고, 허락은 도덕적 영도권을 가리킨다.

> 헤게모니라는 개념은 '영도권'leadership이라는 어원적 의미나 '지배권'dominance이라는 파생적 의미를 감안하면, 통상적으로 국가 간 관계를 가리킨다고 할 수 있다. 따라서 그람시는 국가 간 관계에 대한 유비類比를 통해 사회집단 사이의 관계를 더욱 명확히 설명하기 위해 이 개념을 비유적으로 사용했을 가능성이 농후하다. 그람시의 사회적 헤게모니라는 개념을 국가 내부 관계에서 국가 간 관계로 옮겨놓고 본다면, (……) 우리는 그람시의 사고의 전개 과정을 간단하게 거꾸로 추적해서 올라갈 수 있다.•

어떤 지배적인 국가가 패권적 역할을 발휘하여 주권국가 체제를 원

• 조반니 아리기, 『장기 20세기: 화폐, 권력, 그리고 우리 시대의 기원』漫長的20世紀: 金錢·權力與我們社會的根源, 南京: 江蘇人民出版社, 2001, p.34.

하는 방향으로 이끌어가려 하면, 그것은 보편적인(공동의) 이익을 추구하는 것처럼 보인다. 지배적인 국가가 헤게모니를 갖게 되는 것은 바로 이런 영도권 덕분이다.*

미국의 세계 지배와 글로벌화 추세가 겹쳐지면서, 미국은 스스로 글로벌 패권의 지위를 확립했다. 일종의 탈정치화된 모범(글로벌화, 현대화, 시장화, 발전, 민주주의 등의 모범)이 됨으로써 미국은 글로벌 범위에서 사상적·도덕적 영도권을 형성했다. 이것이 서구 정치학자들이 말하는 이른바 소프트파워다. 미국의 헤게모니는 폭력 독점, 경제 독점, 이데올로기적 영도권과 국제관계 모델의 변화 등 다중의 조건 속에서 확립되었다. 그러나 '9·11' 이후 침략전쟁에서 미국이 보여준 무력 남용과 일방주의는 그 영도권의 위기를 초래했다. 세계의 각 세력이 반전과 '탈미국화'를 계기로 서로 연합하도록 자극한 것이다.** 그런 점에서 탈정치화 과정은 일국 내와 국가 간에 모두 존재하고, 탈정치화의 정치 형세를 깨뜨릴 가능성 역시 이 두 측면에 모두 존재한다고 할 수 있다.

셋째, 헤게모니는 한 국가 또는 국제관계하고만 관련 있는 것이

---

* 위의 책.
** 국제관계에서 공동의 이익을 정의하는 것은 국내관계에서보다 훨씬 어렵다. 국제관계의 기본 양상이 여전히 국가 간의 권력 경쟁이라면, 세계적 차원의 헤게모니는 성립되기 어렵다. 따라서 아리기는 이렇게 단언한다. "국가 간에 권력을 추구하는 것이 국가 행위의 유일한 목표가 아니어야, 세계적 차원의 헤게모니가 비로소 출현할 수 있다."(위의 책, p.35.) 그런 점에서 보면, 미국의 세계적 헤게모니는 전통적인 형태의 국가 헤게모니에 그치지 않는, 진정한 글로벌 헤게모니다.

아니고, 초국가적 또는 다국적 자본주의와도 밀접한 연관이 있다. 자본주의의 글로벌화라는 조건 속에서, 헤게모니를 단일 국가의 영역 또는 국제관계 영역에서만 규정할 것이 아니라, 단일 국가나 국제관계의 영역 속에 있으면서 동시에 그것을 초월하는 시장관계 속에서도 규정해야 한다. 현대의 시장관계는 우리의 일상생활 세계에 내재하지만, 민족국가라는 틀과 권력으로는 그 경계를 규정할 수 없는 역량을 갖고 있다. 고전적 정치경제학자는 재생산과정이 '무궁무진한 사슬'이자 글로벌적인 과정임을 강조하는데, 이 점은 어느 때보다도 오늘날 더욱 분명해지고 있다. 금융자본을 주요 형태로 하는 시장주의가 일종의 헤게모니가 되는 이 시대에, 대다수 사람들은 현실 속 시장의 확장과 정치적 지배를 모든 사람에게 유리한 역사적 진보의 과정으로 간주하고 있으며, 시장의 확장과 지배의 정치적 함의를 분석할 능력을 완전히 상실했다. 글로벌화된 이데올로기적 헤게모니의 표준적인 교과서로 볼 수 있는 신고전주의 경제학은 각종 초국적 메커니즘의 규칙과 작동법칙에 스며들고 있다. 이전의 '관세와 무역에 관한 일반 협정'GATT이나 지금의 세계무역기구WTO 및 시장 일체화를 위한 조정기구의 형식으로 설립된 여러 다국적 조직 등은 모두 글로벌화된 이데올로기적 기구로 볼 수 있다. 물론 그것들이 단순한 이데올로기적 기구인 것은 아니다. 그것들은 경제적 지배와 도덕적 지배라는 이중 권력을 가지고 있다. 시장주의 이데올로기적 기구의 더욱 직접적인 대변자는 매스컴, 광고, 대형 마트 및 각양각색의 상업적 메커니즘이다. 이런 메커니즘은 단지 상업적이기만 한 것이 아니라 이데올로기적이기도 하다. 그것들은 감각기관과 '상식'에 호소한다는 점에서 매우 강력한 효과를 발휘한다. 즉 이른바 일상성과 감각기관에 호소하여 사람들을 소비자로 만듦으로써, 그들이 일상생활 속에서 자발적으로 그 논리에 복종하게 한다. 시장주의 이데올로기와 그 이데올로기적 기구는 이처럼 강력한 탈정치화의 특징을 가지고 있고, 탈정치화라는 사회적 과정 속에서 '탈정치화의 정치 이데올로기'를 구성한다.

글로벌화라는 담론적 배경 속에 있는 우리는 '단일국가적', '국제적'(국가 간의), 그리고 '글로벌적'(초국가적 및 시장적)이라는 삼중의 범주와 그 상호관계 내에서 헤게모니와 이데올로기의 작용을 논의해야 한다. 앞에서 언급한 헤게모니의 다층적 구성은 서로 확연하게 구분되는 범주가 아니고, 서로 침투하고 얽혀 있는 권력의 그물망이다. 그것들은 오늘날 사회의 각종 메커니즘과 네트워크에 내재하고, 또한 사람들의 행동과 신앙에 내재한다. 즉 앞에서 언급한 헤게모니 그물망의 상호작용 속에서 '탈정치화의 정치'가 구성되는 것이다. 이 점은 현재 중국의 사상과 이데올로기 상황을 이해하는 데 필수적이다. 이 시대의 이데올로기적 헤게모니는 항상 국가의 내재적 모순을 이용해서 그 힘을 펼친다. 예를 들면 중국의 경제정책 및 발전 방향과 자본주의적 글로벌화의 역사적 과정은 기본적으로 겹쳐져 있고, 이 과정은 수많은 경제 위기와 사회 분열 및 불평등한 조건을 만들어냈다. 그런데 다른 한편으로, 자본주의의 글로벌화는 이 과정에 말려든 국가들 사이의 갈등과 이익의 충돌을 결코 해소하지 못했고, 정치권력과 경제권력 사이의 전반적인 갈라짐도 해결하지 못했다. 자본주의 발전의 역사에서 글로벌 역량과 중상주의 역량(국가 단위의 역량이 주도하는 국민경제) 사이에 충돌이 발생하는 것은 흔히 나타나는 현상이다. 예컨대 1997년 아시아 금융 위기 과정에서, 글로벌화된 금융자본과 '국민경제' 사이의 충돌은 극명한 형태로 드러났고, 이는 민족국가가 글로벌화라는 물결 속에서 국민경제 또는 (지역연합 같은) '국민경제의 변형체'를 만들려는 결심을 하도록 자극했다. 결국 글로벌화라는 배경 속에서, 국가 간 이익의 충돌이나 정치 엘리트와 경제 엘리트 사이의 모순은 이전에 비해 훨씬 더 격렬해졌다. 패권을 쥔 글로벌 역량은 더 많은 이익을 얻기 위해서 종종 특정 국가 내부의 세력을 이용하여 해당 국가의 정치적 권위에 도전한다. 그러면 자신과 여타 사회 역량 사이의 교환관계가 외부의 간섭에 직면하게 됐음을 인지한 정치적 권위는 즉시 민족의 이익 또는 기타 정당성에 호소하여 이 내부의 도전을 억누른다.

1970~1980년대에 국가의 지배 이데올로기가 개방이라는 상황 속에 느슨해지면서, 어떤 사상이나 입장의 정당성은 국가의 이데올로기적 기구에 대한 도전과 밀접한 연관을 갖게 되었다. 즉 이것이 당시에 독립성과 자유를 정의하는 주요 기준이 된 것이다. 그런데 지식인과 사회비판적 입장의 이런 '탈국가적 과정'은 우리가 기대한 '재정치화'의 효과로 이어지지 않았고, 오히려 또 다른 차원의 '탈정치화' 과정으로 편입되어 들어갔다.

우선, 이런 '탈국가적 과정'은 글로벌 차원의 역사적 전환, 즉 민족국가 주권의 권위가 글로벌 역량의 도전을 받는 과정에서 파생된 것이고, 이런 탈국가적 과정을 표지로 하는 독립성과 자유를 정당화하는 주장은 국제적 범위의 이데올로기적 헤게모니 확립과 밀접한 연관이 있다. 사실 이른바 탈정치화 과정은 두 개의 국가 집단, 두 가지 정치체제, 두 가지 이데올로기가 격렬한 투쟁을 벌인 결과물이다. 그리고 이로 인한 이른바 '탈국가적 과정'에서 '국가'란 단지 특정한 이데올로기적 입장에서 가리키는 국가(즉 사회주의 국가)일 뿐이다. 따라서 이 탈국가적 과정은 그저 또 다른 국가 형태의 패권에 동일화되어가는 과정에 불과하다. 현재 중국에서 '반사회주의 이데올로기'는 일종의 '반反국가'라는 이미지로 자신과 신형 국가 및 그에 대한 정당화 사이의 내재적 연계를 은폐한다. 결국 반국가적 국가(즉 '제국') 이데올로기에 불과한 것이다. 앞에서 언급한 패권 개념의 다층적 구성에 대한 분석에 근거하면, 이런 신형 국가 이데올로기는 그 자체로 초국가적 성격을 지니며, 따라서 항상 초국가주의의 시각에서 '국가'를 공격하는 입장으로 표현된다.

둘째, '탈국가적 과정'은 동시에 이데올로기적 측면의 '탈정치화'를 수반하며, 현대화·글로벌화·발전 그리고 시장이라는 새로운 이데올로기적 헤게모니 속에서 자동적으로 조직되었다. 시장화와 글로벌화 역량은 전통적인 사회적 유대를 와해시켜서, 19세기 이래 점차 확립된 주권관계를 변화시켰다. 그러나 동시에 사회 안정과 시장의 작동을 유지하는 국가의 메커니즘은 강력하게 선호했다. (예를 들면 당대의 글로벌화 과정과 그 메커니즘은 한편으로는 금융·생산·소비의 초국가화를 장려

했지만, 다른 한편으로는 이민 문제를 노동력 수요와 민족국가의 주권관계라는 틀 속에 묶어둠으로써, 각 지역 노동자 사이의 단절과 모순을 유발했다.) 따라서 탈국가화 또는 반국가적 태도는 법제화, 제도화 등의 구호와 모순적으로 조화를 이루었는데, 이때 법제화나 제도화 등은 바로 재산권의 재구성을 핵심으로 해서 전개된 국가 건설 과정이다. 그런데 현실 속에서 문제는 법제화나 제도화가 필요한지 아닌지가 아니라, 어떤 법제화 또는 제도화인가, 그리고 전체 사회구조(및 그 전통)를 모두 법제와 제도의 틀 안으로 귀속시켜야 하는가에 있었다. 즉 탈국가 또는 반국가가 아니라, 어떤 국가와 제도를 건설해야 하는가, 그리고 국가와 그 정치의 밖에 진정한 정치적 공간을 형성할 수 있는가에 있었던 것이다.

셋째, '탈국가적 과정'이 '탈정치화적'인 것은 그것이 국가권력과 국가기구의 구분이 갈수록 모호해지는 것을 전제로 하기 때문이다. 앞에서 언급했듯이, 정치투쟁은 주로 누가 국가권력을 잡을 것인가 또는 국가권력이 어떤 가치를 지향하는가라는 핵심적인 문제에 집중되어 있다. 따라서 국가권력과 국가기구의 구분이 없어지는 것은 곧 정치활동의 장과 정치투쟁의 필요성이 없어지는 것과 마찬가지다. 정치적 문제가 비정치적 또는 탈정치적으로 변하는 탈국가적 과정이 되는 것이다. 신자유주의 또는 신고전주의 경제학이 주장하는 '국가 퇴출론'은 전형적인 '탈정치화의 정치 명제'다.

앞에서 언급한 몇 가지 논의에 근거해서 다음과 같은 결론을 얻을 수 있다. 국가와의 관계를 기준으로 독립성이 정의되는 것과 새로운 패권 관계(정치적·경제적·문화적·이데올로기적 다층 헤게모니)가 성립되는 것은 동일한 역사 과정의 산물이다. 즉 전자의 관계(국가와의 관계)에서 벗어나는 층위와 후자의 관계(국가적·국제적·초국가적 관계)로 진입하는 층위는 역사적으로 중첩되어 있다. 글로벌 역량과 국가 역량은 서로 스며들어 존재하기 때문에, 단순히 국가와의 관계나 또는 초국가적 패권 관계 가운데 한쪽으로 치우쳐서 그것으로 자신의 입장을 규정하는 방식은 곤경에 빠지게 된다. 이 시대의 수많은 반대운동이 결국에는 반대라는 허울만 남기게 된 것이 바로 이런 이유 때문이다. 사실 이 시대의 각종 사회보호운동은 새로운 정치를 촉발할 가능성을 지니고 있다. 그러나 동시에 그 자체가 탈정치화 과정을 겪고 있기도 하다. 따라서 제한적인 경제적 목표에 매몰되거나, 국가기구의 일부로 전락하거나, 국제적 지원기금의 요구와 논리에 갇혀서 발전과 민주주의와 참여에 관한 자기 나름의 시각을 제시하지 못할 뿐 아니라, 운동 과정에서 각종 국가적·초국가적 메커니즘의 톱니바퀴와 나사못으로 바뀌어버린다.* 그러므로 어떻게 사회운동 자체의 탈정치화를 극복하고 비판적 국제주의와 민족국가 내부의 정치투쟁을 결합할지가 중요한 과제가 되었다.

---

* 예를 들어 각종 신흥 NGO운동은 대중의 환경보호의식을 불러일으켰고, 정부의 정책을 바꾸는 데 중요한 역할을 했지만, 여러 가지 원인으로 말미암아 그 운영을 각종 국제적 지원기금에 의존하고 있다. 그런데 국제적 지원기금은 대부분 그 나름의 의제와 성향이 있기 때문에, 해당 기금에 지원을 신청하려면 그 기금의 논리에 따라야 한다. 수많은 운동이 현지에서 뿌리를 내리지 못하는 것은 바로 이런 이유 때문이다. 그 밖에 수많은 NGO들이 생태환경을 보호하고 빈곤을 줄이는 등의 분야에서 많은 일을 했지만, 정부 자체의 변화—개발형 정부에서 사회 서비스형 정부로의 변화—를 이끌어내도록 압력을 행사하지는 못했다. 많은 지방정부들은 이런 일을 NGO에게 떠넘겨버리고 자신은 경제 성장에 집중하기를 원한다.

오늘날에는 어떤 권력에 대한 분석이라도 권력 네트워크의 관계 속에서 해야 한다. 어떤 단일한 방향을 전제로 해서 자신을 그 반대자로 표방한다면 의심할 필요가 있다. 삼중으로 구성된 패권이 모두 우리 사회체제 내에 스며들어 있고, 그것들 사이에 결코 틈이 없지 않다면, 이 개념들 가운데 '국가적'이나 '초국가적'이라는 범주에 대해서도 다시 생각해보아야 한다. 즉 이런 범주의 총체성을 깨뜨리고 이런 범주 내부에서 균열을 발견하여, 새로운 정치의 공간을 찾아내는 것이 '탈정치화된 정치'의 기본 논리를 깨뜨리기 위해 필요한 발걸음이 될 것이다. 예컨대 중국의 개혁은 국가가 분권화된 상황에서의 시장화 과정이고, 중앙정부와 지방정부 및 국가의 각 부문 사이에는 이익이 일치하지 않는 영역이 매우 많이 존재한다. 국가기구의 각 부문과 국내와 국제시장 및 기타 사회집단은 매우 복잡한 방식으로 연계되어 있으며, 이런 상이한 연계 방식 때문에 그들 사이에는 이익이 일치하면서 동시에 충돌하는 다층적 관계가 만들어진다. 또한 공공정책 결정 과정에서 그것은 정치 게임과 다층적 지향으로 표현된다. 우리가 '국가의 행위' 가운데 서로 모순되는 지향을 대거 발견하게 되고, 여러 층위와 여러 기구의 정책결정 방향에서 일치와 충돌이 동시에 존재하는 것을 목도하게 되는 것은 바로 이런 이유 때문이다. 사실 오늘날 국가와 관련된 논의는 '중앙-지방'이나 '국가-지역-글로벌' 등의 관계를 둘러싸고 전개되지, 국가 또는 반국가라는 중심축을 둘러싸고 전개되지는 않는다. 그런 점에서 보면, 국가를 단일한 분석 단위로 삼는 방법은 이데올로기적인 조작에 가깝다. 여기서 정말 중요한 문제는 국가와 반국가라는 입장을 정하는 것이 아니라, 국가의 위기에 어떻게 대응할 것인가다. 고전적 정치이론에서 인민주권의 국가는 일반의지公意의 산물이다. 인민의 의지의 표현으로서 일반의지는 하나로 일치되어 표현될 수밖에 없다. 그리고 상이한 공민집단이나 정당이 각각 대표하는 상이한 이익 사이의 타협은 전체의지衆意로 체현된다. 즉 전체의지는 개별의지의 총합이고, 일반의지는 공공의 이익에만 주목한다. 전체의지를 대변하는 민주정부에는 정당정치와 같은 정치적 분열이 존재할 수 있다. 그러나 일반의지를 대변하는 국가의 경우에는, 개별 집단 및 그들의 이익 추구가 해로운 것으로 간주된다. 현대의 주권국가는 인민의 보편적 이익을 가장 중시한다. 즉 국가는 인민의 공동 의지와 보편적 이익을 체현해야 한다. 사회관계 내의 이익의 엇갈림과 가치의 충돌은 정당정치(다당제나 당내 노선투쟁)라는 형식을 통해 표출될 수 있지만, 정당정치라는 형식을 통해 표현된 이런 정치적 분열은 의회와 정부의 특정한 틀 내에 국한될 뿐, 인민주권을 대변하는 국가의 정치적 분열로까지 확대될 수는 없다는 것이다. 그동안 이런 고전적 정치이론을 둘러싸고 각종 논쟁이 전개되었지만, 주권의 단일성과 국가주권의 통일이라는 학설에 근본적인 변화가 생겨난 바는 없다. 그런데 오늘날 세계의 가장 심각한 정치적 위기는, 주권국가가 그 내부적 분열을 드러내는 것으로 나타나고 있다. 주권국가는 사회의 보편적 이익을 더 이상 대변하지 못하게 되었고, 국가의 공공정책에 특수한 이익집단이 큰 영향을 끼치게 되었다. 중국의 경우, 본래 사회의 상이한 이익과 의지를 체현하고 조화시키던 정당정치가 점차 국가의 구조에 스며들어서, 사실상 분열된 국가 관계 속에서 통일을 체현하는 정치역량이 되어버렸다. 그런 점에서 볼 때 새롭게 나타난 국가-정당의 상호 침투와 일체화 현상은, 시장화와 글로벌화라는 조건하에서 국가가 그 주권의 통일성을 유지하기 어렵게 된 데 따른 결과다. 즉 새로운 '국-당 결합체'는 글로벌화라는 상황에서 주권국가와 정당정치의 이중적 위기의 산물이다. 여기서 이중의 문제가 생겨난다. 첫째, 정당체제가 탈정치화되고 국가화되는 상황에서, 대체 어떤 역량이 본래의 정당정치 모델을 대신하여, 갈수록 복잡해지는 사회관계 속의 상이한 정치적 의지를 조화시키고 상이한 여러 정치역량을 체현할 것인가? 사회의 역량이 어떻게 하면 정치적 역량으로 전환될 수 있는가? 둘째, 정당의 국가화란 결국 정당 자체가 복잡한 이익관계에 개입할 수밖에 없음을 의미하고, 오늘날 세계의 국가 위기는 결국 정당의 위기로 전환될 수밖에 없는데, 그렇다면 대체 어떤 역량이 보편적 이익을 체현하는 역량이자 기제가 될 수 있는가?

정당정치의 변질은 가치 영역의 모호함과 모순의 형태로 직접 나타난다. 국가의 개혁 실천은 사회주의적 가치와 충돌하고, 개혁운동은 국가의 이데올로기적 기구의 작동과 내적으로 모순을 빚게 되는데, 이런 내적 모순으로 인해 국가의 이데올로기적 기구는 사실상 일반적인 국가기구, 즉 폭력이나 행정권력에 의존하여 통제를 시행하는 체제로 변했거나 변해가는 중이다. 그런 의미에서, 오늘날 중국에서 국가의 이데올로기적 기구는 특정한 가치나 이데올로기에 따르지 않고, '탈이데올로기적'이거나 '탈정치화적'인 논리에 따라 작동한다고 할 수 있다. 비록 그것이 항상 이데올로기적 언어에 의존하고 있음에도 그러하다. 오늘날 중국의 좌익과 우익은 모두 탈정치화된 정치 앞에서 줄곧 속수무책이다. 이유는 간단하다. 현재 국가의 운영 메커니즘을 전통적인 좌우 모델로는 따져보고 평가할 수 없기 때문이다. 문혁 이후 중국공산당은 한편으로는 문혁을 '철저히 부정'했지만, 다른 한편으로는 중국 혁명과 사회주의의 가치를 '철저히 부정'하지 않았고, 특히 이 현대적 전통의 역사적 총결산이라고 할 수 있는 마오쩌둥 사상을 부정하지 않았다. 이는 다음과 같은 이중적인 결과를 초래했다. 첫째, 국가의 개혁과 관련하여, 이 전통은 그것을 내적으로 제약하는 힘이 되었다. 즉 국-당체제의 모든 중대한 정책결정과 변화는 반드시 이 전통과의 대화와 길항관계 위에서 이루어졌다. 또 어떤 변화든 최소한 특정한 수사법을 동원해서라도 이 전통과 타협을 이루어야만 가능했다. 둘째, 노동자와 농민 및 기타 사회집단에게 이 전통은 일종의 합법적인 힘이 되었다. 그들은 이 전통을 가지고, 국가가 추진하는 불합리하고 불공정한 시장화와 사유화 과정에 대해 저항하거나 협상할 수 있었다. 따라서 신자유주의적인 힘의 확장을 어느 정도는 제어하는 것이 가능했다. '문혁을 철저히 부정'하고 '혁명과 고별'하는 역사의 흐름 속에서, 20세기 중국의 역사적 유산을 다시금 일깨우는 것은 분명 향후 정치 발전을 위한 계기가 될 것이다. 이는 단순히 20세기의 입구로 돌아가게 만드는 계기가 아니라, '포스트 혁명의 시대'(즉 혁명시대가 종결된 시대)에 '탈정치화의 정치 이데올로기'와 '탈정치화의 정치'가 지배하는 구조를 깨뜨리는 것을 모색하는 기점이다.

20세기의 정치는 정당과 국가가 중심이 되는 정치였다. 따라서 20세기의 정치 위기는 주로 정당과 국가라는 두 정치형태의 내부에서 만들어졌다. 그런데 20세기에는 정치와 국가를 등치시킬 수 없는 그런 정치적 실천 또한 생겨났다. 이를테면 참여와 제도적 틀을 결합시키려는 시도가 나타난 것이다. 정당과 계급과 국가라는 현대정치의 주체가 모두 탈정치화의 위기에 처한 상황에서, 새로운 정치적 주체를 찾아내는 과정은 곧 정치의 영역을 다시 정의하는 과정이기도 하다. 정치의 영역을 정의하는 것은 다음과 같은 문제들과 직접 관련된다. 국가의 활동과 정당정치 내에서 어떻게 이론 논쟁을 다시금 활성화할 것인가? 어떻게 국가와 정당의 외부에 새로운 정치의 영역을 형성할 것인가? 시장경제라는 조건하에서 어떻게 진정한 공공영역과 공민(시민)문화를 창출할 것인가? 어떻게 교육 시스템이 사회의 계층 격차의 재생산 메커니즘으로 전락하지 않게 할 것인가? 글로벌 범위에서 평등을 쟁취하는 정치투쟁을 어떻게 중국 사회의 평등의 정치와 연관시킬 것인가? 오늘날 세계의 양대 사회체제가 모두 위기에 직면한 상황에서, 어떻게 해야 정치선거의 차원에서뿐 아니라 생산관계의 실제 토대 차원에서 만들어지는 더욱 참여적인 제도적 틀을 구상할 수 있는가? 이 모든 문제는 결국 우리에게 새로운 종합을 요구한다. 즉 역사적 전통(고대의 전통과 현대의 혁명 및 사회주의 전통과 개혁의 경험을 포괄하는)에 대한 비판적 정리와 창조적 종합을 통해 민주적 제도와 급진적 민주주의의 각종 요소들을 흡수하여, 새로운 정치의 창조를 가능하게 하라는 것이다. 이는 그 어떤 단순한 복제와도 다른 진정한 창조와 종합이다. 글로벌화의 담론이 성행하는 상황에서, 이런 종합은 반드시 중국 고유의 정치적 전통과 현실에서 출발해야 하지만, 동시에 오늘날 세계에 보편적인 민주주의의 위기 또한 반드시 고려해야 한다. '탈정치화'의 핵심이 정치적 가치의 전복과 후퇴라면, '재정치화'가 가야 할 길은 바로 정치적 가치를 재건하는 것이고, 우리의 정치공간과 정치적 삶을 활성화하는 것이다. 감동적인 음악―화려한 교향곡이든 완곡한 레시터티브든―이 상이한 요소 사이의 대화와 대립 및 여러 주제 사이에서 생성되는 창조적 긴장을 유기적으로 구현하는 것처럼, 정치는 어떤 요소와 다른 요소 사이에서 독특한 관계를 만들어내는 방식이다. 따라서 차이와 다양성과 대립 및 창조적 긴장을 없애버리고, 다중의 음악 요소들이 각 노래에서 형성하는 대위법적 조합과 대립을 없애버린다면, 일종의 '관계'로서의 진정한 음악은 만들어낼 수 없다.

이것이 오늘 우리가 지나간 1960년대와 '단기 20세기'를 다시 찾는 진정한 의미다.

충칭 사건

: 밀실정치와 신자유주의의 권토중래

* 이 글은 중국에서는 발표되지 않았으며, 저자가 옮긴이에게 한국에서의 번역 출판을 의뢰하여 『역사비평』 99호(2012년 여름)에 같은 제목으로 처음 게재되었다. 이 책의 출판을 위해 일부 표현과 문장을 수정하였음을 밝혀둔다.—옮긴이

충칭 사건, 너무나 극적이고 미스테리한

'3·14'는 원래 2008년 '라싸拉薩 사건'[1]의 대명사였지만, 이제는 2012년 '충칭重慶 사변'[2]의 대명사가 되었다. 그리고 국제 소비자 권익의 날로만 알려져 있던 3월 15일은 이제 '충칭 모델'의 정치적 폐업일로 뒤바뀌고 말았다. 일개 지방정부가 추진했던 실험이 전국적인 범위에서 영향력을 행사하고 또 전 세계적인 논쟁을 불러일으킨 것은 매우 보기 드문 일이며, 일개 지방 지도자의 사직이 정치적으로 이렇게 커다란 충격을 일으킨 것 역시 확실히 흔치 않은 사례에 속한다. 혹자는 충칭 사변을 1989년 이래 가장 중대한 정치적 사건으로 간주하는 파격적인 관점을 제시하기도 했는데, 이런 관점이 수많은

---

1 2008년 3월 14일 티베트 라싸에서 벌어진 티베트 승려들의 분리독립 요구 시위. 56쪽 역주도 참고.
2 저자는 이 글에서 '충칭 사변事變'이라는 표현과 '충칭 사건事件'이라는 표현을 특별한 규정 없이 번갈아 사용했다. 두 표현 사이에 특별한 의미 차이는 발견되지 않지만, 저자의 의도를 존중하여 원문의 표현대로 '사건'과 '사변'으로 그대로 옮긴다.

사람들의 동의를 이끌어내고 있다는 것 역시 매우 흥미로운 일이 아닐 수 없다.

왕리쥔王立軍 사건[3] 이후로 유언비어가 끊이지 않고 있다. 유언비어는 '양회'兩會[4] 폐막에 즈음하여 총리[5]가 기자회견에 나타나 기름을 들이붓는 바람에 더욱 극심해졌다. 이야기는 입에서 입으로 전해지면서 구르는 눈덩이처럼 점점 풍성해졌다.

이와 관련하여 두 가지 해석이 번갈아 제기되었다. 하나는 사건의 정치성을 강조하는 것이다. 이 경우 왕리쥔 사건은 정치적 노선 분기의 징후로 해석되고, 충칭 실험과 문화대혁명에 관한 원자바오 총리의 암시가 그 하이라이트를 장식하게 된다. 또 다른 하나는 의식적이건 무의식적이건 간에 이야기들을 흘림으로써 충칭 사변의 의미를 새롭게 규정하는 것이다. 이에 따르면 충칭 사변은 정치적 사건도 아니고, 노선투쟁도 아니다. 그것은 다만 일개 지방 지도자의 기강 문란이라는 개별적 사건에 불과하다.

이 글의 초고를 작성하면서 나는 이미 이와 유사한 논리에 입각한 정보, 문건, 판결 등이 줄지어 출현할 것임을 예견했다.[6] 아니나 다를까, 2012년 4월 10일, 웨이보微博[7]를 통해 머지않아 사실로 확인

---

3 충칭시 공안국장이었던 왕리쥔이 미국으로의 망명을 요청한 사건. 이 사건을 계기로 보시라이와 충칭에 대한 각종 소문들이 번져나가기 시작했다.
4 중국의 전국인민대표대회와 중국인민대표협상회의를 겸하여 칭하는 말.
5 원자바오를 일컫는다.
6 글의 초고는 2012년 3월 26일에 작성되어 옮긴이에게 전달되었고, 보시라이의 부인에 관한 소식이 전해진 4월 10일 이후 관련 내용이 추가되었다.

될 '소문' 하나가 퍼져나가기 시작했다. 그리고 바로 그날 밤 관방은 중대 뉴스를 발표했다. 이 때문에 사람들은 평상시와 같은 저녁 7시 뉴스가 아니라, 밤 11시 뉴스를 통해 보시라이薄熙來(전 충칭시 당위원회 서기)가 중국공산당 중앙정치국 위원과 중앙위원의 직책에 대해 직무정지 처분을 받았으며, 그의 부인 구카이라이谷開來는 영국인 사업가 닐 헤이우드Neil Heywood 살인교사 혐의로 사법기관에 신병이 인도되었다는 놀라운 소식을 접하게 되었다.

닐 헤이우드의 신분에 대해서도 사실관계의 확인이 어려운 다양한 설이 난무하고 있다. 관방의 주장에 따르면 사업가지만, 영국에서조차 그가 정보원이라는 사실을 암시하는 보도가 나가기도 했다. 충칭 사변이 현지 지도자의 부패 사건과 관련이 있는 것인지 아닌지, '부패와의 전쟁'打黑 과정에 더 놀랄 만한 무슨 사연들이 묻혀 있는 것인지, 또는 이 살인사건에 알려진 것 외에 더 은밀한 어떤 내용이 연관되어 있는 것인지, 이 모든 의문에 대하여 우리는 갈수록 놀라움을 더해가는 미디어의 보도 내용 외에 무엇 하나 알 수 있는 것이 없다.

이 사건에 대해 중국과 미국 양국이 모두 입을 굳게 다물고 있는 사이, 해외의 미디어와 국내 인터넷이 상승작용을 하면서 다양한 유언비어가 난무하고 있다. 이런 상황에서 사람들은 도무지 무엇이 진실인지 판단할 도리가 없다. 그런데 이 사건의 독특한 점 가운데 하

7 중국에서 통용되는 SNS의 일종. 트위터와 매우 유사한 형태이며, 막대한 여론 파급력을 지니고 있다. 2012년에 들어 가입자 수가 3억 명을 돌파했다.

나는 바로 대량으로 유포된 유언비어가 결코 유언비어가 아니었음이 사후 하나하나 증명되고 있다는 데 있다. 비록 충칭 모델을 지지하는 사람이라 할지라도, '범죄와의 전쟁'에 매진해온 충칭에는 부패나 불법적 현상이 존재하지 않았을 것이라고 보장하기란 쉬운 일이 아니다. 심지어 이 살인교사 사건조차 그 사실 여부 자체에 대해서는 의문의 여지가 없어 보인다. 정부는 여전히 이 사건의 세세한 전말을 밝히지 않고 있다. 사건 발생 후 5개월이나 지난 시점에, 그것도 중대한 정치적 결단의 형식을 빌려 대중에게 공표된 사건인데도 말이다. 오늘날 중국 사회에서 불법과 부패는 그야말로 보편적 현상이며, 부패를 명분으로 정치적 적수를 공격하는 것 역시 하등 놀라울 것 없는 공공연한 비밀이다. 하지만 만일 '범죄와의 전쟁'으로 명성을 얻은 보시라이마저 이처럼 심각한 범죄행위에 깊이 연루되어 있는 것이 사실이라면, 우리는 중국 사회, 그중에서도 특히 관가의 부패와 암흑에 대해 심각하게 우려하지 않을 수 없다.

하지만 추궁해야 할 문제는 여기에서 그치지 않는다. 우리는 다시 다음과 같은 질문을 던지지 않을 수 없다.

충칭 사변 전후의 사회적 반응, 정치적 충격, 국내외 서로 다른 세력들 사이의 상호작용, 그리고 이로 인해 유발된 여러 가지 복잡한 문제들을 도대체 어떻게 해석해야 할 것인가. 만약 충칭 사변을 베이징의 천시퉁陳希同과 상하이의 천량위陳良宇 실각 사건[8]과 비교해본

---

8 천시퉁은 베이징 시장과 베이징 당위원회 서기 재직 당시 뇌물 수수 및 독직瀆職 혐의로 1995년

다면, 충칭 사변의 정치적 성격은 훨씬 뚜렷하게 부각될 것이다. 그에 비하면 천시퉁과 천량위 실각 사건은 잘해야 권력투쟁에 지나지 않는다. 우리는 베이징과 상하이의 사례들 속에서 충칭의 경우와 같이 적극적이고 생생한 '서방'의 개입 흔적을 찾아볼 수가 없다. 아마도 이 사건의 정치적 성격을 강하게 부정하거나 일방적으로 강조하는 것이야말로, 이 정치 드라마의 필수불가결한 고리에 해당할 것이다. 양자는 결코 상충하는 요소가 아니다. 이 사건은 모든 것이 너무나 드라마틱하면서도 또 동시에 미스테리로 가득 차 있다.

기소되어 16년형에 처해졌다. 천량위 역시 상하이 시위원회 서기 재직 당시 뇌물 수수 및 사회보험 기금 부정 대출 혐의로 2006년 기소되어 18년형에 처해졌다. 천량위의 실각 이후 상하이 시위원회 서기 후보로 보시라이 등이 하마평에 오르내렸으나, 최종적으로는 시진핑習近平이 발탁되었다.

밀실정치의 논리

    기존의 중국 체제와 발전양식(예를 들어 외자 및 기업 유치 전략, 수출지향형 경제 등)을 넘어서기 위한 어떤 구체적인 방안도 마련되어 있지 않은 조건하에서, 충칭 실험은 지방 당정기구의 조직과 추동, 군중의 적극적 참여, 지식계의 공개토론을 통해 추진된 정치·경제·사회에 대한 국부적 개혁이었다. 이러한 충칭의 개혁과 실험을 둘러싸고 각이한 견해와 평가가 끊임없이 제기되어왔다. 이는 이 개혁이 일종의 공개된公開的 정치였으며, 민중의 참여를 지향하는 개방적 민주주의 실험이었음을 잘 보여준다. 개혁개방 이후 일정 규모 이상의 개혁 실험이 이렇게 공개적인 방식으로 전개된 것은 그야말로 유례가 없는 일이었다. 이 기본적인 사실은 특정 지도자 개인의 문제(그에게 정말 문제가 있는지 없는지와 전혀 상관없이)에 의해 달라질 수 없는 것이다.

    그러나 충칭 사변은 오히려 밀실정치의 드라마에 더 가깝다. 만약 보시라이의 실각 원인이 그 개인이나 가족의 심각한 위법행위에 있고, 충칭 실험에 대해 서로 다른 견해차가 존재한다면, 나아가 왕리쥔 사건의 처리 방법에 대해 서로 다른 견해가 있다면, 양회는 이 문제를 공개적으로 토론하기에 가장 적절한 기회였음에 분명하다. 그러나 실제로 사건의 발전은 완전히 상반된 형태로 이루어졌다. 보도된 바에 따르면, 양회 기간인 3월 3일 오전 중국공산당 중앙정치국 상무위원 겸 중앙기율심사위원회 서기인 허궈창賀國强은 충칭 대표단의 숙소를 방문하여 보시라이와 황치판黃奇帆[9]의 열렬한 환영을 받았다. 3월 8일에는 중국공산당 중앙정치국 상무위원 겸 중앙정법위원회 서기인 저우융캉周永康이 제11기 전국인민대표대회 제5차 회의의 충칭 대표단에 대한 심의에 참가했다. 3월 9일에는 충칭 대표단의 기자회견에서 보시라이와 황치판이 두 시간 가까이 기자들의 질문에 답변을 하기도 했다.

그러나 3월 14일 오후, 양회 폐막에 즈음한 관례적인 총리 기자회견 석상에서 로이터통신 기자가 던진 최후 질문에 대한 답변을 통해, 사전에 치밀하게 준비된 충칭 사건에 대한 성격 규정이 표면화되었다.[10] 이것은 최소한 양회 기간에 충칭 문제를 둘러싸고 전개된 토론이 사전에 잘 짜인 정치 드라마의 일부분에 지나지 않았음을 보여준다. 그것은 회의의 '순조로운' 진행을 보장하기 위해 만들어낸 일종의 '허상'에 지나지 않는 것이었다.

9 현 충칭시장이다.
10 왕리쥔 사건에 대해 원자바오가 어떤 관점을 지니고 있는지를 기자가 질문하였고, 이에 대한 답변으로 기자회견이 마무리되면서 이 답변 내용에 일종의 상징성이 더해졌다. 자세한 답변 내용과 맥락은 이 글의 뒷부분(188쪽 이하)에 상세히 소개되어 있다.

3월 15일 오전 9시경, 『인민일보』가 운영하는 '인민망' 人民網[11]이 포털사이트 신랑新浪의 관방 웨이보를 통해 '곧 중대 발표가 있을 것'이라는 소문을 퍼뜨렸다(이것은 왕리쥔 사건을 터뜨릴 때 이미 사용한 방식이었다). 그리고 10시 3분에 보시라이가 면직되었다는 신화사 보도가 신랑 웨이보에 올라왔다. 그리고 그 직후에 일련의 좌파 사이트 서버에 일제히 고장이 일어나 5일 동안 회복되지 않았고, 웨이보에서 활약하던 좌파 인사들의 발언은 봉쇄되었다. 중국어판 『파이낸셜타임스』의 미디어 담당 기자는 이와 관련하여, "2012년 3월 14일 오후 13시 45분 이후의 이틀 사이에 발생한 모든 상황은 확실히 '권력쟁탈전'이라는 단어로 요약될 수 있다"고 지적했다.

3월 15일 새벽, 중앙조직부장 리위안차오李源潮와 부총리 장더훙張德紅은 비행기 편으로 충칭으로 급히 날아가 긴급사태에 준하는 방식으로 충칭과 전 중국 사회를 향해 '중대 사건'의 발생을 선포했다. 이후 충칭에서 벌어진 모든 상황은 사람들로 하여금 9·13 사건[12] 직후의 분위기를 다시금 떠올리지 않을 수 없게 만들었다. 그것은 밀실정치가 공개정치를 억압함으로써 발생한 필연적 결과였다.

---

11 웹 주소는 www.people.com.cn이다.

12 1971년의 린뱌오林彪 사건을 가리킨다. 1971년 9월 13일, 린뱌오의 갑작스러운 사망 사건에 대해 당시 중국 관방은 린뱌오가 마오쩌둥 암살과 쿠데타를 기도했으나 실패했으며, 전용기를 타고 소련으로 탈출하려다 고비 사막에 추락하여 사망했다고 발표했다. 당시 마오의 후계자로 공식 승인되어 있던 린뱌오가 난데없이 마오를 암살하려 했다는 소식은 많은 중국인에게 거대한 충격과 함께 문화대혁명에 대한 환멸의 계기를 제공했다. 하지만 믿기 어려운 관방의 발표 내용 이외에 사람들이 알 수 있는 것은 더 이상 아무것도 없었다.

밀실정치의 특징은 '진상'을 컨트롤한다는 데 있다. 밀실정치가 공개정치를 대체한다는 것은 곧 정치 문제가 철두철미한 권력 문제로 전화됨을 의미한다. 관계 당사자를 밀실에 감춰두고, 정치적 필요에 따라 선택적으로 정보를 흘리거나 날조하며, 역시 정치적 필요에 따라 정보를 흘릴 채널을 선택함으로써 권력이 진상을 컨트롤하기 위한 공간이 마련된다. 왕리쥔 사건이 터진 지 이미 꽤 긴 시간이 흘러갔다. 관방의 표현대로 '개별적 사건'孤立事件인 이 사건의 전말을 정확하게 조사해 밝히는 것은 그리 어려운 일이 아니다. 공개적인 방식을 통한다면 사건의 경과를 소상히 밝혀내는 것은 얼마든지 가능한 일이다. 그러나 수상스럽게도 사건 발생 이후 미국 측이 전말을 대충 얼버무리고 중국 정부가 입을 꽉 다물고 있는 사이에, 국내외로 유언비어가 난무하고 도처에 음모론의 그림자가 짙게 드리우고 있다.

밀실정치의 조건에서는 진상이라는 것이 따로 존재하지 않는다. 거기에는 다만 밀실정치가 만들어낸 진상만이 존재할 뿐이다. 정치적 유언비어는 밀실정치를 위한 공간을 제공한다. 유언비어는 밀실정치의 산물임과 동시에 밀실정치의 내용이 외부로 흘러나올 길을 닦는 역할을 하기도 한다. 우리에게 전해진 소문은 보시라이 가족의 부패, 보시라이와 왕리쥔 사이의 권력투쟁, 보시라이와 저우융캉의 쿠데타 기도, 영국 사업가의 충칭에서의 의문의 죽음과 보시라이-왕리쥔 사이의 관계(사업상 거래가 있었다는 이야기 외에 심지어 첩보전 관련성도 언급된다. 이제 이야기는 할리우드 영화의 스토리라인을 닮아가기 시작했다) 등등 한두 가지가 아니었다. 그리고 4월 10일에 이르러, 끓어오르는 사회적 여론의 압력에 못 이긴 중앙정부는 보시라이와 그 가족의 범죄와 기율 위반 관련 혐의를 공식적으로 발표했다. 그리고 그와 동시에 관방 미디어들은 유언비어에 반대하는 캠페인을 전개했다. 그러나 우리는 외국으로 퍼져나간 더 많은 유언비어가 국내로 역수입되기를 기대한다. 왜냐하면 관방의 공식 발표는 그전까지 '유언비어'로 간주되었던 소문이 대부분 사실이었음을 사후에 확인해준 것에 지나지 않았기 때문이다.

사실 이 사건의 전체적인 전개 과정에서 유언비어는 사태를 진전시키는 데 큰 영향을 미쳤다. 그리고 유언비어가 형성되는 과정에는 다음과 같은 몇 가지 측면이 개재되어 있다.

첫째, 중국 정부는 관계 당사자들을 사회에서 격리하고 사건 경과 발표를 거부했으며, 미국 측(국무원, 미국대사관)은 사건을 대충 얼버무리고 말았다(왕리쥔은 사전에 예정되었던 대로 영사관에 들어왔고 자신의 의지에 따라 영사관을 걸어 나갔을 뿐이라고 이야기했다). 그러나 그 결과 놀랍게도 이 사건은 '매우 심각하고', '극히 부정적인 영향력을 지닌' 중대 사건이 되고 말았다. 정보의 봉쇄와 정치적 결정 사이의 거대한 간극이 바로 유언비어 정치를 위한 최적의 환경인 것이다.

둘째, 당의 제1선 언론기관(『인민일보』, 중앙방송국 CCTV 등)과 제2선 언론기관(남방 계열의 언론사[13] 등)이 긴밀히 협력하면서 민주와 자유, 개

---

[13] 남방일보南方日報 그룹의 『남방주말』南方週末을 필두로 자유주의적 성향을 지닌 일련의 언론사를 통칭한다.

방이라는 그럴듯한 명분하에 '진상의 정치'를 농락하고 말았다. 이 기조는 원자바오가 기자회견에서 사용했던 현란한 수사("인민의 각성", "개혁개방", "정치적 민주")와 완전히 일치한다. 이러한 수사적 허장성세야말로 밀실정치가 '진상'(매우 심각하지만, 바로 그렇기 때문에 즉각적으로 공개될 수 없는 '진상')을 컨트롤하기 위한 수단이다.

  셋째, 좌파 사이트들이 폐쇄되거나 기술적 공격을 당한 것과 동시에 해외의 미디어들, 심지어 평상시에 봉쇄되어 있던 '적대적 사이트'(예를 들어 파룬궁法輪功 홈페이지 등)들은 갑자기 선택적으로 봉쇄가 해제되었다. 이 사이트들은 유언비어가 국내로 유입되는 통로 역할을 했으며, 결국에는 이 유언비어들의 진실성 혹은 부분적 진실성을 다양한 형태로 증명해주었다. 오늘날의 밀실정치는 지구화 시대, 정보화 시대의 특징을 지니고 있다. 그 특징이란 정치적 유언비어의 생산에 관련된 중국과 미국의 정치, 그리고 국내외 미디어들(주류 미디어와 인터넷 미디어를 포함하여) 사이에 긴밀한 상호작용과 협조가 이루어지고 있다는 것이다. 이 미디어들은 확실히 일반적인 유언비어 생산자들과는 격을 달리하는 미디어들임에 분명하다. 그러나 이 사건과 관련된 일련의 정보 전파 과정에 국한해보자면, 『뉴욕타임스』, 『파이낸셜타임스』, 『월스트리트저널』과 『대기원시보』大紀元時報[14], 그리고 기타 정보원情報源들 사이에서 실질적인 차이를 발견해내기 어렵다. 그뿐만 아니라, 이 미디어들에 실린 기사 제목과 국내 신문이나 인터넷

---

14 해외의 파룬궁 조직이 운영하는 인터넷 신문.

여기저기에 올라 있는 강한 암시성을 띤 기사 제목을 구분해내는 것 역시 쉽지 않다. 여기서 가장 주의해야 할 것은, 유언비어의 배후에 존재하는 손이 어떻게 유언비어의 증감을 조절하고, 그것을 이용하며, 유언비어로 인해 빚어진 혼란 속에서 은밀하게 이득을 챙기는가 하는 점이다. 이 사건은 과연 단일한 힘에 의해 조절되는 것인가, 아니면 복수의 힘이 상호작용함으로써 공동으로 구축된 은밀한 네트워크의 효과인가?

넷째, 지도자의 기자회견, 중앙 문건의 전달과 기민하고 급박한 인사 조치를 통해 사건의 심각성이 표면화되면서, 애초에는 '개별적 사건'이었던 이 일이 심각한 정치적 사건으로 전화되었다. 원자바오 총리의 연설에 따르면 충칭의 개혁은 중국에 문혁의 '비극'이 재연될 수 있음을 예시하는 것이지만, 이는 사전에 잘 짜인 정치적 판결에 불과하다. 이것이 '사전에 짜인' 정치적 판결인 이유는, 문혁의 재연에 관한 그의 예언이 현실적으로는 완전히 실현 불가능하다는 데 있다. 그것은 아무런 알맹이 없는 이데올로기 공세에 근거한 정치적 판결에 지나지 않는다. 그것이 '정치적 판결'인 또 다른 이유는, 이 판결로 인해 이른바 '개별적 사건'이었던 왕리쥔 사건이 일약 정치적 노선투쟁으로 격상되고 말았다는 점에 있다. 정치적 판결이 사전에 준비되었다는 것은 중국에서는 진정한 정치 혹은 공개적 정치가 허용되지 않으며, 다만 밀실정치(권력이 컨트롤하는 정치)에 의해 정치적 노선과 사회적 실천 영역에서의 공개적 경쟁이 말살되고 있을 뿐임을 보여준다. 물론 여기서 사용된 '문혁'이라는 상징 역시 선택적인 것임은 두말할 나위가 없다.

다섯째, 원자바오의 기자회견 석상에서의 발언은 여론의 거대한 반응을 불러왔다. 이렇게 사건을 정치화하는 단계를 지나고 난 뒤에, 관방은 서서히 전략을 수정하여 사건의 정치적 성격을 조금씩 희석하기 시작했다. 다양한 루트를 통해 보시라이와 그 가족의 위법과 범죄행위에 관한 정보를 흘리기 시작한 것이다. 현재 충칭 사건은 더 이상 정치적 사건이 아니라, 복잡한 이야기가 얽히고설킨 사법적 사건이 되었다. 주지하다시피 최신 버전으로의 발전 과정은 다음과 같이 요약할 수 있다. 먼저 영국의 미디어들이 보시라이 가족의 영국인 친구 닐 헤이우드의 사망 사건을 발표하고, 다음으로 중국 관방의 공식 성명이 보시라이 부인의 살인교사 연루 혐의와 보시라이의 기율 위반 혐의, 그리고 이로 인한 정직 처분 소식 등을 확인해주었다. 관방이 이것을 공개적으로 발표한 지난 이틀 사이, 오유지향烏有之鄕 (www.wyzxsx.com)[15]을 포함한 일군의 좌파 사이트들이 봉쇄되었다. 봉쇄의 표면적 이유는 헌법 위반, 지도자에 대한 공격, 18대[16] 인사人事 안배에 대한 무책임한 비판 등이었다. 그러나 누가 보더라도 이번 봉쇄는 이 사건과 관련된 모종의 결정을 발표하기 위한 전주前奏임이

---

15   대체로 친마오주의적 경향으로 분류될 수 있는 사이트지만, 중국의 범좌파 내부의 소통체계 속에서 상당한 영향력을 확보하고 있는 매체다. 보시라이 사건을 전후로 한동안 폐쇄되었다가 복구되었는데, 복구된 뒤에는 인터넷 신문(www.wyzxwk.com), 서점(www.wyzxsd.com), 자료실(zlk. wyzxsx.com)로 세분되어 운영되고 있다.

16   중국공산당 제18차 전국대표대회.

분명하다. 그것은 발표 이후에 형성 가능한 대중의 여론을 사전에 차단하고자 하는 것이다. 현재 상황에서 아직 공개적인 재판이 진행되지 않고 있기 때문에, 사람들이 들을 수 있는 것은 짤막한 관방의 설명뿐이다. 하지만 바로 그 때문에 웨이보에는 더 많은 의혹의 물결이 넘쳐나고 있다.

밀실정치의 가장 중요한 효과 가운데 하나는 정보를 상황에 따라 선택적으로 노출할 수 있다는 데 있다. 『파이낸셜타임스』는 3월 15일 사건 이후에 상당히 상기된 어조로 다음과 같이 보도했다. "2012년, 중국 집정자들의 최고 기밀을 가려주던 장막이 이제는 더 이상 예전같이 촘촘하지 않은 것으로 보인다." 그러나 중국 정치의 장막은 본래 그렇게 촘촘하지 않았다. 중국 사회에는 끊임없이 제기되는 여러 가지 첨예한 사회적·정치적 의제들에 대한 공적 토론이 늘 있어왔으며, 국가 역시 언제나 적절한 시기를 골라 관련 정보를 노출해왔다. "더 이상 예전같이 촘촘하지 않다"는 말로 현재 진행되는 밀실정치에 모종의 합리성을 부여하거나 적절치 못한 '개방'적 이미지를 더해주는 것은, 특정한 정치적 조건 아래서 또 다른 방식으로 중국에 관한 편견을 재생산해내는 것에 지나지 않는다. 제법 널리 퍼져 있는 이러한 논법은 중국에 관한 잘못된 이미지를 구축하는 것일 뿐만 아니라, 나아가 새로운 독단적 행태에 '개방'이라는 간판을 더해주는 것이 될 수 있다. 오늘날 진짜 문제는 개혁과 반개혁도, 민주와 반민주도 아니다. 진짜 문제는 공개정치인가 아니면 밀실정치인가, 진상의 공개에 대한 사회적 요구를 만족시킬 것인가 아니면 밀실정치를 통해 지속적으로 '진상'을 컨트롤할 것인가 하는 데 있다. 이것이야말로 "전국의 모든 인민이 잘 이해하고 있는"[17] 것이다. 그러나 이른바 "미래의 가장 큰 위협이 될" "야심가"로 규정된 어떤 사람[18]을 타도하기 위해 이리저리 소문을 퍼뜨리느라 바쁜 사람들은 결코 이해하지 못하는 것이기도 하다.

17　원자바오의 기자회견 내용 가운데 한 구절을 인용하여, 그 관점을 비틀어 비판하는 표현이다.
18　보시라이를 가리킴.

또 한 차례 신자유주의적 개혁을 추진하기 위한 정치적 전제

밀실정치로 공개정치를 억압하고, 동시에 개혁의 진전을 핑계로 정치적 압제를 합법화하는 것은 1989년 이래 그 수법을 다시 한번 우려먹자는 것에 지나지 않는다. 보시라이와 그 가족을 살인교사 혐의로 기소한 것이 궁극적으로 성립 가능한지 여부와 무관하게, 체제 내부에 그리고 동시에 엘리트 계층에 속하는 일부 세력이 이러한 정치적 컨트롤을 통해 달성하고자 하는 효과는 따로 있다. 그것은 일종의 억압적 정치환경을 조성함으로써 점점 더 인민에게 보편적 혐오의 대상이 되어가고 있는 신자유주의적 개혁을 다시 한번 밀어붙이기 위해서다. 바로 이런 이유 때문에 그들은 사건 발생 초기에는 그 정치적 성격을 강조하다가 사회적 여론이 끓어오르기 시작하자 비정치적 해석으로 방향을 전환하게 된 것이다.

최근 중국이 직면한 상황은 1989년 당시의 상황과 비교해볼 만하다. 1989년 이전 1년 사이에 추진된 두 차례의 가격제도 개혁[19] 시도는 실패로 돌아갔지만, 위로부터 추진된 '승포제'承包制(청부계약생산책임제)[20]가 급속히 확산되면서 이중가격제는 권력을 쥔 관료들의 '지대추구행위'rent-seeking를 광범위하게 부추겼고, 이것은 심각한 권력적 부패의 근원이 되었다. 이에 따라 사회적 분화가 급격하게 진행되었으며, 그 후과는 후야오방胡耀邦[21]의 서거를 계기로 급격히 확산된 대규모 항의 시위를 통해 표면화되었다. 한편 중앙권력 내부에 분열이 일어나면서 미디어에 대한 통제력에 빈틈이 발생하자, 비로소 전면적인 사회적 동원을 위한 조건이 창출되었다. 그러나 1989년의 그 폭력적 진압 이후 가격제도 개혁은 아무런 사회적 저항 없이 완성될 수 있었다. 바야흐로 '남순'南巡[22] 20주년을 맞이하는 오늘날 아무도 이

19 1988년에 추진된 가격제도 개혁은 이른바 '이중가격제'價格雙軌制(double-track price system)를 철폐하고 생산품의 가격체계를 시장가격 위주로 일원화하기 위한 시도였다. 이것은 사회주의적 계획경제 시스템을 시장경제 시스템으로 전환하는 과도기에 계획 시스템 내부에 시장 시스템을 부분적으로 결합시키기 위하여 불가피하게 채택했던 이중가격제를 철폐함으로써 경제 개혁을 한 단계 진전시키기 위한 시도였다. 그러나 급격한 인플레이션과 이로 인한 시장의 심리적 공황을 유발함으로써 실패로 돌아가고 말았다.

20 이 시기에 도입된 국유기업에 대한 승포제, 즉 청부계약생산책임제는 사회주의적 공유제의 토대 위에 자율적인 경영 주체와 그 권리체계를 부분적으로 결합시키기 위해 도입한 제도다. 이것은 토지나 기업에 대한 소유권과 경영권을 분리하고, 생산과 판매의 일정 부분만을 경영 주체와 국가 사이의 계약이라는 형식을 통해 규제함으로써, 계획경제와 시장경제, 공유제와 사유제가 동시적으로 운용될 수 있도록 하자는 것을 핵심 아이디어로 삼은 제도였는데, 이러한 제도적 아이디어는 1960년대 초반부터 실험된 적 있는 (그리고 1980년대에 전면적으로 확산된) 농촌에서의 승포제에서 유래한 것이었으며, 이러한 제도 경험을 도시 지역의 국유기업에 확대 적용한 것이다.

21 1981년부터 1987년까지 중국공산당 주석과 총서기를 역임했고, 1980년대 중반 이후 당내 보수파와의 갈등이 심화되면서 1987년 실각했다. 1989년 심근경색으로 사망했다.

22 1992년 덩샤오핑이 개혁개방의 상징과도 같은 광둥성의 선전深圳 등을 방문하면서, '선부론'先富論을 주창하고 지속적인 개혁개방을 대내외에 천명했다. 이때 방문한 지역들이 대부분 중국의 남부 지역 도시들이었기 때문에 '남순'이라 부른다. 덩샤오핑의 남순을 계기로 중국은 다시 한번 시장

기본적인 역사적 사실들을 언급하지 않는다는 것은 그야말로 유감스러운 일이 아닐 수 없다. 1989년은 정확히 1992년 '남순'의 역사적 전제였던 것이다.

'남순'은 정치적 통제 아래 추진되는 시장화 개혁의 모델을 창조해냈다. 그리고 그 결과 신자유주의적 지향성을 지닌 대규모 개혁이 전개되었다. 이 과정에서 추진된 국유기업의 사유화는 노동자들의 대규모 실직 사태와 제도적 부패를 초래했다. 한편 지지부진한 농촌 개혁은 광범위한 '삼농三農 위기'를 불러왔고, 시장화·사유화를 지향했던 사회보장체계(의료보장체계를 포함하여) 개혁은 보장체계의 전면적인 위기를 가져왔다. 빈부·도농·지역 간 격차가 심화되었으며, 심각한 생태의 위기가 역시 초래되었다. 이 모든 것은 그야말로 전형적인 신자유주의 개혁 정책의 후과였다. 2008년, 국무원은 처음으로 집단적 저항 발생 건수에 대한 누적 통계치를 발표했다. 이때 발표된 수치가 8만 건이었다. 그러나 그로부터 3~4년이 지난 오늘날까지 정부가 발표하지 않은 집단적 저항 사건의 발생 건수는 이미 18만 건을 넘어섰다. 바로 이러한 위기들이 있었기 때문에 삼농 위기에 대한 대토론(2000년을 상징하는 사건이었던, 리창핑李昌平의 「총리에게 드리는 편지」를 계기로 촉발되었던 토론[23])이 벌어졌고, 이 토론은 이후의 농업세 감면 개혁과

화 개혁에 박차를 가하게 된다.

23 2000년 9월, 농촌의 하급간부였던 리창핑이 당시 총리였던 주룽지에게 편지를 보내 농촌의 어려움을 호소했다. 이 편지 속에서 리창핑은 "농민은 말할 수 없이 고달프고, 농촌은 말할 수 없이 가난하며, 농업은 심각한 위기에 처해 있다"라고 호소했으며, 이를 계기로 '삼농' 문제에 대한 토론이

신농촌건설운동이라는 결과를 이끌어냈다. 또 '사스' 위기는 의료보장체계 개혁의 폐단을 폭로하는 계기가 되었으며, 이를 계기로 의료보장체계에 관한 공개 토론(2003년)이 전개되었다. 이 토론은 다시 신자유주의 개혁의 방향과 선명히 구분되는 사회보장제도 수립을 위한 개혁에 동력을 제공했다.

2005년 '랑셴핑郎咸平-구추쥔顧雛軍 논쟁'[24]은 국유기업 개혁과 그 후과를 둘러싼 장기간의 유례없는 대규모 논쟁으로 확산되었다. 그리고 이 논쟁은 이후 국유기업 개혁의 규범화와 국유기업 환경의 점진적 개선에 상당히 긍정적인 영향을 미쳤다. 이른바 '새로운 세 가지 난제'[25] 등의 문제에 대한 일련의 사회적 토론을 기반으로, 중국 사회에는 '민생'을 중심에 두고 사고할 것을 요구하는 강한 여론이 형성되었다. 이러한 여론에 대한 반응으로 중국공산당의 정강 조정이 시작되었으며, '사회적 공평을 보다 중시하는' 정강의 기조가 '효율을 우선으로 하되 공평을 동시에 고려한다'는 1990년대의 정강을 대체하게 되었고, '민생 중시' 역시 최근 중국공산당의 핵심 주장으로 점차 자리를 잡아가고 있다.

활성화되었다. 이 책 23쪽 역주도 참고.

24   홍콩 중문 대학 교수인 경제학자 랑셴핑이 2004년 상하이의 푸단復旦 대학에서 행한 강연을 통해 구추쥔이 이끌고 있는 다국적 기업 그린쿨 테크놀로지Greencool Technology 그룹의 중국 기업에 대한 인수합병 과정상의 문제점들을 공개적으로 비판하자, 구추쥔이 변호사를 통해 공식적으로 대응함으로써 초래된 국부 유출 및 국유기업 민영화 문제 등에 관한 논쟁이다.

25   중국어로는 '新三座大山'인데, 직역하자면 '새로운 세 개의 큰 산' 정도가 된다. 넘어야 할 난관을 의미하는 이 세 개의 큰 산이란 구체적으로 의료, 주거, 교육 문제를 가리킨다.

사실 이처럼 사회적 토론에 적극적으로 반응하고 기층의 민의를 살핌으로써 적시에 정책을 조정하였던 것이 '후진타오-원자바오 신정치'가 스스로의 정치적 정당성을 확립할 수 있었던 역사적 기초였다. 그러나 권력의 기틀이 안정되고 난 이후 중앙정부의 개혁 정책은 답보 상태에 빠져들고 말았으며, 권력 교체를 둘러싸고 수많은 사업이 정체의 깊은 수렁에 빠져버리고 말았다. 그리고 불과 몇 년 사이에 중국 국가 시스템의 관료화는 전에 없던 놀라운 속도로 진전되고 말았다.

　이러한 흐름과 선명하게 대비를 이루는 것이 바로 지방의 개혁과 각 지방의 서로 다른 모델 사이에 전개된 경쟁이었다. 중국 사회 개혁의 진정한 활력은 바로 여기서 발견할 수 있다. 이러한 지방의 개혁작업을 둘러싸고 일련의 공개토론과 대중의 참여 그리고 다면적인 실험이 전개되었으며, 이러한 토론과 참여, 실험은 경제 위기라는 조건 속에서 중국의 지속적 발전을 위한 새로운 계기를 마련해주었다.

　실제로 지난 몇 년 사이 충칭, 광둥廣東, 청두成都, 쑤난蘇南 등 경쟁관계에 있는 지방의 실험들은 전 세계 관찰자들의 이목을 집중시켜왔다. 사실 충칭 모델, 광둥 모델, 청두 모델, 원저우溫州 모델, 쑤난 모델 등은 모두 개방을 전제로 한 것이며, 또 지금까지도 끊임없이 수정이 가해지고 있는 현재진행형 실험이다. 이들은 서로 경쟁하면서도 또 서로 호응하는 관계에 있다. 이 때문에 적잖은 조치들이 중첩되거나 동일한 목표를 추구하고 있기도 하다. 그러나 빈부 격차, 도농 격차, 지역 격차, 노동자의 사회적 지위 변화 등의 문제에 대한 중국 사회의 만연한 불만 때문에 점점 더 많은 사람들이 서로 다른 지방 모델들에 대한 토론과 논쟁 속으로 휘말려 들어가고 있는 실정이다.

이 가운데 충칭은 상대적으로 도농 통합이라는 과제에 치중하고 있고, 재분배나 공평, 정의를 더 강조하는 경향을 보여준다. 충칭은 원래 상당한 수준의 공업화 조건을 갖추고 있었기 때문에, 충칭의 발전은 국유기업의 선도적 기능에 상대적으로 더 많이 의지하고 있었다. 충칭의 염가 임대주택 실험, '국가와 인민의 동반 성장'이라는 구호, 지표地票 교역 실험, 적극적인 해외진출 전략[26] 등과 같은 일련의 조치는 2000년 이후 중국 사회의 개혁에 관한 토론 과정에서 제출된 '더욱 공평한' 개혁에 대한 강렬한 요구에 실질적이고 구체적인 사례를 제시하고 있다. 이 때문에 충칭의 실험에 대해서는 좌파와 우파 사이의 논쟁만 존재하는 것이 아니라, 좌파와 좌파, 우파와 우파 사이에서도 관점의 대립과 날선 논쟁이 전개되고 있다. 비록 충칭의 개혁 모델이 완전한 형태로 주도면밀하게 수립되어 있다고 이야기하기는 어렵지만, 그럼에도 충칭은 공개적이고 정정당당하게 자기의 가치 지향과 입장을 밝힐 뿐만 아니라, 스스로의 실험이 이러한 가치 지향이나 입장과 일치하는 것임을 주장함으로써 지속적인 반향과 격렬한 논쟁을 불러일으키고 있다.

26   충칭 모델의 전반적인 내용에 관해서는 추이즈위안, 김진공 옮김, 『프티부르주아 사회주의 선언』, 돌베개, 2014를 참고. 충칭 모델의 구체적 정책에 관한 좀 더 상세한 내용은 성근제, 「중국은 어디로 가는가」, 『역사비평』 97호(2011년 겨울), 역사비평사 참고.

한편 충칭의 개혁 실험이 전개된 기간은 우연찮게도 지구적 자본
주의의 위기와 대체로 일치한다. 이 기간에 한편으로는 구미 선진국
들이 금융 위기와 사회·정치적 위기에 직면하게 되면서, 신자유주
의에 대한 반성이 심지어 신자유주의적 개혁의 설계자이자 선전자
이기도 했던 다보스 포럼의 의제로 설정되기도 했을 만큼 폭넓게 확
산되었다. 또 다른 한편으로는 아프간 전쟁, 이라크 전쟁, 리비아 전
쟁, 중동과 북아프리카의 위기, 미국의 도발로 인한 중국 주변에서
의 충돌 등도 역시 신자유주의 발상지로서의 미국에 대해 중국 인민
들이 가지고 있던 이미지에 상당히 부정적인 영향을 미쳤다. 지금 현
재 신자유주의 이데올로기는 붕괴 위기에 처해 있으며, 새로운 세대
의 젊은이들은 바야흐로 신자유주의 이데올로기의 환상에서 벗어나
기 시작했다. 중국 모델과 충칭 모델이 바로 이 시기에 논쟁의 초점
으로 부각될 수 있었던 이유 가운데 하나는, 무엇보다도 이러한 이데
올로기적 상황에서 찾을 수 있을 것이다. 이런 상황에서 2000년, 특
히 2005년 이후 상당 부분 중단되었던 신자유주의 개혁을 아무런 정
치적 분위기의 일신 없이 조용히 재개해나간다는 것은 거의 불가능
에 가까운 일이었다. 이러한 정치적 분위기는 아래로부터 형성될 수
없는 것이며, 이미 신뢰를 상실한 남방 계열 언론들에 의해 만들어질
수도 없는 것이었다. 로버트 졸릭Robert Zoellick 세계은행 총재가 국
무원 발전센터와 공동으로 작성한 세계은행 보고서[27]를 발표하기 위

---

27 보고서 『China 2030』을 가리킨다. 세계은행 홈페이지에서 영문판 pdf파일을 제공하고 있다.

해 중국을 방문했지만, 정작 전 세계 언론의 관심과 네티즌의 열렬한 지지를 이끌어낸 것은 보고서가 아니라 보고서 발표장에서 돌발적인 방식으로 강한 이의를 제기했던 한 무명의 활동가였다.[28]

현재 시점에서 우리는 충칭 사변이 보시라이와 그 가족의 위법행위 및 기율 위반으로 인해 촉발된 상대적으로 단순한 우발적 사건이었는지, 아니면 더 심각한 배경이 깔려 있는 정치적 사건인지 판단하기 매우 어렵다. 그러나 이런 상황에서도 확실하게 이야기할 수 있는 것은, 왕리쥔 사건이 신자유주의적 개혁을 다시 한번 밀어붙이기 위한 일종의 기회를 제공해주었다는 점이다. 만약 이 사건이 처음부터 공개적인 방식으로 처리되었더라면, 사건의 당사자가 누구이고 어떤 급의 고위 관료가 연루되어 있는지와 관계없이 당의 기율과 국법이 정한 바에 따라 처리되었더라면, 결코 오늘날과 같은 상황이 연출되지는 않았을 것이다. 그러나 사건과 배경이 밀실에 처박혀 신비화됨으로써 권력자들이 사태를 컨트롤하기(유언비어의 창궐은 이러한 컨트롤의 결과임과 동시에 컨트롤을 위한 필수 조건이기도 하다) 위한 거대한 공간이 열리고 말았다. 원자바오의 발언은 왕리쥔의 미국 영사관 진입이라는 '개별적 사건'을 충칭 실험에 대한 평가의 문제에 연루시켰을 뿐 아니라, 나아가 문제를 문화대혁명 비극의 재연이라는 차원으로 확장하고, 제11기 3중전회가 확정한 기본 노선과 역사 문제에 관한 중국공

---

www.worldbank.org/content/dam/Worldbank/document/China-2030-complete.pdf 참고.
28　현장에서 문제를 제기한 사람은 베이징의 지식문화계에서 활동하는 두젠궈杜建國라는 재야 지식인으로, 사상적으로 비교적 뚜렷한 트로츠키주의적 경향을 지닌 인물로 알려져 있다.

산당의 결의[29]를 다시 거론함으로써, 대중에게 충칭 실험이 개혁 노선의 궤도를 벗어난 중대한 정치적 오류인 듯한 인상을 심어주었다. 충칭 사변이 공개되고 이틀 뒤 국무원 발전센터가 주최한 「'발전'에 관한 고등 포럼」發展高級論壇이 베이징에서 개최되었는데, 이 포럼에서 중국 신자유주의의 대표 인물 가운데 하나인 우징롄吳敬璉[30]과 장웨이잉張維迎[31]은 각기 다른 방식으로 지난 10년간 사회적 저항에 부딪혀 중단되었던 개혁방안을 선포(실제로는 재천명)했다. 그 방안의 핵심은 바로 국유기업 민영화, 토지 사유화, 그리고 금융 자유화였다.

이들이 제시한 방안과 세계은행 보고서는 정확히 맞물려 있다. 이들의 관점에 따르면, 현재의 권력이 주도해온 시장 구제 방안으로 인해 표면화된 위기는 중국 국가 시스템 자체의 위기로 간주된다. 잊지 말아야 할 것은, 원자바오가 호소한 정치개혁 역시 이 국가 시스템을 표적으로 삼았다는 점이다. 이 때문에 원자바오가 주도한 일련의 중대한 정책적 실패 역시 '시스템 문제'에 그 실패의 원인이 있는 것으로 설명되었으며, 그에 따라 책임은 펑계로 뒤바뀌고 말았다.

---

29 덩샤오핑이 주도하여 작성한 이 '결의'는 제11기 3중전회의 방향에 근거하여 제11기 6중전회(1981년 6월)에서 확정 채택된 것으로, 개혁개방 이전 중화인민공화국의 주요 역사적 사건들에 대한 개혁개방 이후 중국공산당의 공식적 입장을 담고 있다. 현재까지도 중화인민공화국의 공식적 역사 담론과 관련된 영역에서 일정한 영향력을 발휘한다. 이 문건은 『(정통)중국현대사: 중국공산당의 역사 문제에 관한 결의』(중국공산당중앙문헌연구실 엮음, 허원 옮김, 사계절, 1990)라는 제목으로 국내에도 번역 소개되었다.
30 1930년생으로 중국 경제학계의 원로다. 인민정치협상회의 전국위원회 상무위원 겸 경제위원회 부주임을 맡고 있고, 국무원 발전센터 연구원이기도 하다.
31 1959년생으로 베이징 대학 광화관리학원光華管理學院 경제학 교수다. 중국 경제의 시장화 개혁에 이론적·정책적 도구를 제공한 인물로, '이중가격제'의 도입을 제안한 것으로도 잘 알려져 있다.

이와 거의 때를 같이하여, 3월 18일에는 국무원 '발전개혁위원회'가 「2012년 경제체제 개혁 심화를 위한 중점 사업에 관한 의견서」를 제출했다. 이 의견서는 국유자본의 유동성을 강화하고 주식화하기 위한 구조개혁 문제를 거론할 뿐만 아니라, 철도·교육·의료·통신·에너지 등의 영역에 대한 민영화(혹은 부분적 민영화)를 확정하는 조항들까지 포함하고 있다. 한편 2012년 4월 12일 『인민일보』는 「'다시 오기 어려운' 기회를 소중히 여기고, 안정적인 개혁을 추진해나가자」라는 전면 타이틀 기사에서, 국유기업에 대한 당정 분리 개혁이 필요함을 인정함과 동시에 대량의 통계자료를 동원하여 국유기업의 성과를 자세히 설명하고, 나아가 국유기업 민영화에 대한 반대 입장을 분명히 함으로써, 체제 내부에서 국유기업 개혁을 둘러싼 논쟁이 곧 본격화될 것임을 암시했다. 그러나 현재 좌파 사이트들이 거의 다 폐쇄되어 있기 때문에 신자유주의적 개혁에 대응하기 위한 대중 동원은 과거 어느 때보다도 어려운 상황이다. 이것이 바로 비정치적 반유언비어 캠페인[32]이 가져온 정치적 후과다. 요컨대 충칭 사건을 빌미로 하여 예의 신자유주의 물결이 다시 한번 그 위세를 떨치게 될 것임에 분명하다. 이제 우리는 그 파도가 평범한 노동자들의 운명과 국가 전체의 구조 전환을 어떤 방향으로 몰아가게 될 것인지 두 눈을 부릅뜨고 지켜보아야 할 것이다.

32   172쪽에서 언급한, 2012년 4월 10일 이후 진행된 관방 미디어 주도의 '반유언비어 캠페인'을 가리킨다.

'문혁'과 '각성'이라는 수사의 등장과 정치적 허무주의

충칭 사변에 대한 격렬한 반향과 기자회견 석상에서 원자바오가 구사한 정치적 수사법 사이에는 상당히 밀접한 연관성이 존재한다. 원자바오는 최고인민법원이 거부巨富 우잉吳英에 대한 판결[33]에서 보여주었던 신중한 태도에 '주목'했고, 또 충칭 개혁이 문화대혁명의 비극을 재연할 수 있음을 암시적으로 거론했다. 원자바오가 '주목'했던 것은 법치의 수사를 동원하여 개별 사안을 위한 법률의 전반적 수정

---

33 우잉은 2007년 3월 불특정 대중을 대상으로 한 불법적인 투자자금 모집 혐의로 체포되어 2009년 12월 1심에서 사형을 언도받았으며, 2012년 1월 2심에서도 사형을 언도받았다. 그러나 2012년 4월 최고인민법원은 이 사건을 저장성浙江省 고등법원으로 되돌려보냄으로써 다양한 관심과 논쟁의 대상으로 떠올랐다. 논쟁의 쟁점에는 '사형' 제도의 정당성이라는 문제도 포함되어 있었지만, 또 다른 논란의 대상이 되었던 것은 현행 중국 금융제도의 모순과 관련된 부분이었다. 그것은 현행 제도하에서는 민영기업이 합법적인 방법으로 자금을 충당하는 것이 거의 불가능하다는 현실과, 민영기업일수록 사업의 지속과 발전을 위한 투자금 모집을 절실하게 필요로 한다는 또 다른 현실 사이의 모순이다. 그 결과 지하금융의 규모가 불가피하게 확대되고 있으며, 우잉은 바로 그러한 모순의 희생자라는 동정론이 제기되기도 했다. 이러한 동정론이 우잉에 대한 최종심 판단의 배경이 되었지만, 이 사안을 계기로 전면적인 금융 자유화를 위한 구실을 마련하고자 하는 것이 아니냐는 비판론 역시 만만치 않게 제기되고 있다.

을 요구했다는 것이었으며, 이를 통해 그가 던진 암시는 왕리쥔이 미국 영사관으로 들어간 '개별적 사건'을 문혁 비극의 재연이라는 수준으로 올려놓았다. 말하자면 원자바오는 특수한 정치적 수사를 동원함으로써 지방의 개혁 실험에 정치적 성격을 부여한 것이다.

이쯤에서 원자바오가 구사했던 화려한 수사법을 다시 한번 살펴보고 넘어가자. 원자바오는 '역대' 충칭 정부가 이룬 뛰어난 업적을 인정하는 수사적 표현들을 늘어놓고 난 뒤에, 갑자기 화제를 돌리더니 "현임 충칭 시위원회와 시 정부는 깊이 반성하고, 왕리쥔 사건의 교훈을 진지하게 받아들여야 한다"라며 논조를 틀어버렸다. 이어 원자바오는 다음과 같이 이야기한다. "건국 이후 당과 정부의 영도 아래 중국의 현대화 건설 사업은 거대한 성취를 이루어냈다. 그러나 우리도 역시 과거에 오류를 범한 적이 있고, 이를 통해 교훈을 얻은 것도 있다. 당의 제11기 3중전회三中全會,[34] 특히 당 중앙이 「몇 가지 역사 문제에 대한 결의」를 제출한 이후로 사상 해방과 실사구시로 대표되는 사상 노선과 당의 기본 노선을 확립했으며, 동시에 중국의 운명과 앞길을 결정한 개혁개방이라는 중대한 선택을 이루어냈다. 역사가 우리에게 알려주는 것은, 인민의 이익에 부합하고자 하는 모든 실천은 역사적 경험이 던져주는 교훈을 진지하게 받아들여야 하며, 역사와 실천의 시험을 견뎌내야만 한다는 것이다. 전국의 모든 인민은

---

34 중국공산당 제11기 중앙위원회 3차 전체회의를 가리킨다. 제11기 3중전회는 1978년에 개최되었으며, 이 회의에서 화궈펑華國鋒이 실질적으로 실각하고 덩샤오핑이 실권을 장악하게 된다. 이 때문에 제11기 3중전회를 일반적으로 개혁개방 시기의 출발로 간주한다.

이런 도리를 잘 이해하고 있으며, 바로 그 때문에 우리는 우리의 미래에 대해 믿음을 가질 수 있는 것이다."

문화대혁명이 끝나고 이미 40년이라는 짧지 않은 시간이 흘러갔으며, 오늘날 중국의 개혁이 직면한 상황은 역사상 그 어느 때보다도 복잡하기 그지없다. 1970년대와 비교될 수 있는 상황은 이미 오래전에 지나가버리고 말았다. 그런데 이렇게 복잡한 국면을 눈앞에 둔 이 시점에 도대체 무엇 때문에 그 의미 없는 문제 제기로 충칭을 문제화하려는 것인가? 물론 충칭 경험은 그 자체로 다양한 결함과 오류를 내포하고 있다. 지난 몇 년 사이 이러한 몇 가지 문제를 둘러싸고 수많은 토론이 벌어지기도 했다. 그러나 이 토론들은 매우 구체적인 문제들을 다루는 것이었으며, 그 구체적인 문제들은 논쟁과 변론 혹은 실천적 검증을 통해 충분히 개선될 수 있는 것들이었다. 우리는 똑같이 질문을 던질 수 있다. 광둥의 경우는 왜 그렇게 수많은 문제들이 발생한 것인가? 원저우가 직면한 새로운 위기는 또 어떻게 형성된 것인가? 이러한 문제들은 충칭이 직면한 도전과 마찬가지로 공개 정치의 범주 내에서 분석되고 검토될 수 있는 것들이다. 그러나 분석과 검토가 채 이루어지기도 전에 미디어에서 활동하는 이른바 '논객'들은 자신들의 관점에 동의하지 않는 사람들에게 '문혁의 잔재'라는 딱지를 마구잡이로 붙여댔을 뿐만 아니라, 충칭 개혁 역시 문혁으로 되돌아가는 것이라고 일방적으로 규정해버렸다. 그리고 지금 지도자 그룹 역시 이 인터넷상의 '논객'들과 똑같은 논조를 사용함으로써, 상대방을 정치적으로 매장해버리기 위한 예의 신공을 발휘하고 있다.

이것은 그야말로 주목해봐야 할 의미심장한 현상이 아닐 수 없다.

주지하다시피 문혁은 중국에서 일종의 금기에 속하는 사안이다. 그것은 '철저하게 부정'된 것임과 동시에 공개 연구가 허용되지 않는 대상이다. 정치적 공공영역에서 문혁은 '분석될 필요도 없고, 해명도 허용되지 않는 방식으로' 한 방에 '정적'을 날려버릴 수 있는 위험천만한 무기다. 그것은 마치 악마의 주문과도 같아서, 정적을 정치적으로 고소하고 공격하기 위해서만 사용될 수 있을 뿐 공개적인 토론의 장에서는 사용될 수 없으며, 오로지 정치적 박해의 도구가 될 수 있을 뿐 역사적 분석의 도구가 될 수는 없다. 이러한 수사적 환경하에서 충칭의 실험과 다른 지역의 실험은 차별화되고 격리되며, 마치 문혁과도 같이 봉인된 채 일방적인 정치적 토벌과 저주가 가해질 수 있는 대상으로 전락하고 만다. 충칭 실험에 관련된 정치적 인물이나 이론가들 역시 똑같은 방식으로 수사적 차원에서 지목되고 고발될 수 있는 대상으로 포착된다. 이러한 조건 속에서 그들은 야심가나 음모가, 이데올로기적 선동가, 역사의 수레바퀴를 거꾸로 돌리려는 자들로 규정되는 것이다.

물론 이러한 정치적 수사법을 원자바오가 최초로 고안해낸 것은 아니다. 그것은 문혁 종결 이후 파워엘리트 집단과 남방 계열 미디어들이 일관되게 구사해온 해묵은 수법 가운데 하나다. 문혁이라는 주문을 외워 사상적 토론을 압살하고, 정치적 적수를 공격하며, 심지어 정치적 박해를 자행하는 것은 이미 귀에 못이 박히도록 들어온 낡은 이야기다. 비록 국무원 총리의 기자회견이 사람들의 이목을 집중시키긴 했지만, 그것은 그가 구사한 정치적 수사만큼이나 허망한 환상에 불과하다. 그것은 마치 "별이 빛나는 하늘을 우러러"仰望星空[35] 보는 자의 환상이 그가 발을 딛고 있는 땅 위에서의 행적과 수천만 리나 동떨어져 있는 것과도 같다. 그의 속이 텅 빈 정치적 수사는 수많은 여타 현실적 이해와 권력 관계들로 메워졌을 때라야 비로소 진정한 내포를 획득할 수 있다. 그런 측면에서 우리는 '미디어의 정당화政黨化, 정치인의 미디어화'라는 말로 현재의 상황을 요약해볼 수 있을 것이다. 정치인이 동원하는 수사는 정당화된 미디어의 요구에 부응하기 위한 노력의 일환이며, 대중의 환호를 이끌어냄으로써 미래에 정치권력으로 자신에게 되돌아올 정치적 자산을 축적하기 위한 행위에 불과하다.

물론 원자바오의 문혁 수사는 객관적인 측면에서 보자면 긍정적인 효과도 있었다. 그것은 그의 수사로 인하여 충칭 사변의 정치적 성격이 드러났으며, 중국의 개혁 내부에 서로 다른 노선이 존재하고 있음이 설명되었다는 점이다. 문제는 개혁과 반개혁 사이의 투쟁이 아니라, 개혁의 방향에 대한 서로 다른 노선 사이의 투쟁이다. 당대 중국 사회의 복잡한 이행 과정 속에 존재하는 서로 다른 노선, 혹은 가치 사이의 공개적 토론, 그리고 각기 다른 지방 개혁 실험들 사이의 비교와 경쟁은 중국 사회 개혁의 활로가 성공적으로 개척되기 위한 전제에 해당한다. 그러나 충칭 실험의 정치노선적 함의에 대한 원

---

35 원자바오 총리의 널리 알려진 시의 제목.

자바오의 강조는 실제로는 문혁의 은유를 통해 충칭 실험의 정치적 의의를 부정하기 위한 것이었을 뿐이다.

오늘날 우리는 탈정치화의 시대를 살아가고 있다. 탈정치화된 정치가 바로 이 시대의 조류다. 탈정치화된 정치에는 크게 두 가지 모델이 존재한다. 하나는 경제적 논리로 정치적 논리를 대체하고, 발전주의적 담론으로 정치 참여를 대체하며, 자본의 이해관계 재구축으로 정치적 가치에 대한 토론을 대신하는 것이다. 다른 하나는 밀실정치로 공개정치를 대신하고, 권력투쟁으로 정치적 경쟁을 대신하며, 정적을 제거해버리는 방식으로 정치적 이익을 도모하는 것이다. 밀실정치는 이제 막 싹을 틔운 새로운 정치의 싹을 짓밟아버릴 뿐만 아니라, 권력의 지배적 지위를 재천명하고 "인민이 잘 이해하고 있"는 것이라고 주워 삼키는 방식으로 인민에게는 정치에 참여할 권리가 없음을 선고한다. 정치권력을 쥔 사람들에게 정치란 그저 국가 시스템 내부에서 벌어지는 파워게임에 지나지 않는 것이기 때문이다.

3월 14일 원자바오의 총리 기자회견 석상에서의 발언과 4월 11일 보시라이 직무 정지에 관한 당 중앙의 결정 문건을 비교해보면, 뚜렷한 수사적 변화가 일어나고 있음이 한눈에 들어온다. 전자는 충칭 사건의 정치적 성격을 강조하고, 후자는 보시라이와 그 가족의 위법 및 기율 위반 행위에 초점을 맞추고 있다. 전자가 정치적인 문제라면, 후자는 법률적인 문제다. 그렇다면 이러한 정치적 해석 및 그 후속 발전 양상과 현재 시점에서 가일층 탈정치화된 법률적 차원의 해석 사이에 존재하는 거대한 간극을 어떻게 이해할 것인가 하는 점이 문제로 남을 수 있다. 민주와 자유, 도덕의 명의하에 자행되는 밀실정치가 다시금 정치화되는 방향으로 나아갈 가능성은 없다. 밀실정치는 정치를 오로지 탈정치적 프레임 속에 가두어둘 수밖에 없다. 중국의 정치개혁이라는 문제에 대해 이야기하면서 원자바오가 '인민의 각성'을 말할 때, 카메라를 바라보는 그의 눈빛은 마치 채 '각성'하지 못한 억만의 대중을 바라보는 선지자의 눈빛과도 같았다. 정치개혁과 인민의 각성에 관한 이야기는 도대체 누구에게 들려주기 위한 것인가? 이러한 수사법에 따르자면, 충칭의 실험은 물론이거니와 수많은 중국인이 현재 전개해나가고 있는 공개적인 토론과 사회적 참여 모두가 정치적 몽매의 징후에 불과한 것이 되고 만다.

그러나 충칭에서 어떤 일이 벌어졌는지와 무관하게, 충칭 실험이 제기한 '함께 부유해지자'共同富裕는 개혁의 목표야말로 수많은 젊은 이들의 열정과 기대를 불러온 근원이었다. 그렇다면 당대 중국에서 평등을 추구하고 함께 부유해지기 위한 정치는 몽매의 정치인가, 아니면 그것이야말로 저 수사법에 정통한 정치인들이 이야기하는 '각성'에 해당하는가? 만일 그들이 몽매한 것에 지나지 않는다면, 원자바오가 호소한 각성이란 도대체 어떤 정치를 이야기하는 것인가? '1퍼센트 대 99퍼센트'의 정치가 그들이 이야기하는 이상적 정치인가? 1퍼센트를 대표하는 이상적 정치를 추구하는 것(구체적으로 이야기하자면 국유기업 민영화, 토지 사유화, 금융 자유화를 구현하기 위한 신자유주의적 계획과 그것을 호위하는 국가권력 시스템)이 '인민의 각성'인가? 통제된 인터넷상에는 헤아릴 수도 없는 반어적 풍자들이 떠돌아다니고 있다. 그러나 그들의 웃음소리는 내면의 깊은 절망을 감추고 있다. "잔당들의 죄는 다음과 같다. 첫째, 부동산업자의 영역을 감히 침범하여, 서민들이 집을 사고 빌릴 돈을 갖게 했다……." 1989년과 그 이전의 정치적 사변들을 경험한 적이 없는 젊은이들은 이러한 수사적 전략에 쉽게 현혹될 것 같지 않다. 다만 이들은 이러한 수사로 인해 정치에 대한 기본적인 신뢰와 믿음을 상실하게 될 가능성이 더 크다. 정치적 유언비어의 범람 역시 권력을 쥔 자들이 정치적 적수를 부당하게 제압하는 데나 도움이 될 뿐, 궁극적으로는 정치의 기반 자체를 뒤흔들어놓는 부작용을 낳을 수 있다. 이제 막 정치 참여의 열정으로 끓어오르기 시작한 젊은 청년 세대의 경우, 그들의 열정이 급격히 냉각되고 나면 그 열정은 고스란히 정치적 허무주의로 화하고 말 것이다. 정치적 허무주의는 밀실정치의 이면이며, 탈정치화된 정치를 위한 최적의 토양이다. 이 경우 정치권력은 인민의 명의를 빌려 아무런 방해도 받지 않고 반인민적인 신자유주의 계획을 추진해나갈 수 있게 되며, 심지어 민주·법제·반부패의 명의로 사적인 이익을 편취할 수도 있다. 이러한 조건하에서 충칭 사건은 정치적 허무주의의 확산과 만연이라는 (사람들이 정치를 신뢰할 수 없게 되고, 나아가 법률 역시 신뢰할 수 없게 되는) 정치적 후과로 귀착될 수밖에 없다.

중국은 공개정치를 지향하는
정치적 변혁을 이루어야 한다

　중국에는 정치적 변혁이 필요하다. 그러나 그것은 정치개혁에 대한 공허한 약속이어서는 안 되며, 사유화와 자본의 패권 위에 수립된 다당제 정치여서도 안 된다. 그것은 바로 지금 여기에서 시작될 수 있는 공개정치가 되어야 한다.

　밀실정치의 존재는 오늘날 정치권력이 정치적 대표성과 민중의 지지를 동시에 결여하고 있음을 증명해준다. 정치적 수사가 범람하는 시대에 우리는 두 가지 서로 다른 정치개혁의 경로를 올바르게 분별할 수 있어야 한다. 그 하나는 밀실정치에 의해 조정되는, 민주와 자유를 명의로 하여 전개되는 신자유주의적 개혁 프로그램이다. 그 특징은 과거 소련의 경우처럼 과두적 정당정치를 목표로 하는 톱다운top-down 방식의 일방적이고 강제적인 정치개혁을 추진한다는 데 있다. 이는 신자유주의의 위기라는 조건하에서, 이미 대표성을 상실한 정치가 역시 대표성을 지니지 못한 또 다른 형태의 정치로 이행해가기 위한 과도적인 정치개혁이다. 이른바 색깔혁명은 매우 전형적인 사례에 해당한다. 그것은 결국 권력을 독점한 집단과 국제적 패권에게 이득을 가져다줄 뿐이다. 또 다른 하나는 바로 공개정치를 지향하며, 대중의 참여와 공개토론을 동력으로 하는 정치적 변혁이다. 그것은 최대다수의 이익을 지향하는 개혁이며, 어떠한 패권에도 반대하는 세계체제의 수립을 지향한다. 나아가 그것은 신자유주의의 반인민적 개혁 방안에 반대하는 사회주의적 개혁이다.

정치개혁과 사회개혁 사이에는 밀접한 상관성이 존재한다. 나는 일전에 다른 지면을 통해 다음과 같이 지적한 적이 있다. "정치 엘리트, 경제 엘리트, 문화 엘리트와 그들의 이익이 사회 대중과 단절되어 있는 것이야말로 내가 이야기하고자 하는 '대표성의 단절'代表性的斷裂의 사회적 토대다. 정당, 미디어, 법률체계(이들이 얼마나 보편적인 선언적 주장을 펼치느냐와 상관없이)가 그에 상응하는 사회적 이익과 공공 여론을 대표할 어떤 방법도 갖지 못하게 되는 것, 그것이 '대표성의 단절'의 가장 직접적인 표현 형태다."[36] 사회적 형식의 개혁 없이는 결코 진정한 평등정치를 이루어낼 수 없다. 물론 사회적 형식의 개혁 없이 정치체제와 사회형식 사이의 탈구를 극복해낼 방법도 있을 수 없다.

이미 진행되고 있는 다양한 선도적인 경제·사회 개혁을 밀고 나가기 위해서는, 무엇보다도 먼저 밀실정치에 반대하는 공개정치가 절실하게 요구된다. 밀실정치를 타파하기 위해서는 첫째, 공민의 언

---

36 「대표성의 단절」代表性的斷裂, 『21세기 경제보도』21世紀經濟報道, 2011년 1월 1일.

론 자유와 결사의 자유를 철저하게 보장하는 것이 필요하다. 여기서 언론의 자유란 일반적으로 이야기하는 언론 미디어의 자유를 가리키는 것이 아니다. 오늘날의 미디어는 고도의 자본 집중과 고도로 집단화된 조직 형태를 갖춘 독점적 영역이기 때문이다. 이들은 공민의 언론 자유를 보장할 수 없을 뿐 아니라, 오히려 정치적 조작과 박해의 도구가 될 가능성이 높다. 현재 시점에서 볼 때, 그들은 밀실정치의 공모자이자 참여자다. 또 넓은 의미에서 이야기할 때, 상당히 오랫동안 그들은 충칭에 대한 권력자들의 행동을 부채질해온 배후에 해당한다. 따라서 법률과 법규라는 수단을 동원하여 거대한 언론 그룹에 의해 미디어가 독점되어 있는 언론 상황을 변화시키고, 권력과 자본의 여론 조작을 막아내야만 한다. 이러한 전제하에서 공민의 자유로운 결사와 미디어 창간을 허용하고 언론의 자유라는 기본적 권리를 보장하는 것, 이것이 바로 정치개혁을 위한 기본 전제다.

둘째, 공민이 공공정책의 수립 과정에 참여하고 감시·감독의 역할을 담당하는 것이 최대한 허용되어야 한다. 권력에 대한 감독이 효과적으로 수행되기 위해서는 관료들의 재산이 공개되는 것만으로는 충분치 않다. 이를 위해서는 관료들의 재산상 변화를 법의 감시와 보호하에 두는 제도적 장치가 마련되어야 한다.

셋째, '지도체제의 개혁'은 반드시 상술한 과정과 결합되어야 한다. 그래야 비로소 공개적인 정치가 뿌리를 내릴 수 있으며, 공개정치가 다시금 밀실정치의 수렁으로 빠져드는 것을 막아낼 수 있다. 공개정치에 군중노선을 가미하는 것이 중국 정치개혁의 기본 테제다. 오로지 공개정치의 전제하에서만 민주주의가 새로운 불평등관계에 대한 합법화의 수단으로 변질되는 것을 막을 수 있다. 동시에 대중의 평등한 참여가 전제된 민주주의를 통해서만 비로소 민주주의가 소수 권력자나 독점적 이해 당사자들에 의해 조종되는 것을 방지할 수 있다.

한 치 앞을 내다보기 어려울 정도로 복잡하고 모호한 상황 속에서 중국의 개혁이 나아갈 길을 전망하는 것은 국내외 모두의 공통 관심사가 되고 있다. 국내외로 신자유주의 물결이 다시 거세게 밀려들고 있는 이때, 우리는 최근 중국 사회의 동향을 어떻게 평가해야 할 것인가? '개별적 사건' 하나가 충칭의 국면 전체를 뒤바꾸어놓았던 것처럼, 필연성에 관한 어떠한 논리적 주장도 이 상황에서는 얼치기 점쟁이의 점괘보다 나을 것이 없어 보인다. 소문과 유언비어가 창궐하는 가운데 중국붕괴론의 불씨가 살아나는 것은 필연적인 일로 보인다. 그러나 1989년 이래 중국의 변화를 근거로 제기되었던 무수한 중국붕괴론이 모두 붕괴되고 말았다는 것은 부정할 수 없는 사실이다. 그 원인은 다음과 같다. 중국붕괴론을 제기했던 이론가들은 개별 정치인의 의지를 과도하게 중시하고, 동시에 인민의 의지를 지나치게 소홀히 했다. 또 일시적인 변화에 지나치게 주목하면서 20세기 이래 중국 사회와 국가가 거쳐온 거대한 이행 과정과 그 속에서 축적된 거대한 에너지에 정당한 만큼 주의를 기울이지 못했으며, 그 결과 중국 사회의 전통과 쇄신능력을 정확하게 이해하지 못했다. 최근 10년간만 하더라도, 평등과 공정 그리고 민주를 쟁취하기 위해 중국 사회가 바친 수고와 노력은 결코 헛된 것이 아니었다. 이 모든 노력은 이미 수많은 구체적인 사회개혁의 성과로 결실을 맺고 있다. 이 성과를 흔들어대고, 그것을 얻어내기 위해 중국 사회가 투쟁해온 역사를 청산해버리려 하는 것은 역사의 수레바퀴를 거꾸로 돌리려는 것이나 다름없는 일이다.

이것은 누구보다도 권력을 쥔 자들이 '잘 이해하고 있는' 것이다. 이 때문에 그들은 그들이 기대하는 이른바 '인민의 각성'을 기다리지 않을 수 없다. 그러나 그들의 이런 기대는 그들이 인민의 반대편에 고립되어 있으며, 몽매의 그림자 아래 머물러 있음을 스스로 증명하는 것이나 다름없다. 오늘날의 세계정세와 도처에서 터져나오는 위기의 증거들을 잠시라도 돌아볼 수 있다면, 그들은 자신들의 수사가 스스로를 기만하고 있을 뿐, 자신들이 기대하는 효과를 전혀 발휘할 수 없으리라는 사실을 곧 발견할 수 있을 것이다. 더욱이 그들은 지난 10년간 중국의 국가 시스템이 거대한 압력에 직면하여 중국 사회의 공정과 정의에 대한 요구에 적극적으로 응답해왔다는 사실 자체를 실질적으로 부정하고 있다. 만약 정치인이 이러한 조정과 호응을 자신의 권력을 공고히 하기 위한 도구로만 사용하려 함으로써 최종적으로 대다수 인민의 요구를 등지고 만다면, 그 정치인은 역사의 무대 위에서 오로지 권력을 향한 파워게임을 위해 자기 인격의 분열이라는 함정에 스스로 발을 담그고 마는 어리석은 정치 배우에 불과한 존재로 남게 될 것이다. 어떻게 하면 오늘날 좀 더 많은 사람이 정치인의 연기와 미디어의 독점, 그리고 자본의 개입과 조작으로 인해 형성된 이 정치적 허무주의를 극복하고, 다시 가슴속에 정치적 열정을 품고서 중국 변혁에 실질적으로 참여하고 기여하도록 할 것인가 하는 것이, 중국의 미래를 결정하게 될 관건이다. 현실의 대지 위에 굳게 발을 딛고 중국인의 생존과 더 공정한 세계의 실현을 위해 끊임없이 모색하고 분투하는 사람들! 역사는 영원토록 그들의 것이다.

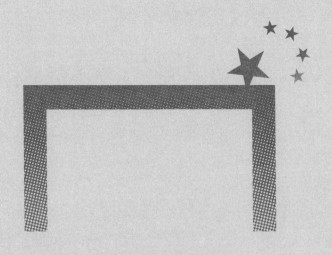

세계 정치의 대표성 위기와
포스트 정당정치

* 『문화종횡』文化縱橫 2013년 제1기 수록.(이 글의 번역 작업은 기본적으로 『문화종횡』에 실린 「세계 정치의 대표성 위기와 포스트 정당정치」全球政治的"代表性"危機與"後政黨的政治"를 저본으로 삼아 진행되었다. 하지만 번역 과정에서 저자가 보충 설명을 하기 위해 부분적으로 내용을 수정하고 추가한 원고를 보내왔다. 그래서 이 번역본에는 부분적으로 『문화종횡』본에 수록되지 않은 표현과 문장이 포함되어 있지만, 불필요한 번다함을 피하기 위해 내용이 수정되거나 추가된 부분을 일일이 표시하지는 않았다.—옮긴이)

세계 정치의 대표성 위기

오늘날의 정치가 직면한 '대표성의 단절'은 이제까지 한번도 존재한 적 없었던, 다중적인 정치적 위기를 내포하고 있다. 그것은 무엇보다도 먼저 정당정치의 위기다. 정당정치는 19세기에 유럽에서 형성된 것이지만, 중국에서 정당정치는 20세기의 가장 중요한 정치적 혁신에 해당하는 것이다. 신해혁명 전후 정당정치는 유럽 헌정의 틀 안에서 다당제 의회 시스템의 도입을 시도했다. 그러나 국가의 분열과 황제 체제로의 복귀 시도, 그리고 공화제 위기가 중첩되면서 혁명당과 수많은 정치 엘리트의 주요한 정치적 목표에 변화가 일어났다. 현대 중국의 독특한 정당정치가 형성된 데에는 다음과 같은 세 가지 조건이 깊이 관련되어 있다. 첫째, 중화민국 수립 이후 지방의 분열과 무장 할거가 당인黨人의 활동과 서로 연관되면서 어떻게 전국 정당을 건설할 수 있을 것인가 하는 점이 민국 초기 정치적 사고의 중요한 맥락을 형성했다. 둘째, 제1차 세계대전 과정에서 서방의 여러 정당들은 국가의 민족주의 동원에 앞을 다투어 가담하였으며, 이것은 유럽 전쟁의 주요한 정치적 동력으로 작용했다. 이 때문에 전후 유럽의 사상계에서는 전통적인 정치 모델에 대한 반성이 일종의 붐을 이루었는데, 중국의 정당정치 재건[1]은 바로 이와 같은 정당정치에 대한 반성의 분위기 속에서 진행되었다. 셋째, 제1차 세계대전의 포연 속에서 러시아 혁명이 일어났으며, 볼셰비키 체제는 일부 혁명가들에게 부르주아 정당정치를 넘어선 정치적 모델로 받아들여졌다. (볼셰비키와 그 정당 모델에 관한 논쟁과 사유 역시 동일한 시기에 전개되었지만, 지면관계상 이 자리에서는 상론하지 않기로 한다.) 바꾸어 말하자면, 이 혁명의 세기에 정치의 중심을 차지했던 정당체제는 정당정치의 위기와 실패의 산물이었다고 이야기하는 것이 더 정확한 것일지도 모른다. 위기에 처한 정당체제와 관련하여 이야기한다면, 러시아 혁명의 깊은 영향을 받은 이 새로운 정당체제는 '슈퍼 정당'超級政黨과 '초월적 정당'超政黨의 요소를 동시에 지니고 있는 것이었다. 여기서 말하는 이른바 슈퍼 정당이란 경쟁하고 있는 국공 양당이 모두 의회제도의 틀 안에서 경쟁하는 정당정치를 주요 지향가치로 삼고 있지 않았으며, 오로지 패권적 정당(혹은 지도적 정당)체제의 구성을 목표로 하고 있었음을 가리킨다. 초월적 정당이란 양자의 대표성 정치가 의회제도의 틀 속에서 작동하는 다당정치나 양당정치와 결코 동질적인 것이 아니었음을 의미하는 것이다. 국민당과 공산당 양당은 그람시가 말한 미래를 대표할

---

1 신해혁명 이후 위안스카이袁世凱에게 총통직을 빼앗긴 쑨원이 레닌의 10월 혁명 성공에 자극을 받아 소련공산당의 당 조직 방식을 도입하여 중국 국민당을 전면적으로 재구성하려 한 과정을 가리킨다. 국민당의 재건 과정은 제1차 국공합작으로 이어진다.

수 있는 '신군주'에 더욱 근접한 정당이었다. 그리고 전혀 다른 계급 정치의 기초 위에서 프롤레타리아 계급, 노농동맹, 민족해방의 통일 전선을 정치적 대표성의 내용으로 삼고 있었던 공산당은 국가 정치를 중심으로 하는, 따라서 나날이 농민운동 및 대중정치와 멀어져가고 있던 국민당을 물리쳤다.

서구의 다당제든 아니면 중국의 일당 지도하의 다당합작제든, 정당의 대표성은 갈수록 불분명해지고 있다. 중국의 경우 프롤레타리아 계급, 노농동맹, 통일전선 등의 범주는 갈수록 모호해지고 있으며, 이에 따라 정당의 대표성과 정당의 정치에도 커다란 변화가 일어나고 있다. '대표성의 단절'(즉 정치체제와 사회형식 사이의 탈구)에 대해서는 이미 다른 지면을 통해 논의했다. 앞서 살펴본 「탈정치화된 정치, 패권(헤게모니)의 다층적 구성, 그리고 1960년대의 소멸」을 통해 탈정치화의 정치 문제에 대해 집중적으로 논의했고, 나의 또 다른 글 「대표성의 단절: '무엇이 평등인가'를 다시 묻는다」代表性的斷裂: 再問'什麼的平等?'[2]에서는 평등의 위기가 표현되는 다양한 형태 및 평등의 위기와 대표성의 위기 사이의 관계에 대해 분석했다. 내가 보기에, 대표성의 단절이나 상술한 것과 같은 탈구 현상이야말로 탈정치화의 결과에 해당하며, 그것의 가장 중요한 징후는 바로 정당의 국가화다. 정당의 국가화란 정당이 점점 더 국가의 논리에 따르게 되는 것을 의

---

2 『문화종횡』文化縱橫, 2011년 제5~6기. 이 글은 왕후이가 계획하고 있는 책 『대표성의 단절』의 일부분이다. 책의 후반부가 완성되면 조만간 단행본으로 출판될 예정이다.

미한다. 이 과정에서 정당은 그 역할과 기능뿐만 아니라, 그 조직 형태도 점차 국가기구와 닮아가며, 결국에는 정치조직과 정치운동으로서 정당이 필수적으로 지녀야 할 성격과 특징을 잃어버리고 만다. 그러나 정당의 국가화는 서로 관련되어 있으면서도 완전히 동질적이지는 않은 두 가지 서로 다른 형태로 구분할 수 있다. 하나는 과거 개혁시기에 나타났던 정당의 관료화이고, 또 다른 하나는 시장화 과정에서 발생한 정부의 기업화 경향에 수반되어 나타났던 정당과 자본 사이의 유착이다. 정당 자체에 국한하여 이야기하자면, '대표성의 단절'은 다음과 같은 두 가지 양상으로 드러난다. 첫째는 정당이 기존의 계급 범주를 뛰어넘어 보편적 대표성을 주장하게 되는 것이고, 두 번째는 대중 그중에서도 특히 기층 대중과의 관계가 두드러지게 소원해지는 것이다. 이러한 조건 속에서 우리는 노동자와 농민에 대한 다양한 보호 정책을 쉽게 찾아볼 수 있게 된 반면, 오히려 노동자-농민의 정치와 정당정치 사이의 유기적 연관성은 거의 찾아볼 수 없게 되고 말았다.

정치체제와 사회형식 사이의 탈구는 사회주의 혹은 탈사회주의 국가에서만이 아니라, 구미와 구미의 의회체제를 기본으로 하는 정치제도 속에서도 동일하게 발생하고 있다. 중국의 정당과 그 계급적 토대 사이의 관계가 점점 더 모호해지는 것과 마찬가지로 서구 정당의 좌우 구분 역시 점점 더 모호해지고 있다. 오늘날 정당들에서 발견되는 대표성의 단절 양상은 매우 심각한 수준이어서, 이제는 누가 보더라도 19~20세기적인 의미에서의 정당정치는 더 이상 존재하지 않거나 부분적으로만 존재한다고밖에 이야기할 수 없을 정도가 되고 말았다. 오늘날의 정당정치는 이미 국-당 정치로 전화되었거나 전화되어가고 있다. 다시 말하자면 정당정치는 이미 국가권력의 구조적 요소 가운데 하나로 형질이 전화되어 있는 것이다. 오늘날의 정당정치에서는 19세기 혹은 20세기 전반기에 존재했던 것과 같은, 뚜렷한 목표를 지닌 정치운동 역시 거의 발견하기 어렵다. 이러한 상황에서는 흔히 정당의 규모가 확대되고 정당이 국가권력을 좌지우지하게 되는 현상이 정당의 확장을 의미하는 것으로 해석되곤 한다. 그러나 과연 이러한 현상이, 정당이 국가를 통제하고 있음을 의미하는 것인지, 아니면 국가의 논리가 정당을 지배하고 있음을 의미하는 것인지를 엄밀히 추궁해볼 필요가 있다. 내가 보기에는, 아마도 답은 후자가 될 가능성이 커 보인다. 정당과 국가의 경계는 날이 갈수록 점점 더 불분명해지고 있으며, 이러한 정당과 국가의 동질화 추세가 낳은 결과물이 바로 정치적 대표성의 상실이다. 나아가 이러한 대표성의 상실로 인해 이제 정치영역의 권력관계는 사회-경제 영역의 불평등을 감소시키고 균형을 회복하는 데 아무런 도움을 주지 못한다. 그것은 오히려 사회-경제 영역의 불평등을 확대, 심화하는 제도적 조건들을 창출해내는 데 적극적으로 기여하는 역량으로 변화되었다. 이처럼 대표성이 붕괴된 조건 속에서 정치인들의 수사는 대부분 권력 획득을 위한 일종의 연기로 전락해버렸고, 그 이면에서 기술 관료들의 지위가 대대적으로 상승하는 피할 수 없는 추세가 형성되었다. 서구의 다당제 혹은 양당제 모델하에서 정당의 기능은 기본적으로 선거를 중심으로 전개되는 4년 혹은 5년 단위의 일회성 사회적 동원으로 제한되는데, 이런 의미에서 본다면 서구의 정당은 주기적으로 지도자가 교체되는 국가기구에 더 가까워 보인다. 중국의 슈퍼 정당은 본래 강렬한 정치성을 지니고 있었는데, 이러한 강렬한 정치성이 유지될 수 있었던 것은 엄밀한 조직, 분명한 가치 지향, 그리고 이론과 정치적 실천 사이의 긴밀한 상호관계 속에서 전개되는 강력한 대중적 운동이 존재했기 때문이다. 그러나 오늘날과 같은 정당 모델하에서 당의 조직은 행정조직과 형태적으로 동일해졌으며, 정당은 관리기구의 일부분이 되었다. 정당의 동원과 감독 기능은 점점 더 국가기구의 그것과 구조적으로 동질화되고 있으며, 관료체제의 특성은 점점 더 분명해지는 한편, 정치성은 점점 약화되고 모호해지고 있다. 그러나 정당정치가 직면한 대표성 위기가 비단 집권당의 위기인 것만은 결코 아니다. 비집권당 역시 똑같은 위기에 직면해 있다. 중국의 경우, 민주당파의 대표성 역시 과거 어느 때보다도 모호하다.

이상에서 기술한 과정은 국가와 사회 사이에 자리 잡고 있는 공공의 메커니즘(서구에서는 의회, 중국에서는 양회가 이에 해당한다)이 점점 그 대표성을 상실해가고 있다는 사실과 상응한다. 의회민주제하에서 의회의 의석은 대체로 정당 중심으로 배분되는데, 의회가 국가의 일부분인지 아니면 일종의 제도화된 공공영역인지에 대해서는 이론적으로 서로 다른 견해가 존재하지만, 정당의 국가화 과정이 진행됨과 더불어 의회와 사회 사이의 연관성은 점차 희미해져가는 추세를 보이고 있다. 나는 인도를 방문했을 때, 인도 사회에 상당히 강력한 풀뿌리사회운동의 활력이 존재함을 발견했다. 그러나 인도의 의회 권력이 정당에 의해 독점되어 있기 때문에 이처럼 활력을 지닌 운동조차도 공공정책 영역에 대해서는 그 활력에 상응하는 영향력을 발휘하지 못하고 있다는 사실 역시 동시에 확인했다. 상대적으로 이야기하자면, 중국의 인민대표대회는 대표비례제를 시행하고 있기 때문에 적어도 이론적으로는 정당 중심적인 의회체제와는 아주 거리가 멀다. 그러나 이 제도가 실질적으로 작동하기 위해서는 인민을 중심으로 하는 정치적 지지가 필수적인데, 이 정치가 퇴락하거나 변형되는 경우에는 인민대표의 선출 과정은 물론이거니와 인민대표대회가 중국의 정치생활에서 차지하는 지위 자체에도 명분과 실질 사이의 심각한 괴리가 발생할 수 있다. 실제로 지난 몇 년간 적지 않은 사람들이 인민대표대회의 대표비례에 대해 문제를 제기해왔다. 예를 들어 노동자와 농민의 비례가 너무 낮다는 지적이 있는데, 말하자면 인민대표대회에서 노동자와 농민의 목소리가 중국 사회에 대한 그들의 공헌의 무게와는 어울리지 않게 미약하다는 지적인 것이다. 이처럼 대표성 메커니즘과 사회적 권력관계 사이에서 구조적 동질성이 발견된다는 것은 대표성 정치가 위기에 직면했음을 보여주는 분명한 징후 가운데 하나다.

미디어와 같은 전형적인 공공영역에서도 마찬가지로 공공성의 위기가 나타나고 있다. 미디어의 대규모 확장 이면에서 공공영역의 위축이 동시적으로 일어나고 있는데, 이는 미디어 산업의 자유가 공민의 언론 자유를 대체하는 양상으로 표현된다. 미디어와 자본 그리고 권력 사이의 결탁 관계는 전에 없이 긴밀해지고 있으며, 이 커넥션이 본래 정당 등과 같은 정치조직이 담당했던 역할을 대체하고자 하는 시도가 일어나고 있다. 이탈리아의 경우, 베를루스코니의 미디어 집단이 퍼뜨린 가치관은 심지어 이 범죄자가 선거에서 거듭 승리할 수 있게 환경을 조성해주기도 했다. 미디어—특히 거대 미디어 집단(사유인지 국유인지는 상관이 없다)—를 공민의 언론과 여론을 투명하게 담아내는 순수한 담지체로 간주하는 것은 매우 위험한 일이다. 차라리 그것은 공공의 형식을 빌려 나타난 사적인 이권 네트워크에 가깝다. 정치영역과 기타 공공영역으로 미디어 세력들이 침투해 들어가는 과정은 결코 민주화로 이해되거나 설명되어서는 안 되는 것이다. 그것은 다만 이 영역들에 대한 식민화 과정으로만 설명될 수 있다. 표면적으로는 정치가 미디어를 컨트롤한다고 말할 수 있지만, 실질적으로는 정치영역 역시 점차 미디어의 식민지로 변화해가고 있다. 정치인이 대중에 영합하기 위한 발언을 늘어놓을 때, 그 언어가 미디어의 논리를 그대로 내면화하는 경우를 점점 더 자주 목도하게 되는 것은 결코 우연이 아니다. 1990년대 이후 시작된 중국 미디어의 산업화와 기업집단화는 시장화에 적응하기 위해 수립한 당의 새로운 정치경제 전략의 결과물에 해당한다. 그러나 정당의 국가화, 정부의 기업화, 그리고 미디어의 정당화라는 다면적인 추세 속에서 미디어와 정당의 관계는 상호 규정적인 두 개의 이권 사이에서 벌어지는 일종의 게임과도 같은 양상으로 변화하고 있다. 물론 이 게임은 민주나 자유의 원리에 근거하여 이루어지는 것이 아니다. 이 게임은 안정과 법치 혹은 대국大局 등과 같은 명목에 의지하여 전개된다. 하지만 이 게임의 핵심은 공공의 여론과 국가 사이의 대립이라기보다는 공공의 필요를 빙자하여 벌어지는 두 가지 이권 사이의 갈등과 대립에 가깝다. 바꾸어 말하자면, 이것은 현행 권력의 재조직 과정에서 발생하는 대립이라고 말할 수 있는데, 이때 대립하는 쌍방이 추구하는 이익에는 뚜렷한 차이가 있지만, 그 이익을 위해 동원되는 정치적 담론은 대체로 일치한다는 것이다. 당대 중국 사회에서 신문검열제도로부터 비롯된 문제는 결코 어제오늘의 일이 아니다. 이 때문에 공공언론의 영역에서는 진정한 변혁이 이루어지기를 절박하게 원하지만, 현재의 상황에서 본다면 모종의 변혁이 일어난다 하더라도 그 변혁은 신문의 자유라는 명목을 빙자하여 벌어지는 권력투쟁에 불과한 것이 될 가능성이 매우 크다. 오늘날 공민의 언론 자유를 억압하는 형식은 과거와 달라진 부분이 있는데, 이제 미디어 권력이 공민의 언론 자유를 억압하는 압제 메커니즘의 항상적인 일부로 기능하고 있다는 것이다. 이러한 투쟁의 다음 단계에서 장차 우리는 정당화된 미디어와 이 미디어 권력을 길러낸 전통적 정당 사이의 정치적 경쟁을 보게 될 것이다. 만일 정당화된 미디어가 정치적 역량과 특징을 상대적으로 더 분명하게 갖추고 있다면, 정당은 상대적으로 이데올로기적 기능을 상실한 기형화된 권력기구처럼 보일지도 모른다. 그러나 실제로는 양자가 일체화되어 있는 것임을 잊지 말아야 한다. 이 일체화된 양자는 자기들 사이의 게임으로 공민의 언론 자유와 정치적 토론을 대체하거나 은폐하고 있다.

또 하나의 위기는 바로 법률의 위기다. 탈정치화가 심화되어가는 상황에서 사법적 절차는 흔히 이익관계에 의해 제어된다. 이 제어력은 일반적인 사법적 절차상에서 체현될 뿐만 아니라, 법률의 형성 과정 자체에까지도 영향을 미친다. 그렇기 때문에 법률과 정치의 관계를 새롭게 고쳐 묻는 일은 일반적인 차원에서 절차주의적 관점을 선양하기 위한 것만은 아니다. 그것은 오늘날 사법 개혁이 결코 피해갈 수 없는 문제 가운데 하나이기 때문이다.

이 세 영역[3]의 문제는 오늘날 정치 개혁의 실질적인 내용을 구성하고 있다. 따라서 나는 이 자리에서 다음과 같이 문제를 제기하고자 한다. 정당정치가 국-당 정치로 변모해감에 따라 '포스트 정당정치'가 출현하게 될 가능성은 없는가? 오늘날과 같이 정당이 대규모로 상존하는 상황에서 우리가 토론하는 포스트 정당정치라는 것은 결코 정당이 소멸해버린 상황하에서의 정치를 의미하는 것일 수 없다. 그것은 정당의 현재적인 존재 양상 속에 이미 '포스트 정당'의 제반 특징이 나타나고 있음을 지적하고 있는 것이다. 19세기적 정당은 정치운동의 기초 위에 건립되었다. 포스트 정당이라는 개념이 지시하고자 하는 것은 오늘날에도 여전히 정당이 정치의 주연배우 노릇을 하고 있음에도, 실질적으로는 이미 19세기 정당과 같은 대표성을 상실하였으며, 따라서 정당 본연의 논리를 상실했다는 사실이다. 물론 이 새로운 발전의 추세 속에서도 정치의 형식적 안정성은 상당히 확고

---

3 정당, 미디어, 법률을 가리킨다.

해 보인다. 다시 말하자면, 정치제도는 여전히 정당정치의 대표성 원리라는 토대 위에 구축되어 있다. 그러나 바로 이러한 이유 때문에, 대표성의 붕괴는 오늘날의 정치가 위기에 직면하였음을 보여주는 주요한 징후가 된다.

포스트 정당정치가 직면한 과제는 어떻게 대표성을 재건할 것인가, 혹은 어떠한 의미에서 대표성을 재건할 것인가라는 문제다. 20세기 중국의 정치적 실천과 정당정치에는 이미 포스트 정당정치의 요소들이 다분히 존재하고 있었다. 그러나 당시에는 이 요소들이 대체로 슈퍼 정당의 형식으로서 존재했다. 하지만 오늘날의 정당정치는 이 슈퍼 정당의 실천적 연장선상에서 유래한 것임에도 불구하고, 동시에 이 슈퍼 정당이 국-당체제로 탈변해버린 조건 속에서 형성된 것이기도 하다는 점에 주목할 필요가 있다. '대표성 붕괴'를 극복하기 위한 방안을 모색한다는 것은 우선 어떤 의미에서 대표성을 재구축할 것인가를 탐문하는 것이며, 다음으로 포스트 정당정치의 새로운 경로를 모색하는 것이다. 오늘날 우리 앞에 놓여 있는 '대표성의 재구축'이라는 과제는 지난날의 구호와 실천을 반복함으로써 간단히 달성할 수 있는 성질의 것이 아니다. 우리는 대표성 정치에 도대체 어떠한 문제들이 발생하고 있는 것인지, 사회구조가 변화되어가면서 현행 정치체제와 어떠한 탈구의 양상을 보이고 있는지를 우선 분명히 해두지 않으면 안 된다. 이러한 관점에서 본다면, 포스트 정당정치에 대한 토론은 다음과 같은 두 가지 문제에서 시작할 필요가 있다. 첫째는 20세기 중국의 대표성 정치원리를 새롭게 인식하는 것이

고, 둘째는 포스트 정당정치의 조건과 가능성을 꼼꼼히 점검하는 것
이다.

20세기 중국의 대표성 정치원리에 대한 재구성

먼저 20세기 중국의 대표성 정치원리에 대해 다시 한번 정리를 해두고 가기로 하자.

대표성 문제와 여기서 파생된 대표제 문제는 현대 정치제도의 핵심적 사안이다. 19세기와 20세기 내내 정당이나 계급 등의 범주가 등장하고, 그것이 국가 정치의 틀 속에서 구체화되는 과정은 대표성 정치의 구체적인 내용을 구성하고 있다. 군주제도가 쇠락하고 난 이후로 대표성 정치는 민주의 문제를 포괄하게 되었다. 중국의 대표성 정치는 다당의회제, 보통선거제를 중심으로 하는 서방의 대표성 정치와는 전혀 다른 정치적 원리에 기반하고 있지만, 이러한 전제는 오늘날 너무 쉽게 간과되거나 오해받고 있다. 따라서 이번 기회에 민주형식의 문제를 분명히 정리해두고 넘어갈 필요가 있겠다. 우선 지적해야 할 것은 서방의 보통선거제에 기반한 민주는 결코 민주의 유일한 형식이 아니라는 점이다. 나아가 민주라는 것은 결코 추상적인 형식에 불과한 것이 아니다. 민주는 어떤 경우든 정치적 동력을 전제하지 않고는 작동되지 않는다. 정치적 동력이 존재하지 않는 경우에는 민주의 어떠한 형식도 올바르게 작동될 수 없다.

중국의 대표성 정치의 원리를 이해하고자 한다면 단도직입적으로 중국의 '헌법'에 대한 검토에서 시작해보는 것도 가능하다. 헌정 연구자들 가운데 중국의 '헌법'을 근거로 헌정의 의의를 설명하는 경우는 사실 매우 드물긴 하지만 말이다. 중국의 '헌법' 제1조는 다음과 같이 규정하고 있다. "중화인민공화국은 노동자계급이 지도하는, 노농동맹에 기초한, 인민민주독재를 시행하는 사회주의 국가다." 제2조는 다음과 같다. "모든 권력은 인민에게 귀속된다." 이 두 조항은 사회주의 시기의 대표성 정치원리를 잘 보여준다. 제1원리는 여러 가지 기본적인 정치적 범주들로 구성된다. 다만 이러한 정치적 범주들이 일반 상식의 수준으로 단순화되어서는 안 된다. 이 범주들은 단순한 선험적 원칙에 근거하여 증명될 수도 없으며, 일반적인 실증적 사실로 환원될 수도 없다. 이 범주들은 20세기 중국 혁명의 정치적 실천 과정 속에서 자라나온 것들이기 때문이다.

예를 들어보자. '영도계급으로서의 노동자계급'이라는 것은 무슨 의미인가? 20세기 전반기에 중국의 노동자계급은 대단히 미약한 존재였다. 구성원 면에서 볼 때 중국 혁명은 기본적으로 농민 혁명이었다. 실증적 차원에서 본다면, 노동자계급의 대립 면에 해당하는 것이라 할 수 있는 부르주아 계급이 이 시기에 실제로 하나의 계급을 구성하고 있었느냐 하는 문제에 대해서조차도 여전히 쟁점이 존재한다. 그런데 어떻게 노동자계급이 영도계급이 될 수 있다는 말인가?

20세기 내내 중국의 노동자계급은 중국 전체 인구의 아주 작은 부분만을 차지하고 있었지만, 그럼에도 계급혁명과 계급정치를 창출해냈다. 그러나 오늘날에는 세계에서 가장 규모가 큰 노동자계급이 중국에 있지만, 이 규모에 상응하는 계급정치는 찾아볼 수가 없다.

계급과 계급정치라는 두 개념은 깊은 연관성을 지닌 개념이지만, 반드시 구분해서 다루어야 한다. 현대 중국의 계급정치는, 물론 자신의 객관적 존재와 물질적 토대를 지니고 있다. 그러나 이러한 객관적 토대는 보편적 연관성 전체를 시야에 넣지 않는 이상 정확히 파악할 수 없는 것이다. 만일 이론적 분석이 없었거나 정치적 동원이 없었다면, 혹은 사회주의 노선을 통해 공업화를 실현하고자 했던 제3세계 국가들의 분투가 없었거나, 노동자계급의 정치적 주체성을 창출하기 위한 운동이 없었다면, 노동자계급의 객관적 존재는 결코 자연발생적으로 노동자계급의 정치를 만들어낼 수 없었을 것이다. 노동자계급의 정치조직이 형성되지 못했거나 노동자계급과 그들의 해방을 위해 분투했던 운동이 없었더라도 역시 노동자계급의 정치는 존재할 수 없었을 것이다. 영도계급으로서의 노동자계급이라는 것은 정치적 판단에 해당하는 것이지, 실증적 판단에 해당하는 것이 아니다. 이는 세계 자본주의의 발전이라는 배경 속에서 중국과 기타 피억압 민족이 처했던 정치·경제적 상황에 대한 분석을 통해 얻어진 판단이다. 이러한 의미에서 노동자계급의 정치는 자본주의의 내재적 모순과 그 불균등성에 대한 이론적 분석을 통해 획득한 것이라고 말할 수 있다. 여기서 '계급'이라는 범주는 정치경제학적 분석의 범주이지, 실증주의적 분석 범주가 아니다. 계급의 범주에 대한 주요한 이론적 발상은 자본주의적 생산 과정과 그것의 확장 과정에 대한 분석에서 유래했다. 자본주의와 제국주의가 발전함에 따라 중국을 포함한 비서구 세계 전체가 단 하나의 예외도 없이 전 지구적 자본주의의 노동분업 체계 내부로 포섭되었으며, 모든 사회계층과 사회영역은 서구를 중심으로 하는 산업자본주의의 발전 과정에 종속되었다. 따라서 각각의 모든 사회가 자신의 불평등한 상황과 통치에 대항하여 전개하는 투쟁은 모두 계급 착취의 소멸을 궁극적인 목표로 삼고 있다. 그런데 이 자본주의적인 계급 착취가 바로 역사적으로 존재했던 모든 계급 착취의 최종적 형식에 해당한다. 이것이 바로 현대 중국에 대규모의 노동자계급이 있지 않음에도, 대부분의 농민과 학생, 시민들이 주체가 되었던 거대한 정치투쟁과 군사투쟁 속에서 오히려 노동자계급의 정치가 대대적으로 발전해나갈 수 있었던 이유다. 노동자계급의 정치가 탄생한 것과 그것의 진실성은 결코 노동자계급 성원의 수가 많고 적음에 따라 부정되고 말고 할 수 있는 성질의 것이 아니다. 말하자면 계급정치는 자본주의 논리 속의 모순과 그로 인해 발생한 계급적 불평등을 겨냥한 운동을 가리키는 것이기 때문에, 정치적인 계급 개념 혹은 영도계급으로서의 노동자계급의 개념은 일반적인 사회적 계층 구분 혹은 사회적 분업의 차원에서 말하는 계급 개념과는 결코 동질적인 개념이 아니다. 영도라는 개념의 근본적 함의는 이 계급이 자본주의적 논리를 바꾸어내기 위한 주된 추동력이라는 데 있다. 그리고 이 추동력은 시기마다 각각 서로 다른 형식으로 표현된다.

인민의 이익을 대표하는 영도계급으로서의 노동자계급은 두 가지 중요한 사회적 현실에 기반하고 있다. 첫째, 중국은 농업사회이며, 인구의 90퍼센트 이상이 농민이라는 점이다. 이 때문에 노동자계급의 대표성은 불가피하게 농민 문제와 깊은 관련성을 지닐 수밖에 없으며, 농민을 끌어안지 않으면 안 된다. 이와 같은 현실적 조건 위에서 비로소 '인민'이라는 정치적 범주가 구축되었다. 둘째, 노동자계급은 자본주의적 생산의 부산물임과 동시에 부르주아 계급의 대립 면으로 구축된 정치적 정체성으로서, 인민의 보편적 이익과 미래를 체현하는 존재라는 점이다. 자본주의적 생산의 부산물로서의 노동자계급(즉 구현된 노동형식)의 존재는 결코 계급정치의 존재와 동일시할 수 있는 성질의 것이 아니다. 계급정치는 자본주의의 전 지구적 노동분업과 그 내부 모순의 운동에 대한 분석에서 유래한 것이며, 자본주의적 생산 논리의 속박에서 해방된 보편적 추동력으로서 구현된 것이다. 그런데 자본주의적 조건하에서는 민족적 억압이 전前 자본주의 시대와 구분되는 특징을 지니고 있기 때문에 계급정치는 피억압 민족의 이익 역시도 동시에 대표하게 되며, 노동자계급 해방의 과제는 민족해방의 과제를 동시에 포함하게 된다. '영도'라는 개념이 지시하는 것은 사회의 전반적 운동에 대한 정치적 추동력이다. 물론 영도는 각각의 서로 다른 시기마다 해당 시기에 주도적 영향력을 행사하는 특정 정치 역량으로 서로 다르게 구현되기는 하지만, 그럼에도 이 개념은 어떤 경우에도 정치적 관료체제와 동일시될 수는 없다. 현대 정치의 변화와 발전에 관한 논리는 기존의 사회구조에 의해 형성되는 것이 아니다. 그것은 자본주의 발전에 대한 이론적 분석에 근거하여 구축되는 것이며, 이 이론적 분석과 그에 근거한 정치적 실천은 새로운 정치적 주체의 탄생에 직접적인 영향을 미치게 된다. 바로 이와 같은 이유 때문에 사회의 계급구조에 변화가 발생하는 경우에도 이 불평등관계에 맞서기 위해 형성된 정치적 동력은 여전히 다양한 형태의 정치적 참여, 이론적 사변, 사회적 실험 등을 통해 그 활력을 드러낼 수 있게 되는 것이다.

오늘날 20세기적인 정치논리는 이미 퇴조하였으며, 이제 대부분의 지식인들은 중국 사회의 계층과 계층정치를 실증주의적 태도로 대하고 있다. 우파만이 아니라 심지어 일부 좌파까지도 20세기에 농민과 기타 사회계층에 비해 노동자계급의 구성원이 중국의 정치생활 속에서 차지했던 지위와 비중이 매우 제한적이었으며, 부르주아 계급은 여전히 성숙하지 못했다고 생각한다. 따라서 현대의 혁명은 사회주의적 성질을 지닐 수 없으며, 노동자계급은 진정한 영도계급이 될 수 없다고 여긴다. 이러한 관점은 일정 정도 중국 혁명과 현대 중국 정치의 심층 원리를 해체하고 있는 것이라 할 수 있다. 이러한 일련의 실증주의적 정치관의 유행은 20세기 정치를 구성하는 요소 가운데 하나였던 역사이론에 근거한 분석 방법의 퇴조를 배경으로 한다. 이러한 관점을 지닌 사람들이 공유하는 것은 구조적이고 본질주의적인 계급 개념이며, 자본주의에 대한 정치경제적 분석에 기반하여 제출된 계급 개념의 정치성은 이러한 본질주의적 계급 개념에 의해 해소되고 말았다.

계급 개념으로부터 일단 그 정치성이 제거되고 나면, 그 개념의 실질적 내용은 실증주의적 논리를 따라 구조적인 '계층' 개념으로 미끄러져 가게 마련인데, 그 때문에 혹여 계급이라는 어휘를 여전히 사용하는 경우가 있다 하더라도 그 어휘의 의미는 현대 사회학에서의 계층 개념과 실질적인 차이가 없는 것이 된다. 사회계층의 개념은 국가를 중심으로 구성되는데, 이때 계층은 객관적인 사회구조로 간주되며, 그 자체로 정치적 운동 역량을 갖추고 있지는 못한 것이다. 그러나 이에 비해 계급 개념은 정치적인 개념이다. 계급과 국가의 연관성은 (예를 들어 노동자 국가 혹은 사회주의 국가와 같은 개념) 전위 정당과 그 계급 연맹을 통해 구체화된다. 구조적 계층 개념 위에서는 그에 상응하는 구조적 대표제가 수립될 수 있다. 정당이나 인민대표대회 등에서 실행하고 있는 대표비례제 등이 그 예가 될 수 있다. 물론 20세기적인 계급 개념 역시 사회계층 개념 속의 몇 가지 요소를 포함하고 있으며, 이로 인해 계급정치 내부에도 대표비례제 등과 같은 몇 가지 요소를 공통으로 포함하고 있는 것이 사실이다. 그러나 그와 동시에 20세기적 계급 개념은 명백히 정치적인 개념이며, 따라서 20세기적 계급 개념은 정치적 대표성 혹은 정치적 영도권 등과 같은 개념과 깊이 연관되어 있는 것이다. 이른바 군중노선이라는 것은 바로 이러한 정치적 대표성과 정치적 영도권 개념이 체화된 것이라 할 수 있다. 오늘날의 사회과학 이론이 현재 우리 사회가 직면한 대표성 위기를 해석해내는 데 무능하고, 20세기가 대표성 정치를 배태한 원인을 제대로 설명해내지 못하는 이유가 바로 여기에 있다. 오늘날과 같이 탈정치화가 심화되어가는 조건에서는 정당이나 인민대표대회 등의 제도 내부에서 몇몇 계층(예를 들어 노동자나 농민)의 대표 지분이 늘어난다 하더라도 (물론 이것은 필요하고, 그 자체로 긍정적이지만) 대표성의 붕괴라는 위기가 근본적으로 해결될 수는 없다. 대표성을 다시 수립하고, 탈정치화된 정치를 재정치화하는 것은 동일한 문제의 양면에 해당한다. 이른바 재정치화는 당대 자본주의 내부의 모순과 그 불균형에 대한 재분석을 통해 자본주의의 논리를 혁파하기 위한 동력을 새롭게 발굴해내는 것을 의미한다.

군중노선과 '포스트 정당정치'의 조건

　잠시 20세기 계급정치의 형성이라는 맥락으로 눈을 돌려보기로 하자. 20세기 중국의 계급정치 속에는 이미 초월적 대표성이라는 요소가 포함되어 있었다. 그리고 그러한 20세기 중국 계급정치의 주인공이었던 정당은 초월적 정당 혹은 슈퍼 정당의 특징을 갖추고 있었다. 중국의 고전적 정치 개념인 '예악'禮樂 개념과 '제도' 개념을 빗대어 설명해보자면, 이른바 '초월적 대표'는 예악의 논리에 해당하는 것이며, '대표'는 제도의 논리하에서 작동하는 개념이라고 말할 수 있겠다. 예악이 아직 완성되지 않은, 따라서 지속적으로 형성되어가는 제도인 것처럼, 초월적 대표는 사람들로 하여금 참여를 통해 스스로 질서를 형성해나갈 수 있도록 하는 정치적 과정을 의미한다. 초월적 대표라는 개념이 강조하고자 하는 것은 바로 이러한 정치적 과정이다. 이 역시 대표 제도의 틀 속에서 씨앗의 싹이 트고 자라나는 것이긴 하지만, 양자는 단순히 동일시될 수 있는 것이 결코 아니다.

　실제로 제1차 세계대전 이후 의회주의 노선의 문제를 둘러싸고 각국의 공산당을 포함한 여러 정파들 사이에서 장기적인 논쟁이 전개되어왔다. 이 논쟁의 핵심은 바로 정당의 의미를 새롭게 정의하는 것과 관련이 있다. 국민당과 공산당 사이의 투쟁과 항일운동이 동시에 전개되던 상황에서 통일전선, 무장투쟁 그리고 당 건설은 중국공산당의 정치적 요체였다. 그러나 중국공산당이 초월적 정당 혹은 슈퍼 정당의 성격을 지닌 정치를 전개할 수 있었던 것은 무엇보다도 "모든 것은 군중을 위해, 모든 것을 군중에 의지하여, 군중으로부터 와서 군중에게로 돌아간다"라는 구호를 핵심으로 하는 군중노선 때문이었다. 근거지 건설 그리고 전국적 범위에서의 집권이라는 조건 속에서 이러한 정치적 실천은 기본적으로 19~20세기 서구에서 탄생한 대표제의 몇 가지 형식과 내용을 계승 혹은 차감한 것이었다. 예를 들어 대표의 선거, 정당(공산당만이 아니라 민주당파를 포함하여)의 대표성에 대한 설명 방식 등이 그것인데, 그럼에도 이 시기의 정치적 실천 속에 초월적 정당적인 혹은 포스트 정당적인 요소가 동시에 포함되어 있었다는 점은 매우 분명해 보인다. 이러한 요소들은 중국공산당이 정당과 사회 사이에 유기적이고 정치적인 상호관계를 수립하기 위한 다양한 노력으로 표현되어왔다.

20세기 중국이 남긴 정치적 유산 가운데 하나인 중국적 대표성 정치의 '초월적 대표성'은 다음과 같은 두 가지 중요한 특징을 지니고 있다. 하나는 문화와 이론의 중요성이라는 측면이며, 또 하나는 정당의 정치적 활력이 군중노선을 통해 유지되고 있었다는 측면이다.

이론 논쟁과 정당의 '자기개혁'을 위한 정치적 공간 창출

중국의 근현대 역사에서 문화운동이 새로운 정치를 위한 기초를 마련하면, 정당은 다시 이 문화운동을 길들이고자 시도하곤 하였는데, 이러한 현상은 여러 차례 반복되었다. 이처럼 정치적 대표성 및 정치적 주체성의 탄생과 문화운동 및 이론투쟁 사이에는 긴밀한 연관성이 존재하며, 역사 연구 역시 대체로 문화운동과 이론투쟁에서 자유롭지 못했다. 여기서 다양한 문화운동의 옳고 그름을 따지거나, 그 운동의 경험과 교훈을 상세히 분석하기는 어려울 것으로 보인다. 다만 정치적 활력은 언제나 문화와 정치 사이의 상호작용 속에서 생성되었으며, 이러한 활력이 상실된 주요 원인은 문화운동에 대한 정당의 과도한 간섭과 규제로 인해 문화와 정치 사이의 상호작용이 단절된 데 있다는 점을 확인하는 것으로 만족하고자 한다.

오늘날 문화는 이미 새로운 정치적 주체성이 끊임없이 자라나오는 공간으로가 아니라, 정치나 경제로부터 독립된 별개의 영역으로 간주되고 있다. 이른바 문화산업이라는 것은 오늘날 문화가 사회·경제 속에서 차지하고 있는 지위가 어떠한 것인지를 상징적으로 보여준다. 마오쩌둥이 「모순론」에서 지적한 것처럼, 낙후한 국가에서는 이론이 언제나 근본적인 중요성을 지닌다. 새로운 정치를 창출해내고자 할 때, 이론이 없는 발전이란 그야말로 불가능한 일에 속한다. 자동차는 공장 문을 닫아걸어 놓고도 조립해낼 수 있을지 모르지만, 이른바 이론을 창조해낸다는 것은 그렇게 할 수 있는 일이 아니다. 이론투쟁의 성패는 최종적으로 이론과 실천의 관계에서 결정되며, 그 성패란 바로 실제를 벗어난 이론과 그에 기대어 있는 교조주의적 정치인가, 아니면 실천으로부터 와서 실천으로 되돌아가는 이론과 그에 근거한 실천이 될 것인가의 문제. 실천의 중요성을 강조하는 것은 결코 사상·이론·노선에 대한 논쟁과 토론의 중요성을 부정하는 것이 아니다. 그것은 다만 현실과 유리된 교조주의에 반대하는 것이며, 그럼으로써 정당의 정책이 사회의 요구와 어긋나는 방향으로 향하게 되는 것을 방지하고자 하는 것일 뿐이다.

중국 국가체제의 특징은 당정黨政이 한 몸을 이루고 있다는 데 있다. 중국 국가체제의 역량과 위기는 모두 이 체제적 특징과 직접적으로 관련되어 있다. 그리고 동시에 바로 이와 같은 이유 때문에 당정 일체화에 대한 단순한 포폄만으로는 결코 문제의 소재에 접근해 갈 수가 없다. 분석되어야 할 것은 왜 어떤 조건에서는 이 체제가 정치적 역량을 발휘하게 되고, 또 다른 어떤 조건에서는 정당의 정치적 역량이 전례 없이 약화되어 권력과 자본의 논리에 굴복하게 되는가 하는 점이다. 바꾸어 말하면, 정당과 국가의 실재하는 관계를 전반적으로 부정하는 것은 매우 생산적이지 못한 일이 되기 쉽다는 것이다. 우리는 반드시 정당과 국가 사이의 다양한 관계 형식과 그 각각의 의미를 꼼꼼히 분석해내야 한다. 중국식 당정 체제의 형성은 중국 혁명가들의 사회주의 노선에 대한 다양한 모색과 깊이 연관되어 있다. 본래 공유제는 자본주의적 사유제의 모순을 해결하기 위해 구상된 것이었지만, 마침 개혁이 진행되던 조건에서는 국가와 자본의 직접적 연합을 가능케 하는 일종의 역사적 전제로 작용했다. 국가가 대량의 국유자본을 장악한 것은 국가로 하여금 단일 자본이나 과두 자본의 통제를 받지 않을 수 있게 만들어준다는 점에서 긍정적인 일면을 지닌 것이었다. 말하자면 국가가 강력한 조절과 통제 능력을 지니고 있었는데, 오늘날과 같은 탈정치화된 조건에서는 정치적 에너지의 대부분이 정치적 능력으로서 체현되지 않고, 국가의 능력 그중에서도 특히 행정적 능력으로 체현되고 만다. 그렇기 때문에 정치적 에너지가 점차 약화되어가는 경우에는 국가의 능력 역시 점점 더 자본을 핵심으로 하는 이익관계에 의해 제약을 받게 되는데, 이러한 상황에서 국유자본은 사적 자본과 똑같이 부패와 독점 그리고 이로부터 파생되는 효율의 문제에 직면한다. 따라서 문제의 핵심은 국유자본의 사유화에 있는 것이 아니라, 어떻게 해야 중국의 국유자산이 자본을 핵심으로 하는 이익관계에서 벗어나도록 할 수 있을 것인가 하는 점이다. 권력과 자본의 결합이 능동성의 소멸이라는 상황을 야기하게 된 것은 무엇보다도 탈정치화의 결과라 할 수 있다. 이처럼 체제의 긍·부정성이 복잡하게 하나로 얽혀 있기 때문에, 만일 지속적인 '자기혁명'을 통해 새로운 정치적 역량을 형성해내는 과정이 중단되는 경우에는 필연적으로 정치적 위기에 직면하게 될 수밖에 없다.

중국 혁명과 사회주의 시기 동안, 당 내부에서 진행된 이론적 논쟁은 정치적 에너지를 집중시키고 나아갈 방향을 조정하는 주요한 방식 가운데 하나였다. 오로지 구체적인 문제로부터 출발하여 이론과 노선의 수준으로 승화되었을 때에만 비로소 새로운 정치적 능동성이 창출될 수 있으며, 동시에 사람들로 하여금 실천적 논쟁과 그에 상응하는 제도적 실천을 통해 문제를 이해할 수 있도록 하는 것이야 말로 오류를 수정하는 최선의 방법이었기 때문이다. 그러나 그 시기에도 논쟁은 군중노선과 이론-실천의 상호 전화 과정 속에 함께 있었지, 결코 당 내부에만 국한되어 있지 않았다. 그리고 거대한 개혁 과정을 지나온 오늘날 이러한 논쟁은 그 필연적인 추세에 따라 사회 영역으로 확장되고 있다. 공민의 언론 자유, 정치영역에서의 논쟁 공간, 첨단 테크놀로지에 의해 뒷받침되는 공민의 참여, 그리고 일하는 사람이 정치생활의 주인공이 되는 것 등은 '포스트 정당정치'를 위한 필요조건들이다. 그러나 정치적 논쟁과 공민의 참여가 건강하게 발전하기 위한 기본적 조건은 공공영역에 대한 개혁—즉 미디어 자본의 집단화와 정당화政黨化 논리로부터 벗어나 진정한 관용과 자유의 공간을 창출하는 일—이라는 과제와 분리될 수 없다. 사회적 논쟁과 공공정책 조정 사이의 적극적 상호작용은 이러한 전제하에서만 비로소 실현될 수 있다. 오늘날 공민의 언론 자유를 억압하는 힘은 전통적인 정치영역으로부터만이 아니라 집단화되고 정당화된 미디어 권력 자체로부터도 나온다. 공공공간의 확장은 미디어의 독점에 대한 반대와 절대로 대립되는 명제가 아니다.

이론 논쟁이 정치적 실천과 분리된 추상적 토론으로 간주되어서는 안 된다. 이론 논쟁은 실제로 실천에 대한 총결이며, 실천의 성과와 새로운 실천 과정을 통해 기존의 이론과 그에 근거한 실천을 검증하는 과정을 두루 포괄한다. 중국 혁명의 경험은 실천의 기초 위에서 이론 논쟁과 정치적 투쟁 과정을 통해 앞선 시기의 오류를 수정하고,

이를 통해 새로운 방안과 새로운 실천을 위한 전제 조건들을 지속적으로 창출해온 과정이었다. 마오쩌둥이 「실천론」에서 지적했듯이, 중국 혁명은 사전에 제시된 어떤 완성된 모델을 따르는 과정이 아니었다. 끊임없는 학습과 모색의 과정이었을 뿐이다. 혁명의 과정이 그러하였고 개혁의 과정 역시 다르지 않았다. 지난 20세기를 돌아보면, 이론 논쟁과 노선투쟁이 활발하던 시기에 정치영역은 활기차고 제도의 창신 역시 적극적이었다. 오늘날 지방으로의 권력 분산과 이권 양도가 광범위하게 이루어짐에 따라 지역에서 전개되는 실험이 지니고 있는 중요성이 크게 부각되면서 이론영역에서의 서로 다른 목소리들역시 자연스럽게 늘어가고 있다. 개혁의 활력은 많은 부분 서로 다른지방 단위의 실험과 그 실험들 사이의 상호 경쟁, 그리고 중앙-지방간의 적극적이고 변증법적인 상호작용, 즉 '두 가지 적극성'을 이끌어내기 위한 노력에서 얻어진다.

중국 혁명 속의 노선투쟁과 이론 논쟁은 서로 긴밀한 연관성을지니고 있었으며, 새로운 정치적 노선의 수립은 바로 이러한 노선투쟁을 통해 이루어져왔다. 개혁 과정 역시 실제로 이러한 투쟁으로 점철되었다. 이렇게 혁명적 정치 속에서 이론투쟁과 정치투쟁이 오류를 바로잡는 기능을 담당해왔음을 강조하는 것은 이 과정 속에서 벌어진 폭력과 독단을 비판하는 일과 조금도 모순되지 않는다. 노선투쟁 과정 속에서 벌어진 잔혹한 투쟁과 무자비한 타격의 역사가 우리에게 던져주는 교훈은 매우 심원한 것이다. 공산당은 반드시 민주와 법치의 기초 위에서 모든 문제를 해결해나가야만 한다. 그렇다고 투쟁 과정 속에 있었던 이러한 폭력을 근거로 이론투쟁과 노선투쟁 전체가 단순한 권력투쟁 혹은 정치적 박해에 불과하였다고 단순하게 해석하는 것은 바람직하지 못한 일이다. 정치적 박해는 이론투쟁과 노선투쟁 그리고 당내 경쟁적 실천의 파탄을 의미하는 것일 뿐이다. 현재의 사상논쟁에 대한 정치권력과 미디어 세력의 억압 역시 정치의 파탄을 의미한다. 오늘날 우리 주변에서 쉽게 찾아볼 수 있는바, 과거 역사 속의 폭력에서 교훈을 얻어야 한다고 주장하는 수많은 책들은 실제로는 이론적 투쟁과 노선 논쟁의 필요성을 부정하고자 하는 데 주된 목적을 둔다. 그리고 이와 같은 부정의 결과 정당은 자기교정 기제를 상실했으며, 정치의 영역은 외부와 단절된 자폐적인 공간으로 전락했다. 이러한 유형의 연구와 저술은 모두 '탈정치화된 정치'의 산물에 불과하다. 지금 우리가 정말로 진지하게 연구해야 할 것은 도대체 왜 이론적 논쟁, 특히 정치적 노선 논쟁의 차원으로 승화된 이론 논쟁은 더 쉽게 폭력적 억압으로 전화되는가 하는 문제. 이 문제를 연구하기 위해서는 정당의 국가화 과정, 즉 정당과 국가 사이에 반드시 있어야 할 경계가 무너짐으로 인해 정당이 상대적으로 자율적인 이론적 공간을 더 이상 확보할 수 없게 되었다는 역사적 사실에 대한 고찰을 피해갈 수 없다. 동시에 이 문제에 대한 연구는 미디어의 정당화 과정, 즉 미디어 세력이 국가 혹은 자본의 정치적 대리인 역할을 담당하고자 함으로써 공공공간에 대한 식민화가 이루어졌다는 사실에 대해서도 눈을 감을 수 없다. 비판과 자아비판은 본래 정당 생활의 필수 요소였다. 그러나 1980년대에 '논쟁하지 않는다' 不爭論[4]는 방침이 제출된 이후 실질적으로 비판과 자아비판은 자취를 감추었다. 논쟁과 투쟁과 검증 없이 어떻게 비판과 자아비판의 실천이 있을 수 있으며, 또 어떻게 정치적 창신이 이루어질 수 있겠는가?

군중노선과 사회조직의 정치적 활력

오늘날과 같이 정당정치와 권력 구조가 긴밀하게 뒤얽혀 있는 상황에서, 정당이 스스로의 혁신에만 의지하여 새로운 정치를 창출해 낼 가능성은 매우 희박하다. 국-당체제의 조건하에서 중국의 국가와 정당체제의 관료화는 과거 어느 시기보다 심화되어 있는 실정이다. 이런 상황에서 정당의 역량에만 의지하여 관료화의 추세를 약화시킨다는 것은 말처럼 쉬운 일이 아니다. 이러한 의미에서 군중노선은 새롭게 평가되어야 할 필요가 있다. 군중노선은 정당이 스스로의 정치적 활력을 유지하기 위한 첩경이 될 수 있을 뿐만 아니라, 정치의 개방성 혹은 정치 참여를 획기적으로 제고하기 위한 방안으로서 의의를 지닌다는 점에서도 역시 적극적으로 재평가될 필요가 있다.

군중노선이라는 개념은 1929년 중국공산당 중앙이 홍4군에게 보

---

4   저자가 '1980년대'라고 말한 것은 일반적으로는 가능한 논법이지만 연도가 정확하지는 않다. '논쟁하지 않는다' 不爭論(논쟁 금지)는 것은 1992년에 덩샤오핑이 중국 남부 지역을 시찰하면서 개혁개방의 지속과 확대를 천명하는 과정에서 제시한 일종의 이데올로기 정책이다. 덩샤오핑은 "개혁개방이 일단 시작되면, 무수한 이견들이 쏟아져나올 것"이라면서, 논쟁하지 않는 것은 "일할 시간을 벌기 위해서"라고 언급했다. 덩샤오핑은 논쟁하지 않는 대신 "대담하게 실험하고, 대담하게 돌파해나갈 것"을 선언했다. 이 책 93쪽도 참고.

내는 서신에서 최초로 제출되었다.[5] 그러나 "모든 것은 군중을 위해, 모든 것을 군중에 의지하여, 군중으로부터 와서 군중에게로 돌아간다"라는 것은 비단 정치와 군사영역의 전략만은 아니다. 그것은 일종의 유기적인 혁명정치에 대한 묘사이기도 하다. '인민'과 마찬가지로, '군중' 역시 정치적 범주다. 그것은 정당과 대중의 결합을 통해 구성된 새로운 정치적 주체성을 가리킨다. 군중노선의 맥락 속에서 우리는 정당의 정치와 대중사회의 정치 사이에 긴밀한 연관성이 있다는 사실을 분명히 발견할 수 있다. 이것은 중국의 정치가 지니고 있는 특수성 가운데 하나다. 그러나 19~20세기 유럽의 정당정치가 전 세계적으로 확산되어 있는 상황 속에서 이 특수성을 제대로 설명해내는 것은 쉽지 않은 일임에 분명하다.

그렇다면 중국공산당과 군중노선의 관계는 어떻게 형성된 것인가? 군중노선 개념은 1929년 중국공산당이 도시 중심 투쟁에서 농촌 근거지에 기반한 인민전쟁으로 방향을 전환하는 과정에서 제출되었다. 인민전쟁 개념은 일반적인 전쟁과는 구분되는 정치적 범주에 해당하는 것으로, 새로운 정치적 주체를 창출하는 과정인 동시에 그 정치적 주체에 상응하는 정치적 구조 및 자기표현 형식을 창출하는 과

---

5 여기서 언급한 편지는 1929년 9월에 천이陳毅가 초안을 작성하고 저우언라이周恩來가 비준한 「당 중앙이 홍4군 전적위원회前敵委員會 앞으로 보내는 명령서」中央給紅四軍前委的指示信를 지칭하는 것으로 보인다. 그러나 정확히 말하자면 '군중노선'이라는 용어가 당의 지도자에 의해 가장 먼저 언급된 것은 이 편지에서가 아니라, 1928년 11월 리리싼李立三이 저장성 책임자에게 중국공산당 제6차 당대회의 정신을 설명하는 과정에서였던 것으로 밝혀졌다.

정으로서 의미를 지닌다. 이러한 인민전쟁 과정에서 현대 정당의 대표성 관계에 근본적 변화가 발생하는데, 그것은 바로 인민이라는 정치적 주체가 형성되었으며, 이 인민의 요구에 근거하여 정치의 내용과 형식(예를 들면 정당, 변방지역 정부,[6] 농민협회, 노동조합 등)이 새롭게 만들어지거나 새로운 형태로 변화되었다는 점이다. 따라서 인민전쟁이 없었더라면 중국공산당은 결코 새로운 단계로 이행할 수 없었을 것이 분명하다. 당원의 구성, 사회적 토대, 사업 방식, 혁명적 정치에 대한 이해 방식 등 모든 측면에서 볼 때, 1921년에 탄생한, 노동자계급이나 농민계급과는 아무런 실질적 관계를 맺고 있지 못했던, 소수의 지식인들로 구성되어 있던 정당과 장시소비에트[7] 시기의 정당 사이에는 실로 엄청난 차이가 있었다. 대혁명 실패 후 리리싼, 왕밍王明, 취추바이瞿秋白 등이 주도했던 도시폭동과 노동자투쟁 역시 농촌에서 도시를 포위하는 군사 전략에 따라 점진적으로 전개되어가던 인민전쟁과는 전혀 그 성질을 달리하는 것이었다. 인민전쟁 과정에서 이루어진 정당과 군대 사이의 결합, 정당과 혁명정부 사이의 결

6　변방지역 정부邊區政府란 대장정 이후 항일투쟁 기간에 공산당이 통치한 화베이 지역에 수립된 임시 권력기구를 말한다. 일반적으로 변방지역 정부라고 할 때는 옌안을 중심으로 수립된 산간닝 변방지역 정부陝甘寧邊區政府를 가리키는데, 변방지역 정부에서는 이른바 '33제'에 기초한 권력 구성 원칙이 관철되었다. '33제'란 항일민족통일전선을 기초로 하는 민주연합정권 구성의 원칙으로, 각급 참의회와 각급 정부위원회를 포함하는 모든 권력기구의 구성 인원 비율을 공산당원, 당 외 진보인사, 중도파가 각각 3분의 1씩 차지하도록 하되, 공산당원이 지도적 지위를 차지하도록 보장한다.
7　1931년 11월 7일, 장시성江西省 루이진瑞金에 수립된 중화소비에트공화국中華蘇維埃共和國. 장제스의 포위 토벌에 밀려 1935년 루이진에서 탈출했으며, 대장정을 거쳐 옌안에 도착한 뒤 1937년에 명칭을 산간닝 변방지역 정부로 고치고 정부 구성 원칙을 수정함으로써 공식적으로 소멸했다.

합, 토지혁명을 통해 이루어낸 농민 대중과 정당 사이의 결합, 그리고 인민전쟁 과정에서 이루어낸 기타 정당, 사회계층과의 관계 및 그 정치적 대표 관계의 새로운 변화 등은 인민전쟁이 역사 속의 그 어떤 정당과도 확연히 구별되는 새로운 유형의 정당을 창출했을 뿐만 아니라, 역사 속의 그 어떤 프롤레타리아 계급과도 확연히 구분되는, 농민을 주요 구성원으로 하는 새로운 계급 주체 역시 창출했음을 잘 보여주고 있다. 나는 이러한 정당을 초월적 정당의 요소를 갖고 있는 '슈퍼 정당'이라고 부르고자 한다.

중국공산당이 처음 창건되었을 때는 소수의 지식인들로 구성되어 있었다. 마링馬林은 이들을 프티부르주아라고 규정하기도 하였거니와, 실제로 이들이 노동자·농민과 맺고 있는 관계는 당시 국민당이 노동자·농민과 맺고 있는 관계의 수준에도 미치지 못했다. 1925년에서 1926년 사이에 국민당이 소련 및 공산당과의 연대 정책을 채택함으로써 비로소 국공 양당은 농민운동과 노동운동을 본격적으로 전개해나갈 수 있었다. 마오쩌둥이 주도한 광저우廣州 농민운동 강습소 역시 이 농민운동의 결과물이었다. 북벌전쟁 시기 국민당의 주요한 정치적 창조성은 두 가지로 집약될 수 있는데, 하나는 과거의 군벌 형태를 벗어나 당군黨軍을 창설한 것이고, 다른 하나는 공산당과 함께 노동운동과 농민운동을 전개함으로써 군중운동을 북벌전쟁과 결합시켰다는 것이다. 당군의 개념, 즉 무장 혁명으로 무장 반혁명에 맞선다는 발상은 결코 공산당이 처음으로 발명한 것이 아니었다. 그것은 당시까지도 아직 혁명의 단계에 남아 있었으며, 그로 인해 국제공산주의운동의 영향 아래 있었던 국민당이 창안한 것이었다.

인민전쟁은 대혁명 실패의 결과였지만, 그 최초의 맹아는 이미 북벌전쟁 시기에 나타나고 있었다. 추수秋收 봉기와 난창南昌 봉기에 각각 참가했던 두 부대가 징강산에서 합류하여 장시소비에트 혁명 근거지를 창설한 일은 인민전쟁을 가능케 한 이정표와도 같은 사건이었다. 근거지에서 토지개혁과 무장투쟁은 정당정치가 대중운동으로 전화되는 기본적인 방식으로 자리 잡았다. 이를 기점으로 징강산 투쟁의 중심 문제는 혁명전쟁 조건에서의 토지개혁과 정권 수립으로 변화되어갔다. 당과 군대의 결합, 군대를 통한 당과 농민운동 및 당과 토지개혁 사이의 결합, 당과 당이 지도하는 소비에트 지구 정부의 경제생활에 대한 관리, 대중사업 속에서 전개한 문화운동 등은 혁명의 구체적인 내용과 중심 임무를 변화시켰을 뿐만 아니라, 정당과 군대 그리고 정권과 농민운동 사이의 다중적 결합을 통해 완전히 새로운 혁명적 정치의 주체를 창출하는 데 성공했다. 그리고 이것이 바로 인민전쟁의 정치적 토대가 되었다. 19세기 유럽과 20세기 러시아에서 기원한 정당, 정당정치, 소비에트 정부 등과 같은 정치적 현상과 비교해보면, 인민전쟁은 확실히 중국 혁명의 고유하고 독창적인 창안에 해당한다. 마오쩌둥은 군대와 인민이야말로 승리의 근본이라고 말했는데, 이 명제에는 인민전쟁의 다음과 같은 일반적 원칙들이 포함되어 있다. 첫째, 군중을 동원하고 군중에 의지해야만 비로소 전쟁을 수행하는 것이 가능하다. 둘째, 강대한 정규군이 있어야 하고, 동시에 지방의 무장력과 민병 역시 반드시 필요하다. 셋째, 군대와 인민의 범주는 군사적 투쟁과 긴밀하게 연관되어 있는, 토지개혁과 정권 수립을 핵심으로 하는 정치적 과정을 의미한다. 이러한 역사적 전제 조건하에서 비로소 군중노선이 탄생하였으며, 군중노선은 무엇보다도 '최대다수 군중의 이익을 옹호하는 것'으로 당의 모든 사업의 출발점과 목표를 삼는 것을 의미했다.

한편 변방지역 정부는 군중 생활의 조직자이기도 했다. 변방지역 정부는 군중의 문제를 해결하기 위해 할 수 있는 모든 노력을 다함으로써 군중의 생활을 실질적으로 개선하고, 이를 통해 군중의 신뢰를 얻어냈을 때에야 비로소 이 광대한 군중으로 하여금 홍군에 가입하고 전쟁을 지원하여 국민당의 포위 토벌을 분쇄하는 데 나설 수 있도록 할 수 있었다. 군중 생활의 조직자로서의 변방지역 정부를 우리는 어떻게 이해해야 할 것인가? 표면적으로 보자면 그것은 지역정부 기능의 조직을 강조하는 것처럼 보일 수 있다. 그러나 실천적인 측면에서 보자면 그것은 무엇보다도 공산당원들 스스로가 군중 속으로 들어가 그들의 학생이 될 것을 요구하는 것이었다. 조직이 없이는 대중의 주체성은 현실 속에 구현될 수 없다. 군중과 일체가 되고 그들로부터 학습하는 과정이 없다면, 조직은 그 동력을 상실하게 될 것이며, 동력을 상실한 조직은 다만 군중을 지배하는 구조에 지나지 않는 것이 되고 만다. 이처럼 변방지역 정부는 군중이 그것을 통해 자신의 존재를 드러낼 수 있도록 만들어주는 형식이었으며, 공산당은 프롤레타리아가 스스로를 표현하는 것을 가능케 해주는 정치적 조직이었다. 그리고 이를 통해 산업화의 손길이 전혀 미치지 않는 광활한 변방의 농촌에서도 농민을 주체로 하는 정당이 운동 속에서 자신을 정치적으로 표현할 능력을 획득할 수 있었다. 이러한 의미에서 인민전쟁이라는 조건하에 있었던 정당과 그 정당의 군중노선이 계급적 자기표현 능력을, 따라서 정치적 계급을 창출했다고 말할 수 있는 것이다. 여기서 반드시 강조해야 할 것은 이 당은 인민전쟁 이전의 그 당이 아니라는 점이다. 이 당은 토지혁명과 변방지역 정부 건설 과정을 통해 재구성된 바로 그 당이었다. 인민전쟁 이전의 그 당은 농민을 주체로 하는 무산계급 정당을 창출해낼 수 없었다. 이 임무는 오로지 인민전쟁과 근거지 건설에 참여한 정당만이 완수할 수 있는 것이었다.

인민의 일상생활에 대한 조직 형식이라는 점에서 볼 때, 변방지역 정부는 정권에 준했다. 물론 정권이라는 의미에서 본다면 역시 중국과 세계의 역사로부터 국가의 경험을 학습해야 할 필요가 있는 것이었지만, 그들이 진정으로 학습해야 했던 것은 일반적인 자본주의 국가들의 경험이 아니라 목적의식적으로 계급을 구성해낸 정치적 형식이었다. 인민전쟁이라는 조건하에서 중국공산당과 근거지 정부가 해야 할 일은 군사적 사무의 영역에 국한되지 않았다. 그들은 일상을 조직해내야 했다. 그 일상이라는 것 속에는 토지와 노동, 생필품, 여성, 학교 등이 모두 포함되는데, 우리가 인민전쟁이라 부르는 과정의 대부분은 바로 이러한 것들로 구성되었다. 군중노선은 이러한 인민전쟁의 기본적 전략이며, 당의 정책임과 동시에 당을 재구성하는 형식이기도 했다.

이른바 군중노선이 군중으로부터 와서 군중에게로 돌아가는 것이라고 한다면, 이 명제 속에 포함되어 있는, '누구'를 위할 것인가 그리고 '어떻게' 복무할 것인가라는 문화정치적 질문은 무엇보다도 정당과 군중 그리고 정당과 사회 사이의 관계 문제를 제기하는 것이다. 현대 정치의 기본 외각은 무엇보다도 국가다. 따라서 정치운동이 정치권력에서 분리된 채 독자적으로 전개될 수는 없다. 실제로 대표제가 지닌 문제는 정당과 국가 사이의 관계가 긴밀히 유착되는 경우에 발생하게 된다. 즉 모든 정치적 시스템政治體系은 언제나 일정한 대표representation의 형식을 통해서만 구현될 수 있다. 보통선거, 지방선거, 당내 선거, 천거, 순환 보직과 추첨 등의 메커니즘은 모두가 이러한 대표제를 작동시키는 서로 다른 형식이다. 이러한 형식 사이의 우열은 결코 절대적이지 않으며, 구체적인 상황 속에서 구체적인 분석을 통해서만 논의될 수 있다. 물론 어떤 경우에도 이 각각의 형식이 대표제를 제대로 작동시키기 위한 전제는 활력 있는 민중과 민중을 위한 정치가 있어야 한다는 것이다.

그러나 오늘날 많은 사람들은 대표제 문제에 대해 이야기하면서도 대표성 정치 속에 내포되어 있는 '초월적 대표제'의 의미에는 주목하지 않는다. 실제로 군중노선은 초월적 대표의 의미를 내포한다. 군중노선은 일종의 정치적 과정이다. 군중노선 속에서 군중의 개념은 정치적 주체의 형성과 현현에 대한 기대와 그 필요성에 대한 인정을 포함하고 있다. 군중은 형성 과정 속에 있는 정치적 역량이다. 정당과 군중의 관계 역시 바로 이 과정에서 변화되며, 그 결과 양자의 관계는 상대적으로 일체화된 관계로 점차 수렴된다. 이러한 관계는 대표성 개념과 정확히 합치되지는 않는다. 어쩌면 수시로 대표성 개념의 범위를 뛰어넘는 관계가 이루어지고 있다고 말해야 할지도 모르겠다. 이러한 관계를 통해 양자는 서로를 규정하고 구성하는데, 이로써 군중노선은 새로운 정치적 주체성을 창출하는 과정이 된다. 그리고 이 과정에서 군중과 정당이 서로를 규정하고 구성함으로써, 군중은 비로소 정치적 범주가 되고, 정당 역시 대중정치의 일부분이 된다. 따라서 시대의 변화에 어떻게 대응하고 새로운 조건 속에서 또다른 군중을 어떻게 구성할 것인가 하는 것은 정치조직이 정치적 대표성을 재구성하기 위한 핵심적 과제 가운데 하나가 된다. 이 과제를 수행하지 않고는 어떠한 새로운 형식이 출현한다 하더라도 정치적 대표성은 공동화空洞化의 위기에 직면하게 될 것이며, 정치적 대표성의 공동화는 필연적으로 정치체제와 대중생활의 탈구를 초래하게 될 것이다. 그러나 대표제에 관한 토론 속에서 대표성 정치 속에 자리잡고 있는 초월적 대표성의 문제는 너무 쉽게 간과되는 경향이 있다.

계급정치가 퇴조함에 따라 정당정치 역시 포스트 정당정치로 이행한다. 오늘날 중국은 계급구조의 재구성 과정에 있으면서도 계급정치를 억압하는 특수한 역사적 과정 속에 자리하고 있다. 이러한 과정은 노동자계급의 규모가 상대적으로 매우 미약했으면서도 계급정치는 매우 왕성했던 20세기의 상황과 선명한 대비를 이룬다. 포스트 정당의 조건 속에서 과연 군중노선은 어떤 정치적 함의를 지니게 될 것인가? 과거 중국 혁명의 과정에서 군중노선은 대체로 다음과 같은 것이었다고 설명할 수 있다. 그것은 내부적으로 매우 엄정한 기율을 지닌 완비된 정당이 분명한 정치적 방향과 사명의식에 근거하여 군중을 동원하고 군중 속의 열성분자들을 흡수해냄으로써 스스로를 개조하고 강화한 정치적 과정이었다. 오늘날과 같은 국-당체제하에서도 우리는 여전히 군중노선이라는 개념을 사용할 수 있다. 그러나 과거와 같은 정치 방식을 다시 반복할 수 있는 방법은 없다. 정당의 국가화로 인해 야기된 결과 가운데 하나는 바로 정치운동으로서의 정당이 더 이상 존재하지 않게 되고, 이에 따라 정당과 군중의 관계는 점점 국가와 사회의 관계로 변화되어간다는 점이다. 이제는 더 이상 20세기적인 의미에서와 같은 엄정한 조직과 분명한 목표의식을 지닌 정당도 존재하지 않으며, 군중노선을 통해 생성된 대중정치도 존재하지 않는다. 정치는 이제 관리의 범주로 전화되었으며, 그것은 오늘날의 정치가 탈정치화된 정치로 완전히 탈변하였음을 의미한다.

이러한 상황 속에서 새롭게 군중노선을 제기하는 것이 어떤 의미를 지닐 수 있을까? 군중에 의지해야 하는 것은 사회에 대한 감독과 사회 참여뿐만이 아니다. 일정한 사회조직의 형식 역시 군중에 대한 의지를 필요로 한다. 오늘날 20세기적인 의미에서의 계급정치가 존재하지 않게 되었다고 말하는 것은 활발한 계급운동이나 공민의 정치가 존재하지 않음을 의미하는 것이 결코 아니다. 오늘날의 여러 사회조직 가운데 비정부기구의 활동은 미디어를 통해 심심찮게 소개되고 있다. 그러나 상대적으로 노동자나 농민의 운동은 거의 보도되지 않는다고 해도 결코 과언이 아니다. 말하자면 이 비정부기구의 활동과 노동자·농민운동은 서로 다른 형식으로 정치·경제·환경·문화적

의제에 개입하고 있는 것이다. 오늘날 우리 사회의 수많은 사회조직
이나 사회운동은 모두 나름대로의 정치적 잠재력을 지니고 있다. 그
러나 그렇다고 해서 그들이 모두 다 적극적인 정치적 지향성을 지니
고 있는 것은 아니다. 금융자본주의가 장악한 사회적 조건에서는, 심
지어 사회운동 내부에조차 자본 시스템이 침투해 있을 수 있다. 이와
같은 현재의 상황에서는 공민사회에 대한 토론이든, 계급정치에 대
한 토론이든 간에 모두 당대 자본주의의 새로운 형태에 대한 분석을
피해갈 수가 없다.

　금융자본주의는 전 세계가 직면해 있는 공통의 문제다. 이러한
상황에서의 자본 축적과 그 내적 모순의 규모는 과거 어느 시기보다
도 크고 심각하다. 가상경제와 실물경제의 분리 역시 공전의 수준에
도달해 있다. 사회적 관계 역시 이 기형적인 축적 과정에 의해 끊임
없이 왜곡되고 있다. 서구 국가들과 비교해보면, 중국의 실물경제 규
모는 비교적 큰 편이며, 실물경제와 관련 있는 노동집단의 규모 역시
상당히 큰 편이다. 경제에 대한 국가의 조절 능력 역시 여러 선진국
들에 비해 더 강력하다. 주지하다시피 금융자본은 과거의 업종, 동업
조합, 심지어 국가의 구속에서도 벗어나 있으며, 고도의 유동성과 다
국적 성격을 지니고 있다. 이처럼 금융자본주의화가 진전된 조건 속
에서, 이른바 발전이라는 것이 지금 이 자리에서 우리가 분석하고자
하는 정치적 난제들에 대해 어떤 의미를 지닐 수 있는지, 그리고 국
가와 정당, 계급, 각급 사회조직 내부에서는 현재 어떤 변화가 일어
나고 있는지 등에 대해 좀 더 심도 있는 연구와 토론이 이루어질 필

요가 있다. 다만 이 자리에서 분명히 말할 수 있는 것은 현대 국가와 권력 체계를 구성하는 일련의 기본 개념(주권 개념에서 공민 개념까지, 계급 개념에서 노동 개념에 이르기까지)은 모두 우리가 새롭게 직면하고 있는 형세에 근거하여 새롭게 규정되고 분석될 필요가 있다는 사실이다. 그렇다면 지금 중국이 처한 조건 속에서 이러한 일련의 문제를 어떻게 이해할 것인가 하는 문제는 '정치적 실천을 어떻게 전개할 것인가' 하는 문제와 결코 따로 떼어놓고 이야기할 수 없을 것이다.

예를 들어 중국의 담론적 환경 속에서 대표성의 위기를 극복하기 위한 경로 가운데 하나는 대표성을 재건하는 것이라고 말할 수 있다. 그러나 도대체 어떤 대표성을 말하는 것인가? 대표성을 재건하기 위해 우리는 노동자계급 혹은 노농동맹과 같은 개념을 재천명해야 하는 것인가? 금융자본주의의 조건 속에서 선진국들은 탈공업화의 과정을 밟아왔거나 혹은 여전히 그 과정을 밟아가고 있다. 이러한 사회 속의 수많은 이데올로그들은 그 사회 속에 혁명계급으로서의 노동자계급이 대대적으로 축소되거나 소실되었음을 발견하고는 계급과 계급정치에 대한 이론적 회의를 표명하고 있다. 그러나 이러한 과정의 이면에는 중국과 수많은 비서구 국가들에서 진행되고 있는 대규모의 공업화와 대규모 노동자계급의 형성이라는 과정이 동시에 존재한다. 그러나 전 지구화의 조건 속에서 이런 계급 형성 과정의 구조적 배치 양상은 결코 안정적이지 못하다. 오늘날 재계급화는 당대 중국의 핵심적인 사회현상이기 때문에 계급 개념을 다시 차용하는 것은 그야말로 불가피한 일이다. 그러나 노동자계급의 확장과 재조직 그리고 전통적인 노동자 계급정치의 쇠락이 거의 동시적으로 하나의 과정 속에서 진행되고 있음에도, 새롭게 탄생한 노동자계급의 정치는 여전히 과거의 규모와 심도에 전혀 미치지 못하고 있다. 여기서 우리는 최소한 다음과 같은 두 가지 특징을 어렵지 않게 발견할 수 있다. 하나는 노동자 계급정치와 정당정치가 탈구되어 있다는 점이고, 또 다른 하나는 현재의 유연적 생산체제 속에서 이른바 신노동자계급의 집단적 안정성이 매우 취약해져 있다는 점이다. 이 점은 사회주의 공업화 시기 노동자계급의 상황과도 다를 뿐 아니라, 혁명 이전 초기 노동자계급 형성기의 상황과도 다르다.

오늘날 노동자들이 전개하는 투쟁 방식은 대체로 다음과 같은 네 가지 형태로 구분할 수 있다. 첫째는 자신의 권익을 보호하기 위해 벌이는 파업과 자신의 조직(노동조합)을 갖기 위한 노력이다. 예를 들어 광저우의 혼다 자동차 공장에서 발생한 파업[8]은 전형적인 노동자 계급정치의 사례에 해당한다. 둘째는 취업의 단기화, 즉 노동자들이 한 공장이나 회사에 장기적으로 근무하기를 거부하고, 한 직장에서

---

8 2010년 5월 광둥성廣東省 포산시佛山市의 혼다 자동차 공장에서 시작된 파업을 말한다. 처음에는 일상적인 임금 인상 요구안을 제시한 변속기 조립부 노동자들의 소규모 파업이었지만, 혼다 측의 무성의한 협상과 탄압 그리고 결정적으로 지역의 상부 노조 조직이라 할 수 있는 총공회總工會의 개입 과정에서 발생한 폭력 사태 등으로 인해 순식간에 전국적 뉴스로 확산되었다. 그 과정에서 보여준 신세대 파업 노동자들의 독특한 조직 방식과 SNS 활용 등이 크게 주목을 끌었는데, 이 파업의 확산 과정을 계기로 중국에서는 '신세대 농민공', '신노동자계급' 등의 개념과 용어가 만들어졌으며, 이는 중국의 노동운동을 새롭게 인식하는 중요한 전환점이 되었다. 좀 더 자세한 내용은 성근제, 「포산 혼다 노동자 파업 사태와 향후 중국 노동운동의 전망」, 『동아시아브리프』 17호, 2010년 8월 1일자를 참고.

1년 내외의 기간을 근무한 뒤에 다른 직장을 찾아 이직을 하는 것이다. 국가와 자본으로 하여금 노동에 대한 대우를 제고하도록 하는 측면에서 본다면 매우 효과적인 방법 가운데 하나다. 셋째는 노동조합 등과 같은 조직 외에 다른 형태의 조직을 채택하는 것이다. 과거에는 이중 착취로 여겨지곤 했던 이른바 '십장제'領工制[9] 역시 노동자들의 투쟁을 위한 일종의 조직 형태 가운데 하나로 받아들여진다. 즉 일종의 비정규적 계약 형식을 통해 거꾸로 노동자의 이익을 지켜내고자 하는 것이다. 이외에 동향회나 소수민족 노동자들이 자신들의 이익을 지키기 위해 구성한 조직 등도 나타나고 있다. 넷째는 개인 권익의 보호를 중심으로 하는 법률적 권리 수호 운동이다. 예를 들어 향촌 건설 역시 실제로 노동운동의 또 다른 버팀목이 되는데, 이와 관련한 토론은 상당히 많이 이루어졌지만 토론은 대부분 사회계층이라는 틀 안에서 전개되었으며, 이러한 조직이 어떤 정치적 잠재력을 지니고 있는지 그리고 전통적인 계급정치와는 어떤 부분에서 중첩되고 구분되는지에 대한 검토는 거의 이루어지지 못하고 있다.

9 '링궁즈'領工制는 정확한 우리말 번역어가 없어 일단 가장 쉽게 이해될 수 있는 '십장제'로 번역했다. 하지만 우리나라의 '십장'과는 조금 개념이 다른데, 대체로 일군의 비정규 노동자들이 자신의 대표를 내세워 집단적으로 작업 계약을 하는 형태를 통칭한다. 공식화된 제도의 명칭이 아니기 때문에 지역이나 노동자 그룹에 따라 다양한 형태를 보이는데, 때로는 동향인으로 조직되기도 하고 공단 지역에서 조직된 임시 노동자 그룹이 자신들의 대표를 내세워 임시 노동계약을 하는 경우도 있다. 해외에서 들어오는 비상시적이고 급박한 주문에 대처하고자 하는 사업주와 정규직으로 채용되기 쉽지 않은 비정규 노동자들의 이해관계가 이러한 노동 형태를 만들어낸 것이라 할 수 있다. 처음에는 광둥성 광저우를 중심으로 하는 주장珠江 삼각주 지역에서 소수민족인 이족彝族이 이 형태의 고용 계약을 시도했던 것으로 알려졌으며, 해외 주문이 많은 공단 밀집 지역을 중심으로 확산되고 있는 것으로 보인다.

만약 대표성의 붕괴가 정치형식과 사회형식 사이의 탈구로 표현되는 것이라면, 어떤 정치형식이 어떤 특정 사회형식과 유기적 관련성을 지니게 되는 것인가? 현재 중국 사회에는 계급과 계급정치가 존재하고 있는데, 정치적 대표성의 재건은 중국 사회의 재계급화라는 문제와 불가피하게도 직접적 관련을 맺을 수밖에 없다. 그러나 정당의 국가화가 심화되는 상황에서는 계급 정당의 재건보다는 좀 더 자주적인 사회정치(노동조합, 농업협동조합 등과 기타 사회단체 등을 포괄하는 광의의 정치조직)와 생산 시스템 내부의 관계 개조에 주력하는 활동력 있는 노동정치를 창출하는 것이 정치적 대표성의 재건을 위한 더 현실적인 방안이 될 수 있을 것이다. 말하자면 '포스트 정당정치'가 유효한 경로 가운데 하나가 될 가능성이 높다. 실제로 오늘날 자본주의의 모순은 도농 모순, 지역 간 차별, 계급 관계의 분화 그리고 현대적 생산과 소비로 인한 생태환경의 파괴 등을 통해 집중적으로 체현되고 있다. 그렇기 때문에 향촌 건설, 환경 보호, 발전 모델의 교체, 민족평등과 문화적 다양성의 보호, 노동자계급의 사회적 지위 개선 등이 우선적으로 평등정치의 추동력이 되어야만 한다.

그렇다면 왜 지금 이 시점에서 포스트 정당정치의 경향이 거론되어야 하는 것인가? 그것은 무엇보다도 오늘날 정치개혁의 방식을 둘러싼 두 개의 대립된 주장이 공히 정당정치의 회복을 전제로 삼고 있기 때문이다. 우파의 기본적인 정치 모델은 고전적인 의회정치에 기반한 다당제 정치다. 이에 반해 좌파는 정당의 정치적 대표성의 회복 혹은 재건을 통해 계급 및 계급정치 형식과 관련된 일련의 문제를 제기하고자 한다. 중국이 처한 현실을 전제로 이야기하자면, 확실히 후자의 문제의식이 훨씬 더 현실에 긴밀히 밀착되어 있다. 그러나 오늘날 정치개혁의 과제는 결코 19~20세기적인 정치 모델의 복구를 필수적인 경로로 요청하지는 않는다. 오히려 새로운 정치경제적 현실을 전제 조건으로 제시한다. 물론 군중노선과 사상 논쟁, 조직 건설을 통해 대표성을 재건하는 것은 불가결한 정치적 과정이 되겠지만, 아마도 그 최종적 목표가 과거의 정당 모델로 복귀하는 것이 되지는 않을 것이다. 오늘날 정당이라는 이름을 걸고 있는 정치조직이 여전히 있기는 하지만, 그것의 정치적 의미에는 중요한 변화가 일어나고 있다. 이 변화는 20세기 전기에는 주동적인 것이었다. 즉 슈퍼 정당의 건설을 통해 다당제 정치의 위기를 극복하기 위한 변화를 모색했던 것이다. 그러나 20세기 후반에는 이 변화가 당-국체제로부터 국-당체제로의 전환 과정 속에서 이루어졌다. 이 변화가 피동적으로 이루어진 것이라는 점은 매우 분명하다. 이러한 조건 속에서 어떻게 사회 역량을 더 대규모로, 더 직접적으로 정치적 과정에 참여토록 할 것인가 하는 것은 새로운 정치적 틀을 모색하는 경우에는 결코 회피할 수 없는 과제이며, 동시에 정당이 일정 정도 이상 군중노선을 실천할 수 있을지 여부를 결정하는 기본적 전제이기도 하다. 따라서 정치적 대표성을 재건하는 과정 자체는 단순히 낡은 방식의 정당정치에 의지하는 것만으로는 완수될 수 없는 성질의 과제이다. 그것은 포스트 정당정치적인 실천을 포함하고 있다. 오늘날의 기술적 조건 역시 이러한 실천에 더 많은 가능성을 제공해주고 있다. 이른바 포스트 정당정치는 정치조직의 기능을 부정하는 것이 아니다. 다만 정치 조직의 개방성과 미래성 그리고 비관료주의적 정치의 특징을 강조할 뿐이다. 군중노선과 군중정치는 정치적 활력의 원천임과 동시에 우익 포퓰리즘을 억제하는 주춧돌이다.

새로운 보편성을 창조해야 한다

오늘날 사회의 구조에 거대한 변화가 일어나고 있다. 그 변화와 재구성의 방향은 물론 모든 사람들의 이익과 관련되어 있다. 새로운 정치적 능동성은 반드시 절대다수 중국인의 이익의 기초 위에 수립되어야 한다. 이러한 이익은 과거에는 '인민'이라는 범주를 통해 그 정치적 의미와 사회적 의의가 체현되었다. 그러나 인민 개념이 인구 개념으로 점점 더 수렴되어감에 따라, 그 개념의 정치성 역시 공동화되었다. 이제 사람들은 '공민' 개념 외에는 보편적 이익에 관한 정치적 표현방식을 떠올릴 수 없게 되었다. 사회의 파편화 과정은 이데올로기적 층위에서는 인민 개념에 대한 혐오와 멸시를 통해 표출되고 있다. 현대 역사 속에서 인민은 끊임없이 다양한 정치 세력에 의해 전용되어온, 그야말로 논쟁적인 개념이다. 그러나 인민 개념이 항상 공허한 개념이었던 것은 결코 아니다. 대중정치와 군중노선이 활력을 유지하던 시대에는 인민 개념 역시 풍부한 생명력을 지닌 정치적 범주였다. 이 개념이 공동화된 것은 대중정치와 군중노선이 국가 관료정치에 의해 대체된 결과다. 바꿔 말하자면 그것은 탈정치화의 결과물이다. 여기서 인민 개념을 새삼스레 끄집어내려 하는 것은 인민 개념을 현재 널리 유행하고 있는 공민 개념과 대립해보려는 데 목적이 있는 것이 아니다. 지금 우리에게 필요한 것은 인민과 공민이라는 두 개념 범주 사이의 정치적 연관성을 다시 수립하는 일이다. 공민의 정치는 개인이 주체가 되는 정치와는 다르다. 공민의 정치 역시 대중과 사회의 정치이며, 따라서 인민의 정치다. 여러 민족의 혼거 지역에서라면 그것은 민족 평등의 정치라는 의미 역시 포함하게 될 것이다. 20세기에 진보 정당이 프롤레타리아 계급의 정치적 임무에 대해 이야기했을 때, 그것은 결코 노동자계급 혹은 노동자 집단 자신의 이익만을 염두에 둔 것이 아니었다. 오히려 그것은 프롤레타리아 계급의 사명이 자신의 이익을 초월하는 보편적 의의를 지닌 것이라는 인식에 기반했다. 따라서 그것은 필연적으로 인민의 정치에 속하였으며, 동시에 모든 공민 한명 한명의 정치였다. 인민의 정치는 국가의 권리 시스템 속에서 진정한 평등의 정치로 표현된다. 평등의 정치는 빈민 구제의 정치와 동일한 것이 아니며, 빈곤 퇴치를 국가 목표로 삼는 것과도 동일시될 수 없다. 평등의 정치는 정치의 전제 조건과 동력에 대한 사고를 내포한다. 평등의 정치가 지닌 여러 가지 의미에 대해서는 「대표성의 단절: '무엇이 평등인가'를 다시 묻는다」에서 자세히 분석했으므로 여기서는 세세히 언급하지 않기로 하겠다.

　오늘날 우리의 사회계층 연구는 특정 계층의 이익이 어디에 있는지를 어렵지 않게 분석해낼 능력을 지니고 있다. 그러나 보편적 이익이 어디에 있는지를 분석하는 데는 매우 무능하다. 이것은 실증주의적 방법으로는 해결할 수 없는 문제다. 미래의 우리 정치가 적극적인 방향으로 발전할 수 있을지의 여부는 사회적 변화의 내부에서 우리의 미래를 대표할 잠재적 역량을 찾아낼 수 있는가에 달렸다. 이 잠재적 역량은 보편적인 것이다. '잠재'는 곧 미래가 현재에 존재하는 형식이다. '대표성의 재건'에 대한 토론 역시 이 억압된 잠재적 보편성을 발굴하기 위한 노력에 다름 아니다. 이 토론 자체가 바로 미래를 위한 투쟁 가운데 하나다. 어떤 정치체제든 간에 보편성을 창출할 수 있을 때, 즉 보편적 이익을 대표할 수 있을 때 비로소 대표성을 지니게 된다. 따라서 대표성의 재건 과정은 곧 보편성의 창조 과정이기도 하다. 나는 오늘날 우리 사회에서 전개되고 있는 '문화의 대발전과 대번영'이라는 고담준론에는 하등의 관심이 없다. 오히려 문화와 정치의 관계 문제에 더 큰 관심을 가지고 있다. 우리는 20세기에 그랬던 것처럼 문화의 범주를 통해 오늘날 사회구조 내부에서 일어나고 있는 변화를 연구하고, 그 가능한 발전 방향을 분석하며, 정치적 범주를 새롭게 구성하고, 나아가 중국과 세계의 발전 추세 내부에서 우리의 미래를 대표할 보편성을 발굴할 수 있을 것인가? 이것이야말로 오늘날 우리가 던져야 할 질문이며, 피해갈 수 없는 도전이다.

20세기는 하나의 예언, 그러나 즉각적으로 위기에 봉착하고 말았던 예언이었다. 그러나 이 예언은 억압된 가능성일지도 모른다. 20세기의 문화적, 정치적 유산이라는 문제를 다시 거론하는 것은 이미 철 지난 실천의 형식으로 단순히 되돌아가고자 하는 것이 아니다. 그것은 20세기의 문화적, 정치적 유산 속에 담겨 있는 보편성 혹은 잠재된 미래적 역량을 발굴하기 위한 노력이다. 이 억압된 잠재 역량이 그것의 미래적 형식을 통해 우리에게 알려주고 있듯이, 19세기적인 낡은 정치로 되돌아가는 것은 결코 우리가 나아가야 할 길이 아니다.

'중국의 길'이 지닌 특수성과 보편성

'중국 모델'을 둘러싼 논쟁

　대략 2013년 봄이었던 것으로 기억한다. 어느 날 성근제 교수가 찾아와 나의 글 몇 편을 엮어 한국에서 번역 출간하자는 제안을 했다. 그리고 몇 달 전, 번역 작업이 완료되었으니 한국어판 서문을 보내달라는 연락을 다시 보내왔다. 하지만 연락을 받을 당시에 나는 마침 긴 여행 중이어서, 때에 맞춰 서문을 써 보낼 수 없는 형편이었다. 결국 이번 학기 학사 일정을 다 마무리하고 나서야 비로소 이 책의 서문을 작성하는 데 집중할 수 있었다.[1] 나의 글을 가려 뽑아 한국어로 옮겨준 한국의 벗들에게 이 자리를 빌려 깊은 감사를 표하고자 한다. 그들이 보여준 우정과 배려를 나는 언제나 마음속 깊이 간직하고 있다.

1　이 글은 애초 저자에게 한국어판 서문을 청탁하여 받은 것이지만, 그 내용과 분량을 고려했을 때 후기에 부합하는 글이라고 판단하여 여기에 실었다. '옮긴이의 말' 9쪽도 참고.

이 책에 수록된 네 편의 글은 '중국의 길'中國道路에 관한 논쟁에 비판적으로 개입하는 과정에서 작성되었으며, 동시에 오늘날 중국이 직면한 위기에 대한 이론적 해석의 시도이기도 하다. 2005년부터 2010년을 전후로 한 시기에 이르기까지, 이른바 '중국 모델'의 존재 여부를 둘러싸고 중국 지식계에서는 그야말로 혼전이 전개되었다. 이 와중에 2008년과 2009년에는 개혁개방 30주년과 인민공화국 건국 60주년이라는 이슈를 둘러싼 논쟁이 동시에 전개되었다. 이 논쟁의 쟁점은 중국의 경제 발전이 개혁개방(최근 '30년', 혹은 덩샤오핑 시대)의 성과인가, 아니면 그 이전 30년이 일구어낸 토대가 있었기에 가능했던 (말하자면 지난 '60년', 혹은 마오쩌둥 시대에 덩샤오핑 시대가 더해진) 성과인가 하는 것이었다. 돌이켜보면 논쟁과 토론은 매우 혼란스러운 양상으로 전개되었지만, 이 논쟁이 지니는 의의는 결코 간단치 않았다.

워싱턴 컨센서스와 베이징 컨센서스, 그리고 그 너머

중국은 혁명의 과정에서도, 개혁의 과정에서도 적극적으로 참고할 수 있는 선행 모델을 가지고 있지 못했다. 그래서 그 과정은 이론적 모색으로부터 사회적 실천으로 나아가는 끊임없는 탐색의 과정이었으며, 자기부정의 과정이자 향상의 과정이기도 했다. '중국 모델'에 관한 토론은 전 지구적 경제 위기의 확산과 신자유주의에 대한 비판이라는 배경 위에서 전개되었는데, 중국이 이루어낸 발전을 어떻게 해석할 것인가라는 문제(신자유주의적 노선의 당연한 결과물이라고 보아야 하는가, 아니면 다른 방식의 해석이 필요한 것인가) 역시 이 과정에서 제기되었다.

2005년, 미국의 『타임』지 부편집장이었던 조슈아 쿠퍼 라모Joshua Cooper Ramo는 「베이징 컨센서스」를 발표했다. 이 글에서 라모는 중국의 역사적 경험 속에서 주조되어 나온 여러 가지 특징들, 예를 들어 고난에 맞서는 분투 정신과 능동적인 창조성, 그리고 대담한 실험 정신(경제 특구의 건설 등), 국가의 주권과 이익을 수호하고자 하는 확고한 태도(타이완 문제에 대처하는 방식 등), 그리고 신중하고 점진적인 사업 방식("돌을 더듬어가며 강을 건넌다"摸着石頭過河는 방침 등) 및 역량의 축적, 비대칭적 역량을 지닌 도구의 확보(4,000억 달러에 달하는 외환보유고 등) 등과 같은 문제들을 거론한 뒤, 중국이 경제 발전에 관심을 가지고 있을 뿐만 아니라 동시에 사회적 변화에도 주목하고 있음을 지적하면서, 이는 사회적 공정과 고도성장을 동시에 추구하는 발전에 대한 독특한 사유 방식이라는 점을 인정하였다. 물론 라모가 중국의 발전 과정 속에 존재하는 다양한 모순들을 모르고 있을 리는 없어 보인다. 그럼에도 불구하고 라모는 앞서 거론한 특징들을 귀납하여 '베이징 컨센서스'라는 개념을 제안하였다. '베이징 컨센서스'는 분명히 '워싱턴 컨센서스'의 위기와 세계 경제의 총체적 위기 상황을 겨냥하고 있었다. 말하자면 '베이징 컨센서스'는 중국을 해석의 대상이자 해석의 자원으로 삼고 있었던 것인데, 그렇다고 해서 '베이징 컨센서스'가 전반적으로 중국에 관한 단순한 경험적 서술에 그치고 있지는 않다. 아직까지도 중국의 발전 과정에 대한 모든 경험적 서술은 즉각적인 논쟁의 대상이 될 수 있다. 왜냐하면 중국의 경제 발전 과정은 매우 이질적일 뿐만 아니라, 심지어 서로 모순적이기도 한 상반된 방향성을 동시에 보여주고 있기 때문이다. 라모의 논문은 그가 영국의 런던외교정책센터에서 발표한 조사 보고서를 바탕으로 하고 있는데, 이 보고서에서 라모는 미국에서 출판된 필자의 저작 『China's New Order』를 비롯한 몇몇 중국 학자들의 연구 성과를 인용하고 있다. 그의 논문은 중국어로 번역되어 발표되었으며, 발표되자마자 국내외 중국 학자들의 관심과 토론을 불러일으켰다.

라모의 글이 발표되고 얼마 지나지 않아서, 이번에는 조지프 스티글리츠Joseph E. Stiglitz가 칭화 대학에서의 강연을 통해 다시 '워싱턴 컨센서스 이후의 컨센서스'Post-Washington Consensus Consensus라는 명제를 제출하였다. 스티글리츠는 워싱턴 컨센서스를 겨냥한 날선 비판을 전개하고 있는데, 그에 따르면 오늘날 만약 가난한 나라들의 경제 발전을 촉진하는 문제에 관한 모종의 컨센서스가 있다면 그것은 바로 '컨센서스'가 전혀 존재하지 않는다는 데에 대한 컨센서스이다. 왜냐하면 워싱턴 컨센서스는 성장을 촉진하기 위한 필요조건이 아니며, 충분조건은 더더욱 아니기 때문이다. 스티글리츠가 제시한 '워싱턴 컨센서스 이후의 컨센서스' 명제는 사실 '워싱턴 컨센서스'의 실패를 전제로 하고 있었다. 전 지구적 경제의 각도에서 스티글리츠는 국제 경제조직들이 한편으로는 불공평한 게임의 룰을 제정하였을 뿐만 아니라, 또 다른 한편으로 그들이 제공하는 정책적 대안과 자금 원조에 의존하는 개발도상국들에게 그들의 실패한 정책을 강요하고 있다고 비판한다. 따라서 '워싱턴 컨센서스 이후의 컨센서스' 명제를 제출한 목적 가운데 하나는 바로 개발도상국들에게 '워싱턴 컨센서스'와는 다른 정책적 발상을 제공하는 것이었다. 스티글리츠는 동아시아의 경제적 성공과 기타 경제체economic entity의 실패를 구분하면서, 현재까지의 경제 연구로는 경험적으로든 이론적으로든 경제 발전 정책에 관한 보편화된 컨센서스를 제공할 수 없다고 지적한다. 스티글리츠 역시 라모와 마찬가지로 '비교적 시야'에 착안하고 있으며, 중국 경제에 대해 상당히 긍정적인 서술 태도를 보여주고 있다. 정부의 역할, 지역의 실정을 우선적으로 고려하는 법제 정책, 창의성을 중시하고 공평을 강조하는 경향 등에 주목하고 있다는 점 등에서 스티글리츠의 '워싱턴 컨센서스 이후의 컨센서스'와 라모의 '베이징 컨센서스'는 많은 부분이 중첩되어 있다고 말할 수 있다. 그러나 '워싱턴 컨센서스 이후의 컨센서스'는 어떤 단일한 경제체의 사례를 경험적 근거로 제시하고 있지는 않기 때문에, '중국 모델'에 대한 해석에 있어서는 '베이징 컨센서스'와 복잡하게 뒤엉키는 양상을 보여준다. 그래서 일련의 경험적 시각에 근거한 질문들이 던져질 수 있었으며, 이로 인해 상당히 큰 논쟁적 반향을 불러일으키기도 했다.

그러나 라모와 스티글리츠 모두 중국의 경험 속에 '워싱턴 컨센서스'와는 변별되는 부분이 있음을 발견하고, 중국의 발전이 라틴아메리카의 몇몇 나라들이나 러시아 등과 같은 여타 지역의 사례들과 선명히 구별되는 점이 있음을 인정한다는 점에서 일치를 보이는데, 이들이 중국과 여타 지역의 사례를 변별하는 가장 핵심적인 고리는 바로 국가와 시장의 관계 문제였다. '워싱턴 컨센서스'의 시장화, 사유화, 금융 안정화와 같은 일반 원칙들로는 중국의 발전을 설명할 방법이 없다. 중국의 시장화 과정 속에서 국가는 처음부터 끝까지 시장에 대한 개입 능력을 유지하고 있었으며, '쇼크 요법'과 같은 수단에 의존하지 않았고, 그럼에도 아르헨티나나 기타 국가들에서와 같은 거대한 금융 위기를 겪지도 않았다. 이 자리에서 분명히 해두어야 할 것은 라모와 스티글리츠가 모두 국가와 정부의 역할에 대한 단순한 변호로 일관하지는 않는다는 점이다. 예를 들어 스티글리츠는 '정부 실패'Government failure와 같은 현상을 지적하기도 한다. 그들의 의도는 정부의 융통성과 창신 능력을 강조하는 것이었을 뿐, 시장과 국가라는 구도 속에서 국가의 손을 들어주는 것이 결코 아니었다.

'베이징 컨센서스'와 '워싱턴 컨센서스 이후의 컨센서스'에 관한 토론은 중국 내에서의 논쟁과 다양한 측면에서 서로 맞물려 있었다. 1990년대 이후 중국의 지식계에는 격렬한 논쟁과 분화가 일어났으며, 그 과정 속에서 신자유주의적 경제 정책에 대해 날카로운 비판적 태도를 견지하는 일군의 지식인들이 나타났다. 이들에게는 바로 '신좌파'라는 명칭이 부여되었다. 그러나 실제 '신좌파'로 통일적으로 분류될 수 있는 분파가 있었던 것은 아니었다. '신좌파'로 분류된 지식인들 내부에는 중국의 경험에 대한 해석 방식에서조차도 상당한 차별성이 있었다. 아마도 '신좌파'라는 범주에 대해서는 다만 발전 모델에 대해 비판적 태도를 견지한다는 정도의 규정 이상은 내리기 어려울 것이다. 기본적으로 환경 위기, 빈부 격차, 삼농 문제, 민족모순,

공평과 독점 등의 의제가 비판적 지식인들의 공통 관심사에 해당하는 것은 분명하다. 이들은 대체로 시장 원리주의에 회의적 반응을 보이고 중국의 개혁을 위한 유일한 방안이 사유화(토지 사유화든 국유기업의 사유화든)라는 주장을 받아들이지 않는 경향이 있다. 그러나 이들이 시장 원리주의에 반대하고 사유화를 통한 개혁에 회의적 견해를 지니고 있다는 것이 곧 시장 메커니즘을 부정하고 개인의 재산권을 부정함을 의미하지는 않는다. 제도 혁신의 가능성에 대한 모색이란 바로 이러한 맥락 속에서 제기되었다.

1989년 사회주의 시스템의 보편적 위기에 뒤를 이어 찾아온 것은 바로 전 지구적 자본주의의 구조적 위기였다. 중국이 이 시스템을 복제함으로써 평화와 번영, 그리고 보다 공평한 사회를 이루어낸다는 것은 그야말로 불가능한 일이었다. 하지만 '베이징 컨센서스'와 '워싱턴 컨센서스 이후의 컨센서스'가 제출되자마자 시스템 안팎으로부터 신자유주의를 변호하는 목소리 역시 쏟아져나왔다. 신자유주의를 변호하는 이들은 위기에 처해 있는 모델의 '복제'를 통해 중국의 개혁을 '추진'하기를 바랄 뿐 아니라, 한 걸음 나아가 이 모델이 '보편적 가치'에 해당한다고 주장하기도 한다. 재정부 장관을 지내기도 했던 한 인사는 '워싱턴 컨센서스'를 따른 일이야말로 중국이 발전을 이룰 수 있었던 이유라고 단언하기도 했다. 어떤 측면에서는 이러한 주장도 나름의 타당성을 지니고 있다. 1990년대 중후반부터 2000년대 초반 몇 년까지 중국 경제영역에서 이루어진 주요 정책들은 농후한 신주유주의적 색채를 지니고 있었으며, 오늘날까지도 그 영향은 완전히 사라지지 않고 있기 때문이다. 그러나 필자의 관점에서 보자면 신자유주의는 중국의 부동산 거품과 토지 위기, 미국에 대한 금융 의존, 대규모의 사회적 분화, 삼농 위기, 사회적 복지제도의 붕괴, 생태환경의 위기, 소수민족 지역에서의 사회적 갈등 심화 등과 같은 일련의 문제들을 설명하는 데나 쓸모 있을 뿐이다. 신자유주의가 거품과 분화, 충돌과 위기를 창출하는 능력만큼은 과소평가될 수 없다. 그러나 신자유주의와 워싱턴 컨센서스는 발전의 진정한 원인을 설명하는 데는 별다른 쓸모가 없다. 신자유주의자들의 주요 관심사는 성장일 뿐이다. 그러나 중국의 성장은 신자유주의 자체로는 결코 온전히 설명할 수 없다. 중국이 성장을 이룰 수 있었던 비결은 개혁 초기와 개혁개방 이전 30년이 창출한 역사적 조건 위에서만 (나아가 기나긴 중국 혁명과 그 유산 위에서만) 비로소 적절한 설명이 가능하다. 물론 전근대 시기 중국 사회가 축적한 자원이 이 역사적 전변에 미친 영향에 대해서도 합당한 관심을 기울여야 할 것이다.

'중국의 길'이 지닌 특수성

필자의 글 「자주와 개방의 변증법」(발표될 당시 편집자에 의해 「중국 굴기의 경험과 그것이 직면한 도전」으로 제목이 변경되었다)[2]은 이러한 역사적 전제

---

2 이 책에서도 변경된 제목으로 실렸다.

에 대한 귀납적 판단을 담아내고자 했다. 첫째, 중국은 전 지구적 경제 시스템 속으로 깊이 휩쓸려 들어가 있지만, 그럼에도 여전히 주권을 지닌 경제체이다. 중국의 경제적 주권은 일반적인 제3세계 국가들의 경우와는 비교하기 어려울 만큼 확고하며, 신자유주의의 물결에 휩쓸린 서구 국가들의 경우와도 일정한 차별성을 지니고 있다. 상대적으로 독립된 국민경제와 공업 시스템이야말로 개혁의 전제였으며, 경제영역에 대한 국가의 조절 능력은 이 역사적 전통과 깊이 연관되어 있었다. 이러한 측면에 대한 인식이 전제되어야만 우리는 개혁개방의 성공 경험을 적절히 설명할 수 있고, 대규모 경제 위기에 대한 중국의 대응과 그 성과를 설명할 수 있다. 1997년 아시아 금융 위기 당시, 대부분의 분석가들 사이에서는 비교적 성공적이었다고 평가되어온 다른 아시아 신흥 시장 경제체들에 비해 중국이 훨씬 커다란 충격을 받게 될 것이라는 견해가 지배적이었다. 그러나 실제로는 중국에 미친 영향이 상대적으로 더 작았다. 예상을 뒤엎는 결과가 초래된 가장 중요한 원인 가운데 하나는 바로 경제 위기 속에서 국가가 감당했던 역할이 상당히 차별적이었다는 데서 찾을 수 있다.

필자는 한국의 독자 여러분들이 주권 개념을 일반적인 규범적 틀 속에서 이해하려 하지 않기를 감히 희망한다. 이 주권은 20세기 중국의 역사적 맥락 속에서만 규정될 수 있다. 왜냐하면 독립적이고 자주적인 국가의 성격은 그야말로 복잡다단한 정치적 과정의 산물이기 때문이다. 필자의 이러한 관점은 이른바 '동아시아 모델' 담론에 대한 답변이라고 간주되어도 무방하겠다. 동아시아 지역의 여러 국가들은 문화적으로 많은 유사성을 지니고 있다. 국가의 역할, 가정과 윤리가 사회경제적 구조 속에서 차지하는 위상과 역할, 유교와 한자, 불교, 율령제 등이 동아시아 지역에 미친 영향력은 그야말로 지대하다. 그러나 이와 같은 일련의 역사 전통의 유사성에도 불구하고, 중국과 일본, 한국, 타이완 등을 동일한 발전 모델로 포괄하고자 하는 시도는 불가피하게 이 국가와 지역들이 20세기 내내 걸어온 역사적 경험의 차별성을 소홀히 하는 우를 범하도록 한다. 전쟁과 냉전이라는 역사적 배경, 중국의 고유한 주권 구조, 냉전과 포스트 냉전 시대 중국과 중국 주변국(및 지역)들이 차지하고 있는 서로 다른 지정학적 지위 등의 조건을 떠나서 각각의 그 고유한 경험들을 올바르게 해석하는 것은 사실상 불가능하다. 한국전쟁, 베트남전쟁, 그리고 냉전 시대 전체를 통해 일본과 한국, 타이완과 동남아시아 여러 나라들은 미국이 주도하는 냉전의 프레임 속에 자리하고 있었지만, 중국의 경우는 그렇지 않았다. 일본은 지금까지도 미국의 일정한 군사적 보호 상태하에 있는 데 비해, 중국은 온전하고 방대한 국방 체계를 건설해야만 하는 상황에 처해 있다. 경제와 정치의 구조 역시 전혀 이질적이다. 필자는 일본과 아시아 네 마리 용의 경제적 도약이 일종의 '종속적 발전'과 관련되어 있음을 언급한 바 있다. 이들이 상대적으로나마 자주적 노선을 모색한 것은 사후적인 일이었다. 그러나 중국은 1950년대부터, 특히 제1차 5개년계획의 완성 이후부터, 독립적이고 자주적인 노선을 추구했다. 냉전 구도 속에서의 상황은 대체로 이러하였다. 냉전의 시대가 지나가면서 지역 내의 관계에도 변화가 일어났으며,

중국 경제와 이 일련의 경제체들 사이의 관계는 이러한 변화로 인해 차츰 새로운 양상을 띠게 되었다. 요컨대 동아시아 모델론은 이들 나라가 걸어온 서로 다른 길의 역사적 의미를 홀시하는 결과를 낳게 될 가능성이 크다.

둘째, 중국의 개혁은 농촌으로부터 시작되었으며, 농촌 개혁은 적어도 초기에는 상대적으로 평등하게 진행되었다. 개혁의 기점이라는 측면에서든 아니면 개혁의 내용적 측면에서든, 가정생산청부제家庭聯産承包責任制와 농산품 가격 조정을 주요 내용으로 삼고 있었던 중국의 초기 농촌 개혁은 신자유주의와는 아무런 관계도 없었다. 초기 농촌 개혁은 도농 간 차별과 농공 생산품 간의 '협상가격차'price scissors를 완화하는 데 목적을 두고 있었다. 중국과 인도의 개혁 사례를 비교해보면, 대부분의 관찰자는 양자 사이에 존재하는 기본적인 차이를 인정하게 된다. 중국의 개혁은 농촌 개혁으로부터 출발하였고, 이 개혁은 농촌 토지의 균등 분배를 특징으로 하고 있었으며, 도농 관계를 좀 더 평등하게 조절하는 것(가격 조정에서부터 도농 인구 관계의 유연화에 이르기까지)을 목표로 삼고 있었다. 그러나 인도의 개혁은 이 평등의 전제를 현저히 결여하고 있었다. 이러한 차이는 단순히 개혁에 관한 정책적 결정의 산물이 결코 아니다. 그것은 중국 혁명과 인도 반反식민운동 사이의 커다란 역사적 맥락 속에 뿌리를 두고 있다. 중국 혁명과 인도 반식민운동에서 토지개혁이 차지하는 상이한 위상을 정확히 이해하지 못한다면, 개혁의 진전 과정에서 나타난 기본적인 차이의 의미를 정확히 이해할 수 없다. 토지개혁과 농민 지위의 변화는 중국의 농촌 교육 시스템에 점진적 변화를 가능케 했고, 이에 따라 식자율 역시 현저히 제고되었다. 사회주의 시기 동안 농민 자제들의 입학률이 큰 폭으로 상승한 것은 매우 두드러진 현상이었다. 이 배경에 대한 이해 없이 중국 농민들이 개혁 시기에 보여준 활력과 개척 정신을 이해하기란 쉬운 일이 아니다. 인도와 전체 남아시아 국가들의 경우는 토지개혁을 추진하거나 완수한 경험을 갖고 있지 못하다. 카스트 제도조차 현대 사회까지 그대로 남아 있어서 평등을 지향하는 사회적 변화에 큰 걸림돌이 되고 있다.

기나긴 중국의 혁명 과정 속에서 가장 핵심이 되는 것은 바로 토지혁명이었다. 토지개혁과 토지혁명 과정에서 과도한 폭력이 사용된 것은 확실히 문제적이다. 그럼에도 불구하고 중국의 초기 농촌 개혁이 제3세계 어느 지역의 개혁보다도 더 평등하게 진행되었다는 점은 부정할 수 없다. 1990년대 이후 중국의 농촌에는 심각한 위기가 발생했다. 그러나 이 위기는 상대적으로 평등했던 기존의 토지 관계로 인해 조성된 일이 아니다. 농촌 위기는 도시화 과정 속에서 도농 관계의 불평등이 심화됨으로써 발생했으며, 토지의 상품화가 전에 없이 심화된 결과이다. 좀 더 정확히 말하자면, 자본의 추동력이 정부의 역할과 토지 소유권 관계를 심각하게 변형시킨 결과이다.

셋째, 교육의 보급과 농업 전통으로 인해 중국의 노동력은 상대적으로 높은 질적 수준을 유지하고 있다. 물론 이 점에 있어서는 동아시아의 여러 나라들 역시 크게 다르지 않다. 그런데 만일 중국의 성공이 다만 저렴한 노동력 때문일 뿐이라면, 세계적으로 중국보다 더 저렴한 노동력을 보유하고 있는 지역이 적지 않음에도 불구하고 어찌하여 투자가 그 지역이 아니라 중국으로 몰리게 되었는지를 적절히 설명할 방법이 없다. 2005년 인도네시아 대통령은 중국을 방문하기 전 가진 간담회에서 인도네시아의 노동력이 중국보다 훨씬 저렴한데도 왜 중국만큼 대규모의 투자를 유치하지 못하고 있는가라는 질문을 던진 바 있다. 대답은 두 가지였다. 첫째는 중국의 노동력이 질적으로 더 우수했기 때문이고, 둘째는 중국의 사회간접자본이 더 잘 갖추어져 있었으며, 정부가 제공할 수 있는 서비스가 더 좋았기 때문이었다. 이 두 가지는 모두 중화인민공화국 성립 이후에 단계적으로 수립되기 시작한 기초 교육 시스템과 효율적인 지방정부 시스템과 깊이 관련되어 있다.

넷째, 국가가 개혁에 합법성을 부여할 수 있는가의 여부는 개혁 운동이 대중적 지지를 획득하기 위한 관건적 요소이다. 그리고 국가가 구체적 상황에 근거하여 융통성 있는 발전 전략을 제시할 수 있는가의 여부는 발전을 이루어내기 위한 핵심적 고리 가운데 하나다. 이 자리에서 특별히 짚고 넘어가야 할 것은 국가의 역할을 둘러싼 논쟁은 국가를 옹호하느냐 아니면 반대하느냐의 문제와는 분명히 다르다는 점이다. 그것은 개혁의 정당성을 어떻게 수호할 것인가라는 문제에 관한 논쟁이다. 1990년대부터 2005년까지 중국 경제 개혁의 가장 중요한 내용 가운데 하나는 바로 국유기업의 사유화였다. 이른바 '국가의 퇴장'이라는 신자유주의적 구호를 구실로 삼아 각급 지방정부는 해당 지역 국유기업의 사유화 과정에 강력히 개입하였고, 그 결과

4,500만에 달하는 중국의 노동자들이 일자리를 잃었다. 더구나 실직자들 대부분은 합당한 경제적 보상조차 받지 못했다. 이 과정은 부패와 빈부 격차가 심화되는 제도적 기초가 되기도 하였다. 그러나 비판적 지식인들이 사유화 과정을 비판하는 한편에서 신자유주의자들은 이러한 비판이 국가를 변호하는 것에 불과하다는 논리로 역공을 취했다. 그들은 국유기업 개혁 과정의 문제가 바로 그 개혁 과정이 국가가 강제하여 진행했기 때문에 생긴 것이라는 사실을 망각하고 있었다.

자주와 개방의 변증법

국가의 문제를 토론하고자 하면서 자주성의 문제를 이야기하지 않을 수는 없다. 물론 자주성의 문제가 국가의 층위에만 국한되지 않음에도 말이다. 성장에 대한 신자유주의의 해석 속에는 오로지 개방이 가져온 효과에 대한 언급만이 있을 뿐, 그 효과를 가능케 한 토대에 대한 언급은 생략되어 있다. 이 때문에 신자유주의는 온전하고 진실에 근접한 성장에 대한 해석을 내놓을 수 없었다. 전 세계적으로 개방적인 경제체는 매우 많지만, 지속적인 성장을 이루어낸 경제체는 결코 많지 않다. 자주성을 결여한 개방이 경제 위기와 사회적 붕괴를 초래할 수 있다는 것은 과거 종속이론에서 논의된 바 있다. 그러나 종속이론은 이 문제를 국가의 범주 내에서만 다루었기 때문에,

자주와 개방의 변증법적 관계에 대한 좀 더 심화된 논의로 나아갈 수 없었다. 예를 들어 지구화의 조건하에서 지역 통합에 관련된 심화된 토론은 자주와 개방의 이중적 함의에 관한 논의를 포함하게 될 것이다. 자주는 개방과 대립되지 않으며, 폐쇄와 동일시될 수는 더더욱 없다. 자주성을 확보한 사회라야만 비로소 진정한 개방이 가능하다.

그러나 오늘날의 상황에서 보면 상술한 네 가지 조건에는 이미 적잖은 변화가 일어났다. 따라서 오늘날 우리가 직면한 새로운 도전을 직시하기 위해서는 먼저 이 역사적 조건들에 대한 새로운 스케치가 필요하다. 전 지구화가 심화됨에 따라 중국의 금융 시스템과 전체 경제 시스템이 기존에 지니고 있던 사회적 관계와 생산양식에는 심대한 수준의 변화가 생겼다. 이러한 조건 속에서 주권 구조 역시 본래의 형태를 유지하고 있을 수 없으리라는 점은 그야말로 불문가지不問可知이다. 도시에 대한 농촌의 의존은 날이 갈수록 심화되고, 대량의 청년 농민들이 점차 새로운 노동계급으로 편입되고 있다. 이런 상황 속에서 자주적 능력의 문제를 제기하는 것은 과거와 같은 상태로 되돌아가기 위함이 결코 아니다. 과거로 되돌아가야 할 하등의 이유도 없거니와, 무엇보다도 그것은 가능하지 않다. WTO체제의 규정력이 속속들이 스며들어 있는 조건 속에서 이제 기존의 지역 관계, 국제 관계, 경제 모델 등은 더 이상 단일주권 국가 모델을 통해 규정될 수 없게 되었다. 따라서 필자가 제기한 개방과 자주의 변증법은 시장화와 전 지구화가 전제 조건이 되어버린 상황에 대응하는 새로운 자주성의 형식에 대한 모색을 요구받고 있다. 만일 오늘날 우리가 살아가는 세계가 여전히 고도로 불평등한 세계임을 인정한다면, 자주성의 새로운 형식에 대한 모색은 새로운 세계 질서를 창출하기 위한 노력의 일환이라는 점 역시 인정하지 않을 수 없을 것이다.

자주는 결코 국제적 문제로만 이해할 수 없다. 그것은 무엇보다도 먼저 국가와 사회가 자본의 규정력에 얽매어 있지 않음을 말하며, 국내외의 특수한 이익집단에 의해 부적절하게 휘둘리지 않는 것을 의미해야 한다. 오늘날 우리가 살아가는 사회에서는 이미 국내적 문제와 국제적 문제를 절대적으로 구분하는 일이 불가능해졌다. 한편으로는 국제자본과 국내자본 사이의 상호 침투가 심화되어 있고, 또 다른 한편으로는 자본과 국가의 관계 역시 복잡하게 얽혀 있다. 단순히 부패만이 문제가 아니다. 일련의 중요한 정책 결정 과정에서 '정부 실패' 현상이 나타나고 있다는 점은 정부의 통치 능력이 심각한 도전에 직면해 있음을 보여준다. 따라서 국가가 자주적 능력을 지니고 있는가, 그렇지 못한가 하는 것은 곧 한 사회의 자주성의 수준을 보여주기도 한다.

지금 수많은 사람들이 정치개혁을 말하고 있다. 필자가 보기에 정치개혁의 핵심은 국가, 정당과 경제 간의 관계가 구조적으로 과도하게 동질화되고 있는 현상을 어떻게 변화시킬 것인가 하는 데 있다. 구조적으로 동질화되고 있다는 것은 국가와 정당의 자주적 능력이 저하되고 있음을 말한다. 다른 측면에서 보자면 이것은 국가의 의지가 자본에 의해 배타적으로 통제됨으로써 인민 대중의 요구를 반영할 경로가 사라졌음을 의미한다. 이러한 의미에서, 자주성의 문제는 곧 민주의 문제, 즉 대중이 공민으로서 정치에 참여함으로써 정치와 사회의 발전을 촉진시키는 문제와 직결된다. 자주는 결코 폐쇄를 의미하지 않는다. 자주성을 결여한 개방은 개방이 아니라 종속에 불과하다. 일부 제3세계 국가들이 수립한 형식적 민주로는 거대한 부패를 억제할 방법이 없다. 달리 말하자면 이는 국가가 자주성의 위기에 봉착했음을 의미한다. 집권당이 다른 이익집단에 의해 배타적으로 조정되는 한, 그 당의 정책은 자주적인 것이 될 수 없다. GDP 성장에 대한 과도한 집착과 환경 위기 사이의 관계, '선성장 후분배'의 패러다임과 사회적 분화 사이의 관계, 불균형 발전과 지역 격차의 확대 사이의 관계 등은 오늘날의 경제 위기를 설명하고자 할 때 피해갈 수 없는 주제들이며, 실제로 지난 20년간의 논쟁 속에서 끊임없이 거론되어온 문제들이기도 하다. 돌이켜보자면 이 가운데 어느 것도 자주성의 문제와 연관되어 있지 않은 것은 없었다.

따라서 이제 우리가 논의해야 할 것은 오늘날과 같은 개방의 조건하에서 자주성의 새로운 형식을 어떻게 수립할 것이냐는 점이다. 앞서도 언급했거니와 자주는 대외적인 문제로만 규정될 수 없다. 자본 혹은 이익집단의 영향력이 날이 갈수록 강력해지는 이 시대에 국가가 공공정책을 자주적으로 수립할 수 있을 것인가, 노동자와 농민에게 헌법이 규정하는 사회의 주인으로서의 지위를 부여할 수 있을 것인가 하는 문제는 그야말로 심각한 도전에 직면해 있다. 이 도전은 우리에게 20세기 중국의 정치적 유산에 대하여 면밀한 재검토의 필요성을 제기한다. 이 유산 가운데 가장 중요한 정치적 가치를 지니는 것은 바로 사회주의, 즉 노동자가 사회의 주인이어야 한다는 원칙이다. 20세기 중국 혁명과 '사회주의 시기'의 성격을 어떻게 이해할 것이냐 하는 문제는 지금까지도 끊임없는 논쟁의 대상이 되고 있다. 20세기의 거대한 변혁은 여러 가지 비극을 수반하기도 하였던바, 이에 대해서는 다양한 각도에서의 반성과 성찰이 이루어져왔다. 그러나 어찌되었든 간에 그 시대가 제출했던, 보통의 노동자가 사회의 주인이 되어야 한다는 가치 지향과 그에 따른 사회적 실천 속에는 수세대에 걸친 실천가들의 경험이 응축되어 있다는 점에 주목할 필요가 있다. 그것은 결코 추상적이지 않다. 그 경험은 우리가 살아가는 중국 사회의 모든 영역에 깊이 스며들어 있다. 이 유산에 대한 사회적 혐오의 정도는 곧 중국 사회의 분화의 정도에 정비례한다.

사람들은 자주를 말하면 흔히 개혁개방 이전의 폐쇄적인 상태로 되돌아가고자 하는 것으로 오해하곤 한다. 이것은 두 가지 면에서 잘못된 생각이다. 우선 개혁개방 이전의 시기를 간단히 '폐쇄'적인 상태였다고 규정하는 것 자체가 성립되기 어렵다. 개혁개방 이전 시기의 중국과 사회주의 여러 나라들 사이의 복잡하고도 파란만장했던 관계를 어떻게 해석해야 할 것인가. 또 중국과 제3세계 사이의 관계는 어떻게 해석해야 하며, 중국과 서방의 여러 나라들과의 관계는 각각 어떻게 해석해야 할 것인가? 이러한 대외 관계가 모두 존재하지 않았던 것처럼 간주하는 것은 있을 수 없는 일이다. 다음으로, 냉전의 패권적 질서와 그 질서가 형성되기까지의 역사적 과정을 배제하고 다만 중국은 '폐쇄'적이었다고 말하는 것 역시 역사적 조건을 무시하는 바람직하지 않은 논법이다. 오늘날 우리 모두가 알거니와 중국은 미국과의 관계 개선을 위해 엄청난 노력을 기울여왔다. 그리고 이 노력은 분명히 개혁개방 이전 시기에 시작되었다. 미국과의 관계를 변화시키고자 한 일도 중국이 자주성을 지켜내기 위한 노력의 일환이었다. 앞서도 언급한 것처럼, 자주는 종속에 대립되는 것이고, 폐쇄에 대립되는 것이다. 자주는 언제나 관계 속에서만 성립될 수 있다. 모든 관계가 소멸되어버린다면 자주를 말하는 것 자체가 불가능해진다.

탈정치화된 정치를 재정치화하기

자주성의 위기는 곧 '탈정치화된 정치'의 산물이다. 필자는 '탈정치화된 정치'의 특징을 '정당의 국가화', '정부의 기업화', '미디어의 정당화政黨化', '정치인의 미디어화'로 요약했다. 이러한 현상의 배후에는 인민 정치의 쇠락과 공민의 정치 참여의 결핍이라는 문제가 자리 잡고 있다. 당대 중국의 최대 위기는 무엇보다도 정당정치가 위기에 직면했다는 사실이다. 현대의 정치는 정당정치이다. 우리가 직시해야 할 문제는 바로 정당정치가 심각하게 변질되었다는 점이다. 필자는 이러한 정당정치의 변질을 '당-국'에서 '국-당'으로의 전변으로 요약했다. 이것이 바로 정당의 '국가화'다. 정당의 국가화 외에도 우리는 또 다른 일련의 현상들을 목도하게 되는데, 이 현상들은 모두 오늘날 민주의 실천에 영향을 미칠 수 있는 것이다. '미디어의 정당화'와 '정치인의 미디어화'는 그 대표적인 예에 해당한다. 미디어의 정당화란 미디어가 진정한 공공영역이 아니라, 정치적 의제 설정을 독점하고 편향된 정치적 가치를 일방적으로 선전하는 기구로 탈바꿈하는 현상을 가리킨다. 정치인의 미디어화란 정치인들이 미디어를 통한 이미지 만들기에만 열중하면서, 독점화된 미디어를 민의를 대변하는 공공영역인 것처럼 분식하는 현상을 가리킨다. 정당이 국가화됨에 따라 정당은 스스로의 대표성과 정치성을 상실하게 되며, 결국 대중사회와 완전히 단절되고 만다. 미디어의 정당화는 공공영역에 대한 새로운 이데올로기적 독점을 초래한다. 그리고 그 결과는 민의를 가장한 독점적 권력의 탄생이다. 정치인의 미디어화는 공공정책 형성 과정을 부실하게 하고, 정책의 투기성을 조장하는 결과를 낳는다. 물론 이 현상들에 대한 기술은 오늘날 우리가 살아가는 세계의 부분적 추세를 보여주는 것일 뿐, 총체적인 현상에 대한 기술이 되기에는 부족하다. 그러나 이러한 추세가 존재한다는 것은 적어도 19세기에 형성된 정치 모델이 오늘날 심각한 위기에 봉착하였음을 보여주는 지표로 받아들이기에는 충분하다. 이제 이행은 점차 피할 수 없는 현실이 되고 있다.

사회와 유리된 정당은 필연적으로 독점적 정치집단으로 변하기 마련이다. 중국 혁명의 '군중노선', 즉 '군중으로부터 와서 군중에게로 돌아간다'는 전략적 방침은 실제로 인민전쟁이라는 조건하에서 형성된 슈퍼 정당의 메커니즘을 기술하고 있다. 필자가 이 자리에서 다시금 과거의 정치적 경험을 거론하는 것은 그 시대의 정치적 모델로 되돌아가고자 해서가 아니다. 필자가 말하고자 하는 바는 정당이 사회적 참여와 사회운동을 향해서 더 많이 열려 있어야 하며, 나아가 '군중으로부터 와서'라는 구호가 말하는 것처럼 초월적 정당 본래의 프레임을 통해 새로운 정치의 길을 열어나가야 하지 않겠느냐는 것이다. 국가와 사회, 정당과 사회 사이의 상호작용을 촉진하고, 국가 시스템이 다양한 형식의 사회적 참여를 향해 개방되도록 하기 위해서는 다양한 사회조직과 사회운동이 합법적으로 존재할 수 있어야 하며, 이러한 운동들이 공공정책의 결정 과정에 원활히 결합할 수 있도록 보장하는 메커니즘이 전제되어야 한다. 관건은 사회적 참여와 정당 사이의 실질적 연결고리를 어떻게 다시 건설할 것인가 하는 점이다. 정당의 국가화가 초래하는 가장 심각한 후과는 정당이 더 이상 저 거대한 대지의 기운을 빨아들일 수 없게 되었다는 데 있다. 그래서 국가화된 정당은 더 이상 대표성을 지닌 정치조직일 수 없으며, 결국은 대중사회의 요구를 통합하고 조정할 능력을 완전히 상실하게 된다. 지금 우리에게 필요한 것은 인민의 자주적 관리와 직접적 정치 참여를 핵심으로 하는 사회주의 민주이다. 정당과 기타 사회조직의 문제에 대한 모색과 토론은 결국 탈정치화된 정치를 재정치화하기 위한 경로 모색에 다름 아니다.

어떤 '평등'을, 어떻게 정초해야 하는가

　　중국 혁명과 사회주의 실천의 핵심적 가치는 그것이 사회적 평등의 문제를 둘러싸고 전개되었다는 데서 찾을 수 있다. 필자는 중국의 근대적 경험에 근거하여 평등의 문제를 다섯 가지 층위로 구분하고자 한다. 이 다섯 가지 층위의 평등이 두루 갖추어졌을 때에 비로소 중국은 그 평등의 이상을 실현하는 일이 가능해질 것이다. 첫째는 유럽 부르주아 혁명 시대에 제출된 기회의 평등이라는 개념이다. 기회의 평등은 법률적 권리의 평등이라는 의미로 규정되기도 한다. 둘째는 사회주의의 유산이다. 우리는 존 롤스John Rawls가 분석한 '분배의 정의'라는 개념 속에서도 사회주의적 평등의 가치와 중첩되는 부분을 발견할 수 있다. 이것이 바로 결과적 평등이다. 이 개념 역시 권리 개념에 해당하지만, 이 권리는 의무를 전제로 하고 있다는 점에 주의할 필요가 있다. 셋째는 능력의 평등이다. 이에 관해서는 아마티아 센Amartya Sen이 체계적으로 기술한 바 있거니와, 그가 말하는 능력의 평등이란 능동적 측면에서 그리고 시장이라는 조건하에서, 기회의 평등과 결과의 평등을 종합함으로써 구성되는 개념이다. 예를 들어 교육 자원의 평등한 분배, 의료와 기타 사회보장제도의 건립 역시 능력의 평등을 창출하기 위한 조건이 된다. 능력의 평등이 없이는 기회의 평등이란 아무런 실질적 의의를 지닐 수 없다.

　　상술한 세 가지 개념 외에 필자는 두 가지 평등의 개념을 추가적으로 제시하고자 한다. 이 두 가지의 평등에 대해서는 이제까지 수많은 사상가들이 탐문해온 바 있지만, 현대 사회는 아직 이 두 가지 평등의 문제를 진정으로 해결하지 못하고 있다. 필자가 제시하고자 하는 네 번째 평등은 바로 장타이옌章太炎(1869~1936)[3]이 말한 '제물 평등'齊物平等이다. 이것은 차이의 평등 혹은 다양성의 평등이라고 부를 수도 있겠다. 현대적 평등주의의 특징 가운데 하나는 형식적 평등을 추구한다는 것이다. 형식적 평등은 오로지 모든 사람들에게 법률적 주체로서의 동일한 지위를 부여했을 때라야 비로소 그 개념 범주의 확정이 가능해진다. 이 때문에 평등과 다양성 사이에는 언제나 일정한 대립과 긴장이 존재한다. 형식적 평등의 각도에서는 다양성이 종종 등급의 동의어로 해석되곤 한다. 오늘날 중국의 소수민족 지역 자치가 직면한 도전은 '다양성의 평등'과 '차이의 평등'이 위기에 처한 것이라고 규정할 수 있다. 그러나 이 역시 중국의 전통 특히 사회주의 실천의 제도적 층위 속에는 다양성의 평등 혹은 차이의 평등이라는 개념과 가치―평등과 다양성을 대립시키는 것이 아니라, 평등을 전제로 다양성을 존중하는 것, 그것이 바로 이 개념의 핵심이다―가 이미 포함되어 있음을 보여주는 것이기도 하다. 필자가 말한 바 있는 '트랜스-시스템 사회'Trans-Systemic Society의 기본 가치 역시 '제물 평등'에 다름 아니다. 차이와 다양성은 민족주의적인 것이 아니다. 그

---

3 본명은 장빙린章炳麟. 청말민초의 저명한 학자이자 사상가, 혁명가이다. 캉유웨이康有為, 량치차오梁啓超 등과 함께 활동하였으나, 1900년 이후 이들과 결별하고 공화혁명의 길로 나아갔다. 탁월한 경학의 바탕 위에 서구의 사상을 결합하여 독특한 사상체계를 세움으로써, 20세기 초반 중국 사상계에 상당한 영향을 미쳤다.

것은 공동체를 이루기 위한 전제이다. 차이나 다양성은 본질주의와도 관련이 없다. 그것은 역사와 함께 변화되어간다. 물론 변화와 융합, 교류 등의 개념이 차이와 다양성의 해소를 목적으로 하는 것이 아니라는 점에는 두말할 나위가 없다. 차이의 평등 혹은 다양성의 평등이라는 개념은 자본의 동질화 경향과 분명하게 대립된다. 그것은 시장의 법칙을 지배적 법칙으로 삼는 사회 모델과도 대립된다. 오늘날 다양성의 평등이라는 개념은 문화적 다양성이라는 문제만이 아니라, 생태적 다양성의 문제도 함께 제시하고 있다. 이것은 자본주의의 논리와는 확연히 대비되는 새로운 평등의 개념이다.

다섯 번째의 평등은 국제적인 평등이다. 여기서 필자가 말하고자 하는 것은 국가와 국가 사이의 평등만이 아니다. 국가 간의 평등과 관련해서는 1953년 저우언라이가 제출한 평화 공존 5개항 원칙이나, 1955년 반둥 회의에서 제출된 평화 공존 10개항 원칙 등을 비롯한 중요한 노력들이 이루어진 바 있다. 필자가 이야기하고자 하는 국제적 평등에는 다음과 같은 몇 가지 새로운 요소들이 포함된다. 첫째는 한 사회 내부의 평등에 국제적 성격이 어떻게 내재되어야 할 것인가 하는 점이고, 둘째는 한 나라의 주권에 대한 존중의 차원을 넘어선 문화적 다양성과 생태적 다양성에 대한 존중의 문제이다.

이른바 전 지구화란 자본과 생산, 소비가 국가의 경계를 넘어 발전함으로써 초래되었다. 이 영향은 모든 국가의 내부 문제에 깊이 스며들어 있다. 현대적 의미에서의 민주란 공민권이라는 개념적 토대 위에 세워졌으며, 현대적 평등 개념의 수립 역시 공민권을 전제로 한다. 그러나 전 지구화라는 조건 속에서 어떤 한 사회의 발전 모델은 언제나 다른 사회의 발전 모델에 영향을 미치지 않을 수 없다. 초기 제국주의와 식민주의까지 언급하지 않더라도, 신자유주의의 헤게모니 역시 마찬가지로 제3세계와 기타 지역에 부정적 영향을 미치고 있음은 주지하는 바와 같다. 중국과 미국, 유럽연합 등과 같은 거대 공동체의 경우에는 모든 종류의 국내 정책이 다른 사회와 국가에 심대한 영향을 미칠 가능성을 지니고 있다. 오늘날의 민주 모델하에서는 어느 단일한 공동체에 속하지 않은 외부자가 그 공동체의 중요한 결정과 선택에 참여할 권한을 가질 수 없다. 이러한 의미에서 공민권이란 철저히 배타적인 성격을 지닌다. 가령 미국은 교토 의정서에 서명하기를 거부하였는데, 미국이야말로 바로 세계 최대의 에너지 소비 국가가 아니었던가. 심지어는 어떤 패권국가가 다른 국가를 향해 전쟁을 일으키는 일 역시 단지 그 나라 국회의 승인을 얻기만 하면 가능하다. 그러나 전쟁으로 인한 후과를 전 세계가 함께 부담해야만 했던 경험은 우리 모두가 공유하고 있는 바다. 적어도 현재와 같은 민주의 프레임하에서는 이러한 문제들을 해결할 방법이 현실적으로 없다는 점을 인정할 필요가 있다.

중국의 국제주의 실천 경험은 매우 소중한 유산이다. 노먼 베쑨Norman Bethune(白求恩, 1890~1939)과 같은 국제주의 전사는 아마도 모르는 사람이 없겠지만, 그 외에도 힌턴Joan Hinton(寒春, 1921~2010), 엥스트Erwin Engst(陽早, 1919~2003), 마하이더馬海德(출생명은 샤픽 조지 하탐Shafick George Hatem. 중국 국적을 취득한 뒤 마하이더로 공식 개명함. 1910~

1988) 등과 같은 수많은 외국인들이 중국으로 와 중국 공민의 자격으로 중국 사회의 투쟁에 참여했다. 그렇다면 오늘날 우리는 이와 같은 현대 중국의 경험 위에서 민족국가의 범위를 뛰어넘어 지역과 세계의 요구에 기반한 새로운 평등의 방향성을 다시금 정립할 수 있을 것인가? 인민대표대회나 정치협상회의 제도와 같은 중국의 정치 시스템 속에서 이러한 국제적 평등을 지향하는 경로와 메커니즘을 창출하는 일이 가능할 것인가? 그리하여 타인의 삶과 죽음에 개의치 않는, 오로지 자신의 이익만을 추구하는 발전 노선과 분명히 구분될 수 있는 새로운 출구를 개척할 수 있을 것인가? 이제 중국은 무차별적인 자본 수출을 경계하지 않으면 안 된다. 자본 수출이 중국의 발전만이 아니라 다른 사회의 발전에도 도움이 될 수 있도록 하기 위한 노력을 기울여야 한다. 이를 위해서는 중국의 시스템 내부에 국제적 지향성을 지닌 제도적 메커니즘을 마련해야 하며, 이를 통해 다른 사회의 요구를 중국의 평등에 대한 실천의 내부로 과감히 수용할 수 있어야 한다. 이러한 차원에서 본다면 전 지구화는 중국이 새로운 평등관과 새로운 정치 모델을 창출할 수 있는 일종의 기회를 제공해주고 있을지도 모르겠다.

'국제적 평등'과 '차이의 평등' 사이에는 일정한 구조적 유사성이 있다. '차이의 평등'이 말하고자 하는 것은 '트랜스-시스템 사회' 속에 존재하는 서로 다른 민족과 문화, 그리고 사람과 생태환경 사이의 평등이다. 한편 '국제적 지향성을 지닌 평등'은 트랜스-소사이어티 시스템Trans-Societies System을 전제로 평등을 사고하는 것이다. 능력의 평등, '제물 평등', 그리고 국제적 지향성을 지닌 평등은 모두가 사물화의 경향을 타파하고자 하는 것이며, 노동자 그리고 서로 다른 민족과 사회, 나아가 자연계에 이르기까지 그 모두가 종속적 객체로서의 지위에 머무르지 않고 좀 더 자주적이고 평등한 지위를 획득하게 되기를 요청하는 것이다. 만일 우리가 상술한 다섯 가지 평등의 개념을 종합해낼 수만 있다면, 그리하여 다양한 제도적, 비제도적 형식들을 통해 새로운 발전의 길을 모색해 나아갈 수만 있다면, 그보다 더 좋을 일이 얼마나 있겠는가?

2014년 7월 9일 수요일,
허칭위안 荷清苑에서